U0610985

后系列

北魏贤后 冯太后

景有泉 著

辽宁人民出版社

图书在版编目（CIP）数据

北魏贤后：冯太后 / 景有泉著． -- 沈阳：辽宁人民出版社，2025．3． --（历代名后系列 / 赵毅主编）．
ISBN 978-7-205-11300-1

Ⅰ．K827=392

中国国家版本馆 CIP 数据核字第 2024QV7788 号

出版发行：辽宁人民出版社
　　　　　地址：沈阳市和平区十一纬路 25 号　邮编：110003
　　　　　电话：024-23284191（发行部）　 024-23284304（办公室）
　　　　　http：//www.lnpph.com.cn
印　　　刷：嘉业印刷（天津）有限公司
幅面尺寸：165mm×235mm
印　　　张：21.25
字　　　数：254 千字
出版时间：2025 年 3 月第 1 版
印刷时间：2025 年 3 月第 1 次印刷
责任编辑：赵维宁
封面设计：乐　翁
版式设计：一诺设计
责任校对：李嘉佳
书　　　号：ISBN 978-7-205-11300-1

定　　　价：68.00 元

"历代名后系列"序

　　"历代名后系列"是一套上起先秦下迄晚清，包含12位王后、皇后（包含皇太后、太皇太后）的传记史学作品，分别是：夏桀王后妹喜，商纣王后妲己，周幽王王后褒姒，汉高祖皇后、汉惠帝皇太后吕雉，汉成帝皇后、汉哀帝皇太后赵飞燕，晋惠帝皇后贾南风，北魏文成帝皇后、献文帝皇太后、孝文帝太皇太后冯氏，北魏孝明帝皇太后胡氏，唐中宗皇后韦氏，辽景宗皇后、辽圣宗皇太后萧绰，清世祖皇太后、清圣祖太皇太后博尔济吉特氏（即孝庄文皇后），清穆宗、清德宗皇太后叶赫那拉氏（即慈禧太后），编为9册。这是一套史学专家撰写的通俗性历史读物。

　　夏商周三代尚无皇帝尊称，是分藩裂土的王政时代，因此，妹喜、妲己、褒姒被称为王后。秦汉以降才是帝制的开端，最高统治者称皇帝，其配偶称才人、女御、嫔妃、贵人、贵妃、皇后等，等级分明，地位天壤，皇后执掌中宫，是内廷宫闱的高层级支配者。皇后原则上只册封一人，但在帝制时代，两后并立亦不鲜见。当朝皇帝的正妻或其最喜欢的妃嫔往往被册封为皇后。当朝皇帝驾崩，子侄辈即位为新皇帝时，皇后往往被尊为皇太后，待孙辈登基为新皇帝时，皇太后则被尊为太皇太后。没有皇后履历的皇帝妃嫔，母以子贵，在其子加冕称帝时，被追尊为皇太后是常例。

严格说来，社会只由两种人构成，即男人和女人。历史本应由这两种人不分伯仲共同创造与书写，然而，实际的情形并非如此。

自先秦至晚清数千年间，朝代更替频繁发生，占据历史舞台中心的帝王将相、达官显贵、英雄豪杰，几乎清一色是男子，女人仅是男人的附庸，全无展示自己的平台，无法成就轰轰烈烈的伟业。通观中国古代历史，唯有武曌一位女皇，对其评价尚褒贬不一，罕见女性有位极人臣、出将入相者。中国古代的正史——"二十五史"、历朝政书的书写者均为博学多识的男性官僚学者，除班昭参与了《后汉书》的部分编纂工作外，再无任何女性参与正史、政书书写。历史的书写者基本为男人。书入正史的帝王将相、达官显贵占去了史书绝大部分篇幅，而约占人口总数50%的女性，仅占有《后妃传》《列女传》等少得可怜的篇幅。

中国古代是男人的社会，中国古代正史由男人书写，中国古代，尤其两汉以后，儒家思想成为社会主流意识形态，宋代以后理学存天理、灭人欲的礼教观念广行流布，女子无才便是德、男主外女主内、节烈贞洁等种种礼教戒律严重束缚女性，在政坛上叱咤风云的女性更难得一见。

本书的12位传主，夏后、商后、周后、吕太后、赵皇后、贾皇后、韦皇后等7人系汉族女性（夏后、商后、周后可视作华夏族），而胡太后、萧太后、孝庄文皇后、慈禧太后等4人为少数民族女性，冯太后为少数民族化的汉族女性。为什么少数民族女性所占比例如此之高呢？这与少数民族对女性礼教戒律束缚较少、少数民族女性的社会地位相对较高密切相关。尽管在古代中国历史上出现很多炙手可热的名后，有的在政坛上翻云覆雨，甚至临朝称制，掀起巨澜，但实质上她们仍是男性的附属。

古代社会，从太学、国子学到府州县学，各级官学不录取女性学员，妇女受教育的权利被剥夺；古代社会，从乡举、里选、征辟、察举、九品中正到科举取士，各种官吏选拔均不把女性划入考查范围，妇女参与国家政治的权利又被剥夺。只因皇帝有一套严格而完整的后妃制度，服务于皇权，才有了这样一个皇后、皇妃群体。首先，皇后必须由皇帝册封，皇后的名分是从皇帝那取得的；其次，皇后在家庭中必须服从夫君——皇帝的权威，皇后的权力是皇权的外延，是皇帝给予的。在帝制时代，专制皇权不断强化，为防止后妃干政、外戚坐大，形成后党，在政治设计上约束限制后妃、外戚权力膨胀的规则日益严密，个别朝代甚至推出并实行册封皇太子后处死皇太子生母的冷酷政策。

这套"历代名后系列"的12位传主，生活在不同朝代，政治履历、知识素养、性情禀赋、胆识谋略及最终结局各不相同。作者对她们生平际遇、历史功罪等诸多方面，在尊重史实、参酌同行研究的前提下，做了尽可能详细的陈述与评说，不仅为了再现她们多姿多彩的人生，更是想让读者透视她们生活年代变幻莫测的政治风云。汉高祖皇后吕雉，辅佐刘邦成就霸业，与萧何谋划除掉韩信，巩固统治。高祖病逝后，惠帝软弱，由吕后实际掌权，她继续无为而治的黄老政治，使汉朝国力不断增强。她又擢拔吕氏族人，形成诸吕集团，操控朝政，最终陈平、周勃铲除诸吕，迎立汉文帝，酿成汉初一场政治大震荡。夏桀王后妹喜、商纣王后妲己、周幽王王后褒姒、汉成帝皇后赵飞燕，皆为倾城倾国的绝代美人，以姿色取悦君王，虽行止乖张，恣肆任情，颇受后人非议，但把夏、商、西周败亡，汉朝衰败的历史责任加到她们头上恐未必公允。北魏献文帝冯太后，有度量有胆识，激赏汉文化和中原王朝成熟的典章制度，促成孝文帝实行改革，接受中原文化，推动了鲜卑族社会发展进步和与汉族的民族融合。辽圣宗皇太后萧绰，是有影响有担当有作为的政治家，她能在朝堂上决断大政，亦能统率百万大军攻城略地，与敌人对垒。在辽宋对战势均力敌的情势下，审时度势，促成"澶渊之盟"，使辽宋之间实现数十年之和平。孝庄文皇后博尔济吉特氏是位聪明睿智的女人，她的成功在于在清初复杂的皇位争夺中施展手段，辅保年幼的儿子福临、孙子玄烨登上皇帝宝座，摆平满洲贵族各派政治势力。即或有下嫁摄政王多尔衮之韵事，也毫不影响其历史地位。晋惠帝皇后贾南风、北魏孝明帝皇太后胡氏、唐中宗皇后韦氏3位传主有许多共性，凶悍、妒忌、残忍而又野心极大，是史上公认的"女祸"。贾皇后的丈夫惠帝司马衷是低智商，不能亲理朝政，贾皇后操控大权，在朝臣和宗王间拉帮结派，拨弄是非，引发司马氏自相残杀的"八王之乱"，使晋朝走向衰亡，贾皇后也在乱世中被杀。北魏胡太后，心狠手辣，两度临朝称制十余载，挟持皇帝、势压宫妃，威福自专，天怒人怨，最终被尔朱荣沉于黄河。唐中宗皇后韦氏是位心机颇深、手段高妙、野心勃勃的女人。在武周和中宗时期，她巧妙周旋，地位虽有浮沉，但终究保住了权位，膨胀了势力，与上官婉儿等结成势力集团，顺昌逆亡，甚至密谋政变，弑君自立，效法则天武后。在唐前期朝政大变局关键时刻，睿宗之子李隆基果断发动兵变，杀死韦皇后，化解了一场政治危机。慈禧太后是清文宗之懿贵人，没有皇后名分，文宗死，穆宗立，径封皇太后，历同治、光绪两朝四十余年，垂帘听政，独断朝纲，地位从未动摇。她思想保守、观念陈腐，在西学东渐，世界格局大变演中，无能应对，锁国闭关，为保住其独尊地位，血腥镇压维新人士；在对西方列强的斗争中，屈膝投降，签订了一系列割地赔款、丧权辱国的条约，使偌大中华沦为半殖民地社会；她个人生活厚自奉养、奢侈挥霍，为庆六十大寿，竟公然连续数年挪用海军经费近200万两，这也是导致甲午战争中北洋水师全军覆没的一个重要原因。

这套名后传记史学读本，成于众人之手，风格不同，学识也有差异，相信读者慧眼识珠能够发现其精到和舛误。此套书曾刊行于20年前，此次应邀修订，主要是打磨文字，订正史实错误。限于作者水平，肯定还有其他问题没能发现更改，欢迎读者教正。

辽宁师范大学　赵毅

2023 年 5 月 15 日

目　录

第一章

拓跋浚入继大统

册宫主母仪天下

　　北魏太武帝太平真君三年（442），冯太后出生于长安（今陕西省西安市）城里的一户汉族官宦人家。

　　当时，冯太后的父亲冯朗任秦、雍二州刺史，封辽西郡公。她的一位姑母为太武帝拓跋焘的左昭仪。冯家在北魏王朝虽然算不上十分显赫，却很有权势。

　　如同中国古代那些非凡人物诞生时天降祥瑞一样，传说冯太后降临人世的时候，冯家室内闪出一道神光，异常明亮。

　　冯家一门十分惊喜。新生幼女的父亲冯朗和母亲王氏更是喜出望外，甚至比日夜企盼得到男孩的心情都更为兴奋，因为他们似乎从神光中看到了不可名状的希望。

　　冯家女儿伴随着神光降生这一异常祥瑞，在长安城中引起不小的轰动。一时间，冯家如同喜逢佳节，连日来门庭若市。冯朗的同事、下属及亲友们都抱着攀龙附凤的心理，纷纷前来道贺。

　　不论载入正史的传说真实与否，这位伴随着神光降生的婴儿，后来确实为冯家带来了无限的荣耀，使一度衰败的冯氏家族再次达到鼎盛。

一 初入宫廷

承平元年（452）十月，拓跋濬继承北魏皇位。

在拓跋濬继位之前，冯太后的父亲冯朗因犯罪而被诛杀。到底是什么罪，史书上没有留下明确记载。依据其他线索分析，可能是由于他的弟弟冯邈率兵征伐柔然，战败投降，没有返回。按照当时法律规定，一人投敌，整个家族都要受到株连。犯罪的官员被处死后，其子女一律没入官府，充当婢女，或者到作坊做工，地位十分低下。

冯太后自幼在优裕的家庭生活，并且在兄弟姊妹当中格外受到父母的溺爱。官僚贵族的家庭氛围，使她从小就开始接受良好的先进文化熏陶，从而知书达礼，品貌俱佳，出脱为一位出类拔萃的大家闺秀。

可能也像非凡人物多历磨难一样，冯太后在天真烂漫的童年时代，家中即遭遇毁灭性的灾祸，这对于她来说，未免过于残酷了。

冯太后在父亲死后，作为罪人之女被没入宫中，有幸的是，她的姑母、拓跋焘的左昭仪收养了她，从而使她免去充当婢女或苦工的境遇。

冯太后的姑母像亲生母亲一样，抚养教育她。

冯太后聪明敏捷，工于心计。她在姑母的谆谆教诲下，潜心研读《诗》《书》等儒家经典，并深入了解北魏王朝后宫的宫规戒律。她决心以自己的奋力拼搏来改变罪人之女的厄运。

拓跋濬即位不久，便开始选择嫔妃，充实后宫。冯太后以其才貌出众而被选为贵人，并且深受拓跋濬的宠爱。

拓跋濬称帝一年之后，其母亲郁久闾氏因病去世。因为他自幼由乳母常氏哺育照料，所以尊常氏为保太后，第二年又正式改尊为皇太后。

常氏为正位皇太后，对于后宫嫔妃的前途命运，无疑具有举足轻重的影响。

冯太后深通此理，因此尽心侍奉常太后，以讨其喜欢和信任。与此同时，她又极力结纳后宫宦官，把张祐和抱嶷等人引为心腹。

冯太后通过多方努力，使自己在宫中的声望与日俱增。

太安二年（456），拓跋濬已十七岁，常太后决定为他选立皇后。

当时，后宫中嫔妃众多，除冯氏外，还有李氏、沮渠氏、曹氏，也都很得宠。

按照北魏的特殊传统，册立皇后，需在嫔妃中选择数人，令其各自亲手铸造金人，以铸成者为吉，立为皇后。

早在拓跋濬的高祖父、太祖道武皇帝拓跋珪时，后燕慕容宝之女入宫后，就受到宠幸。

左丞相、卫王拓跋仪等人奏请册立皇后时，拓跋珪听从群臣的建议，令慕容氏铸造金人，铸成之后，才被立为皇后。

拓跋珪纳匈奴首领刘眷之女，以其生育长子拓跋嗣，并颇有主理后宫的才干，也深受宠爱。然而由于没有铸成金人，终不得立为皇后。

拓跋濬的曾祖父、太宗明元皇帝拓跋嗣纳后秦姚兴之女为夫人，也因铸金人不成，未升皇后之位。拓跋嗣虽然对其十分宠爱，让她享受与皇后同样的待遇，甚至曾经打算立她为皇后，但都因前朝的定制所限，而未能实现。姚氏死后，拓跋嗣悔恨不已，追赠皇后的玺绶，赐谥号昭哀皇后。

如今常太后和拓跋浚遵照祖制，令冯氏等四个受宠的嫔妃铸造金人。这本不是一件简单的事情，它涉及较为复杂的工艺技术，一时很难掌握。

由于冯氏久居宫中，深知北魏朝廷的各项典制，可能早有准备，并且得到常太后和心腹宦官的暗中指导，因此竟一举而告成功，铸成了金人。而其余三人全未铸成。冯氏力挫群芳，被立为皇后，成为拓跋浚后宫的主宰，从而母仪天下。

拓跋浚十五岁时，就已经有了儿子，起名为拓跋弘。其母李氏为寿春（今安徽省寿县）人。李氏之父李方叔原为南朝刘宋的济阴（今山东省菏泽市定陶区）太守。李氏出生的时候，就与平常婴儿不同，李方叔一直认为这个女儿一定能成为贵人。长大以后，果然姿色绝美。

拓跋焘南伐时，永昌王拓跋仁率兵攻入寿春，把李氏掳获，带回做妾。后来，拓跋仁镇守长安，因罪被杀，李氏被送往平城宫中，充当奴婢。

拓跋浚即位后，有一次登上白楼，四处眺望，无意之中看见了李氏，觉得俊美异常。他问左右侍从，说："这个女子漂亮不漂亮？"左右都说："当然漂亮。"于是，拓跋浚走下白楼，把李氏叫到斋库伴宿，李氏遂怀有身孕。

常太后得知后，召来李氏询问，李氏据实禀告说："受到皇上宠幸，才怀孕的。"

常太后仍有些疑虑。由于当初拓跋浚与李氏在斋库同宿时，守库的人曾暗中把这件事情书写在墙壁上，记录下来。常太后便派人去查验，与李氏所说的情形完全相符，遂解除了怀疑。

李氏生下拓跋弘，被封为贵人。

拓跋浚派人秘密前往李氏的家乡，告知上述情况。李氏的兄长李峻及其五个弟弟李诞、李嶷、李雅、李白、李永先后投奔北魏都城平城（今山西省大同市）。

李峻被任为镇西将军、泾州刺史，封顿丘公，后晋爵顿丘王，任太宰。李雅、李嶷等人也都受封公爵。

太安二年（456），拓跋浚决定确立拓跋弘为太子。

北魏王朝从道武帝拓跋珪时起，立下一条规矩，册立皇太子要先杀掉他的生母，用意在于防止母后专权擅政。冯太后庆幸自己尚未生子，不必担心成为拓跋族祖制的牺牲品。她为了保持已经获取的后宫主宰地位，并且尽早亲自抚养太子，便通过常太后促使拓跋浚作出这一决定。

按照立太子先杀其母的惯例，拓跋浚命人拿来纸笔，令李贵人把需要托付给兄弟的后事一条条写下来。

李氏清楚地知道，这是生离死别，但又无法抗拒，便在悲愤之中将毒酒一饮而尽。临死时，每喊一声"兄弟"，便捶胸顿足，呼号恸哭。

李氏死时，拓跋弘还不满两岁。拓跋浚命冯皇后担负抚养拓跋弘的责任。

冯后入主后宫，现在又亲自抚育太子，地位更加尊崇。

她是一个聪明绝顶的女人。自从入宫以后，在姑母左昭仪的教诲下，增长了许多见识。入主后宫，又有机会接触军国政务，对拓跋浚的朝政起着一定的辅助作用。

拓跋浚从小即聪明过人，祖父拓跋焘非常溺爱他，常常把他带在身边，号称嫡皇孙。他五岁时，就经常跟随拓跋焘外出巡察。一次，在北巡刚刚降服的部族时，恰逢其首领处罚一个族人。拓跋浚命令那位首领说："他今天有幸遇到我，你应当立即把他释放！"拓跋焘闻知此事，感到惊奇，说："此儿虽小，却想以天子的身份独自处理大事。"

拓跋浚渐渐长大，性格风度更为出类拔萃。每有军国大政，他都经常参与决策。

拓跋浚即位之前，宦官宗爱专权乱政，在一年之内，连续发动两次宫廷政变，谋杀了拓跋焘和南安王拓跋余两位君主。所以在拓跋浚即位后，朝中政局混乱，元老旧臣对这位新君难免心存疑虑，参与诛除宗爱的朝臣亲贵们，也有人乘机争权夺利。这种复杂的局面，对年轻的拓跋浚来说无疑是个严峻的考验。

拓跋浚决定诛除威胁皇位的宗室诸王和尚不附己的官员。

拓跋焘诸子中，仍然在世的只有广阳王拓跋建、临淮王拓跋谭。拓跋浚即位不到一个月，二王同时被杀。这样，不再有人具备争夺皇位的资格。

接着，拓跋浚又大力诛除权臣和异己。他初即位时，任命有拥立之功的骠骑大将军、长乐王拓跋寿乐为太宰，都督中外诸军，录尚书事；尚书长孙渴侯为尚书令，加开府仪同三司。他俩都是鲜卑贵族，又自恃有功，互相争权。拓跋浚迫令二人自杀。

拓跋寿乐、长孙渴侯等人死后，拓跋浚任命乐陵王拓跋周忸为太尉、南部尚书陆丽为司徒、镇西将军杜元宝为司空，共同辅政。

拓跋周忸和杜元宝两个人身为外戚或旧臣，居功自傲，不久便先后被杀。拓跋周忸因被指控有罪而被赐死，杜元宝则以谋反罪被处死。

杜元宝的姑母为拓跋嗣皇后杜氏，其母为南安长公主，与北魏皇室关系甚为密切。可是，杜元宝在父亲杜超去世时，没有按照规定入宫面辞，而是以奏章请求归家奔丧。拓跋浚不知道杜超的死讯，对杜元宝的违制行为深感不满，令人召其入宫。不久，便以谋反罪将他诛杀。建宁王拓跋崇与其子、济南王拓跋丽，因受杜元宝的牵连而被赐死。

拓跋浚的叔父拓跋余在位时的司徒古弼、太尉张黎，由于对宗爱谋害拓跋焘和拓跋余的罪恶行径，不敢站出来抗争，反而助纣为虐。拓跋浚借其议政不合旨意为由，均降职为外都大官。二人颇有怨气，家人又指控他们犯有巫蛊之罪①。拓跋浚遂将二人诛杀。

经过清理整顿，拓跋浚消除不利因素，稳定了政局。

拓跋浚在位时期，朝廷形成了一个以陆丽与源贺、高允为首的新的政治核心。

陆氏世代辅佐拓跋部，建立过殊勋，在鲜卑统治集团中有一定的地位和影响。陆丽的高祖陆干、曾祖陆引，都曾担任过部族首领。其祖父陆突在道武帝拓跋珪时，率部众归附北魏，经常跟随征战，屡立军功，被任为厉威将军、离石镇将，封关内侯。

陆丽的父亲陆俟在拓跋嗣一朝，多次率兵征讨，立有殊勋，因此，历任显职，极受信任和重用，封为建业公。

陆丽从小就入侍太武帝拓跋焘，深受宠爱。其言行举止十分谨慎，从没有出现过差错。拓跋焘赐其章安子爵，任命为南部尚书。

在宗爱连续谋杀拓跋焘和拓跋余之后，朝廷百官无不畏惧恐慌，不知道应当拥立谁继承皇位合适。陆丽以拓跋浚身为嫡皇孙，民望所归，遂首倡大义。

---

① 古人迷信，以为用巫术诅咒和把木偶人埋于地下，可以害人，称为巫蛊。

与殿中尚书长孙渴侯、尚书源贺、羽林郎刘尼奉迎拓跋濬，拥立为帝。

拓跋濬登上皇位，把陆丽视作心腹，朝廷中没有一个官员比他更受宠信。

拓跋濬打算封陆丽为平原王。陆丽说："陛下是皇室的正统，本来就应当继承皇位。我顺应天意民心，奉迎登极，是臣下的职责，不敢贪天之功据为己有，受此重赏。"

陆丽再三辞让，拓跋濬仍坚持封他为王。

于是，陆丽请求说："我的父亲侍奉先帝，忠心勤恳，立有显著功劳，如今已到了晚年，我愿把我的爵位让给老父。"

拓跋濬说："我为天下之主，难道不能使你们父子二人一起受封王爵？"遂晋封陆丽之父陆俟为东平王，擢升陆丽为侍中、抚军大将军、司徒公。与此同时，拓跋濬又封陆丽的正室杜氏为王妃，免除其子孙们的赋税徭役负担。

陆丽坚决不肯接受。拓跋濬对他更加敬重。

源贺为南凉王秃发傉檀之子。南凉灭亡之后，他投奔北魏。拓跋濬素闻其名，对他十分器重，赐爵西平侯，任命为龙骧将军。

秃发部与拓跋部同属于鲜卑族。所以，拓跋焘对源贺说："你与我族源相同，只是姓氏有别，现在你可以改为源氏。"

拓跋焘征讨北凉时，向源贺征询用兵方略，源贺说："姑臧（北凉都城，今甘肃省武威市）城外，有四个鲜卑部落，都是我父祖的臣民，我愿在大军到达之前，先到那里宣扬我们国家的威望，晓喻利害得失，他们一定会相继归降。外围降服之后，再攻取孤立的城池，易如反掌。"拓跋焘完全接受了他的意见。

源贺奉命率领精锐骑兵前往招降诸部，很快有三万余个部落响应，使拓跋焘顺利攻克姑臧，灭掉北凉。

后来，源贺又随拓跋焘北击柔然，南伐刘宋，屡立战功。他的本名为破羌，拓跋焘认为："人之立名，应当与行相符，不可冒滥。"遂赐名为贺，并擢升为殿中尚书。

宗爱谋杀拓跋余之后，源贺率领禁军，护卫宫廷，隔绝内外，与陆丽定策，迎立拓跋濬。

拓跋濬以拥立之功，擢升源贺为征北将军，加给事中，晋爵西平王。并在赏赐群臣时，对源贺说："你可以任意取用你所需要的财物。"

源贺说："南北的敌寇（指刘宋和柔然）还没有降服，国家府库不可以空虚。"

拓跋濬坚持要赏赐他，源贺只取了一匹战马。

兴安元年（452），源贺感到当时有关部门量刑判罪多有不当，遂上书说："按照法律规定，对于犯有谋反罪的人家，他们的子孙虽然生活在外邦，也要追回来杀掉，目的是把犯罪者的亲属斩尽杀绝，以除后患，并宣扬对犯有谋反大罪者处罚严厉。可是，对于犯有抢劫、偷窃之罪而应当判死刑的人，他们的兄弟子侄即使与犯罪者只隔一道关卡或渡口，也都不受牵连。我以为前朝制定这条法令的用意，是因为一人犯有抢劫、偷窃之罪，其亲属并未参与犯罪，所以特别加以宽恕。那么十三岁以下的小孩，如果其家中的成年人谋反，他不可能参与，我觉得就应当赦免死刑，而改为没入官府充当奴婢。"

太安二年（456），拓跋濬任命源贺为冀州刺史，封陇西郡王。

源贺又上书拓跋濬说："对犯死罪的人，固然难以宽恕。但如今，北方敌寇（指柔然）经常南下进扰，南方敌寇（指刘宋）仍在负隅顽抗，因此，边境地带还需要加强防守。我以为除非是谋反、叛乱、故意杀人，其他凡是贪赃枉法和过失杀人应判处死刑的罪犯，都可加以宽恕，贬谪他们戍守边疆。这样可使他们获得第二次生命，同时也使负担徭役的人家得到休息的恩惠。"

拓跋浚接受了源贺的建议。过了很长时间，拓跋浚对群臣说："我采纳源贺的意见，一年之中，救活了不少人，而边疆的戍卒也增加了许多。你们如果能够人人与源贺一样，我还有什么可担心的呢？"

正在这时，武邑人石华揭发源贺阴谋发动叛乱，有关部门将此事向拓跋浚作了禀告。

拓跋浚对群臣说："源贺竭忠尽智地报效国家，我向你们担保，他绝对不会谋反，这是十分明显的。"遂命有关部门认真调查。

后来，石华果然承认是诬告源贺。拓跋浚下令诛杀石华，并对左右官员说："像源贺这样忠诚的人，仍不免被人诬陷，那么不如源贺的人，怎么可以不谨慎从事？"

高允，出身渤海蓚县（今河北省景县南）汉族高门。其祖父高泰曾入仕北燕，任征虏将军、燕郡太守。慕容宝北走龙城之后，高允的叔父高湖见其朝政衰乱，遂率领三百余户部属，投奔北魏。

当时，拓跋珪任命高湖为右将军，总领代东诸部，封东阿侯爵。拓跋焘时，高湖历任宁西将军、凉州镇都大将，镇守姑臧，颇有声誉。

高允的父亲高韬在后燕慕容垂时任过太尉从事中郎。拓跋珪克定中山，高韬归附北魏，官至丞相参军，早卒。

高允自幼丧父，成为孤儿。他勤奋好学，有远大志向。清河有名人物崔玄伯见到他，认为其气度不凡，深有感慨地说："高子（指高允）人中滋润，文才外照，必定能成为一代名人，只是恐怕我活不到那一天。"

高允十余岁时，回本郡为祖父守丧，把家财全部交给两个弟弟，自己出家为僧，法名法净。

不久，高允又离开寺院而还俗。由于一向喜欢文学，遂挑着书箱，到千里之外的地方，投奔名师就学。

经过长期刻苦读书，高允博通经史、天文、术数，尤其精于《春秋公羊传》。

高允在拓跋焘时入仕北魏，初任郡功曹。后为阳平王、征南大将军杜超军府的从事中郎，当时已经四十余岁。不久，又解职归家，教授弟子千余人。

神䴥四年（431），高允被征召入朝，任中书博士、中书侍郎等职，以后长期为著作郎。

拓跋濬继承皇位，高允有参与拥立之功。陆丽等人都受到重赏，唯独他未得到任何赏赐。但高允从没有提起过这件事。

太安四年（458），拓跋濬下诏，在平城兴建太华殿。

高允劝阻说："太祖（拓跋珪）开始建都时，一定利用农闲季节动工。何况，我们国家建立已久，以前修建的永安殿足够朝会之用，西堂、温室足够宴饮、食宿之用，官中的紫楼足够登临远眺之用。即使要扩建宫室，也应当逐渐实施，不可急于求成。如今粗略计算一下，需要征调的民夫差役有两万人，而担负供应民夫差役吃用的人数又要加倍。这样，预计半年可以完成。然而，一个农夫不种田，就会有人挨饿，何况四万人不仅不能种田，还要消耗粮米，其严重程度简直无法估量。这是陛下应当关心的大事。"

拓跋濬认为高允的意见有道理，予以采纳。高允一向坚持直言极谏，凡是朝廷有不适当的举措，他就请求皇上召见，提出建议。拓跋濬总是屏退左右，单独与他交谈。有时从早上到黄昏，有时一连几天都不出宫，群臣谁也不知道他们谈些什么内容。

高允有时谈得激动，言辞尖刻，拓跋濬实在听不进去，便命左右侍从把高允扶出去，但始终对他很敬重。

一次，朝廷官员在奏章中抨击弊政，措辞刻薄，拓跋濬看了之后，对群臣说："君主与父亲一样，父亲有过失，当儿子的为什么不写出来，并在大庭广众之中劝告他，却在没有别人在场的房间里劝告，这难道不正是不打算使老父的过失张扬出去吗？至于臣民侍奉君主，何尝不是如此。君主有了过失，做臣属的不肯当面陈述自己的意见，而是呈送奏章，公开劝谏，目的显然是大肆宣扬君主的短处，表明自己的正直，这难道是忠臣应当做的？像高允这样的人，才是真正的忠臣。我有过失，他从来没有不当面指明，甚至有些意见使我难以接受，但他都不回避隐瞒。这样，我知道自己的过失，而天下人并不知道，难道能说不是忠心！"

与高允同时被北魏朝廷征召的游雅等人，都已做了高官，受封侯爵。高允的部属官至刺史、郡守的，也有数十以至上百人。可是，高允担任二十七年著作郎，仍没有升迁。

拓跋濬对群臣说："你们虽然每天手持刀枪弓箭，在我身边侍候，不过是白白站着，从未有一句规谏之言。只会趁我高兴的时候，乞求赏赐官职爵位，虽然没有什么功劳，可如今都位至王公。高允用一支笔辅佐我们国家数十年，贡献极大，却一直任著作郎，你们难道不感到惭愧？"遂擢升高允为中书令。

拓跋濬在位时，北魏的官吏都没有俸禄，高允常常令其诸子到山上砍柴贩卖，借以维持生活。

司徒陆丽向拓跋濬禀告说："高允虽然蒙受宠爱，可是家境贫寒，妻子儿女都不能建置家业。"

拓跋濬说："你怎么不早说？现在看我重用他，才说他穷。"然后，拓跋濬亲自去高允住处查看。只见高允家中仅有草房数间、用粗布做的被褥和用旧棉絮做的袍服，厨房中除了食盐和青菜，什么也没有。

拓跋濬无限感慨，当即下令，赏赐高允五百匹帛、一千斛粟，任命他的长子高悦为长乐太守。

高允一再辞让，拓跋濬不准。拓跋濬对他更加敬重，经常称其为"令公"，而不叫名字。

拓跋濬在位时期，以清静为治，尽量缓和社会矛盾，使百姓获得休养生息。为此，拓跋濬十分崇尚佛法。

拓跋焘时发生过中国历史上第一次毁佛事件。但他到了晚年，对佛教的禁令有所松弛。民间已有许多人暗中信奉佛教。

拓跋濬即位后，群臣都一再请求应彻底解除对佛教的禁令。

兴安元年（452）十二月，拓跋濬下诏，命各州郡县，在居民聚集的地方，准许建立一所寺院，百姓愿意当和尚、尼姑的，准许出家，但规定大州五十人，小州四十人。过去所毁掉的寺院，大部分被修复。

拓跋濬亲自给师贤等五个僧侣剃发，并任命师贤为"道人统"，总摄佛事。

师贤本是罽宾王国的贵族，自幼信佛，以前曾在北凉居住。北凉灭亡后，他来到北魏。拓跋焘毁佛时，师贤假装行医，留发还俗，但信仰不改。拓跋濬宣布解除禁佛令，他立即重返寺院。

师贤死后，昙曜代其为"沙门统"，继续统摄佛事。

昙曜向拓跋浚建议，在平城西部三十里的武州塞开凿五所石窟，每所石窟中雕凿石佛像一座。这些佛像高者七十尺，次高者六十尺，雕刻装饰得十分雄伟壮观，世上很少有能与之相比者，这就是山西大同云冈石窟的始起。

后来建立石佛成为时尚，这里成为佛教圣地。

拓跋浚在位时，由于不向百官发放俸禄，因此官吏贪赃枉法的现象十分严重。他力图改变这一状况，所以增加内外侯官的数量，令其伺察中央各部门和地方州县的官员。这些侯官有时换上便服，出入官府之中，搜求文武百官贪赃枉法方面的过失，一旦发现，即予举报，由有关部门严厉追究，以至刑讯、拷打，逼其招认，然后予以处罚。法令规定，官员贪赃受贿布帛满二丈的，一律斩首。

冯太后在这一时期，不仅勤奋地主持后宫事务，精心抚育太子拓跋弘，而且十分关心朝廷政事。她与拓跋浚两人感情甚笃，从未发生过矛盾和摩擦。她殷勤地侍奉夫君度过理政之余的闲暇时光，有时也陪伴皇上参加庆典和游猎等活动。

在这一过程中，冯太后更多地了解和掌握了朝中情况，也使朝臣和嫔妃们增进了对她的尊崇。

二　夫君离世

拓跋浚在处理与周边各族关系方面，采取恩威并施、怀服安抚的策略。

北方的柔然经拓跋焘在位时的两次沉重打击，势力大为削弱，暂时失去进攻北魏的能力。但到拓跋濬时，又经常进扰北魏。

太安四年（458）十月，拓跋濬率军巡视北方，准备征伐柔然。当行抵阴山时，遇到大雪，拓跋濬想撤军回京。

太尉尉眷劝阻说："这次出动大军，是以武力威服北狄（指柔然），离开都城不远就撤回，恐怕他们要疑心我们发生内乱。遇到大雪，将士们虽然遭受寒冷，但不得不继续进军。"

拓跋濬接受了尉眷的意见，亲率十万骑兵、十五万辆战车，越过大沙漠，旌旗千里，声势浩大。

柔然可汗郁久闾吐贺真在魏军的攻击下，远远逃走，一个部众首领乌朱贺颓率数千人归降北魏。

北魏与南朝刘宋发生过两次战事。

一次是正平元年（451）三月，拓跋焘被宗爱所杀不久，宋文帝刘义隆乘机发动的北伐。

当时，刘义隆征求群臣对北伐的意见，太子中庶子何偃说："淮河、泗水一带各州（包括青州、冀州、兖州、司州、豫州），在以前与魏国战争中遭受的创伤，还没有复原，不应当轻易发动征战。"刘义隆未予接受。

五月，宋文帝刘义隆下达诏令，说："暴虐的拓跋焘穷凶极恶，自古以来实属罕见。我们还未及动用刀斧，他已受到上天惩罚。拯救快要被污水淹死的人，现在正是良机。命令骠骑将军府和司空府，各自派出所属部队，分东西两路，相互配合。凡是起义投诚、建立功业的，依照其功劳大小，分别给予奖赏。"

然后，派遣抚军将军萧思话统率冀州刺史张永等，进攻碻磝（今山东省聊城市茌平区西南）；司州刺史鲁爽、颍川郡守鲁秀、征北参军程天祚率领荆州部队四万人，进攻许昌、洛阳；雍州刺史臧质率领所属部队，进攻潼关。

青州刺史刘兴祖上书说："黄河以南的百姓生活艰难困苦，田野里没有粮草可供掠获，假如敌人固守城池，十天半月，不能攻克。我们的大军固守城下，粮饷运输将十分困难。因此，应当抓住时机，利用有利形势，尽快决战。现在，伪帅（指拓跋焘）刚刚死去，其国内惊扰不安，无暇顾及派兵远征。我们的大军应当北渡黄河，直接进攻中山，据守险要关卡。冀州以北的百姓，比较富裕，而且小麦已经成熟，我们收取以作军粮。响应正义的人们，一定纷纷归附。如果中原发生动摇，黄河以南的魏国势力自然瓦解。

"我请求准许，征调青州、冀州的军队七千人，遣将率领，一直攻入敌寇中心腹地。如果前锋获得胜利，张永以及黄河以南各路兵马，应当同时渡过黄河，向北推进，虚实并举。并且令地方政府委派官员，安抚新归附的百姓。西部依靠太行山，北部严密防守军都（今北京市昌平区西南）。对于魏国投降的官员，一律授予官职。他们畏惧我们的威严，欢迎我们的关怀，都会百倍感激。如果能够成功，统一天下之功，可以有望完成。如果不能成功，也不会造成大的损失。我命令部队，整装待发，只等听到圣旨。"

可是，刘义隆只想夺回和保住黄河以南的失地，所以不接受刘兴祖的建议。

刘宋北伐各路大军进攻北魏境内的碻磝。北魏守军在城内挖掘地道，从地道中秘密出城，攻击东面的宋军，烧毁张永的军营和攻城器具，接着又焚毁南面宋军的攻城器具，并摧毁宋军挖掘的攻城用的地道。

张永在魏军的攻击下，自己率领东部围城部队先行撤退，而未告知其他将领，另两路围城军一时间陷入慌乱惊恐。北魏守城军乘机全力出击，杀得宋军将士尸横遍野。

刘宋的鲁爽率军抵达长社（今河南省长葛市），北魏守军将领秃发幡弃城逃走。

臧质大军一直停留在襄阳（今湖北省襄阳市）附近，没有按时出发，只派冠军司马柳元景率领后军行参军薛安都等，进据洪关（今河南省灵宝市西南）。

梁州刺史刘秀之派司马马汪与左军中兵参军萧道成率军进攻长安。

北魏冠军将军封礼从泾津（今河南省灵宝市东北黄河渡口）渡河南下，增援弘农（今河南省灵宝市）。司空、高平公儿乌干驻防潼关，平南将军、昌黎公拓跋辽驻防河内（今河南省沁阳市）。

后来，鲁爽在大索（今河南省荥阳市）大败北魏豫州刺史拓跋仆兰，遂进攻虎牢（今河南省荥阳市西北汜水关）。就在这时，鲁爽听到张永等进攻碻磝的大军失败的消息，只好与柳元景分别撤军，萧道成、马汪等得知北魏救兵即将抵达，也迅速退往仇池（今甘肃省西和县西南）。

战后，刘义隆因各位将领屡次出征，都无功而还，觉得不可以过分地谴责张永等人。他下诏给萧思话，说："胡虏（指北魏）既然取得胜利，而气候刚刚接近隆冬，如果他们敢于前来进攻，我们兄弟父子自当共同担负反击敌寇的重任。说到这里，使人增加愤恨。可以把此诏拿给张永、申坦过目。"

刘义隆又写信给江夏王刘义恭，说："早知道这些将领如此无能，真悔恨当初不抽刀在他们背后驱赶。现在，后悔已来不及。"

拓跋浚即位不久，南朝宋文帝刘义隆被其子刘劭谋害，宗室内部发生争夺皇位的相互残杀。

刘劭为宋文帝刘义隆的长子，六岁时被立为皇太子。自幼喜读史籍，尤其爱好弓马，深受父皇刘义隆的宠爱。

刘义隆因重视农业生产，诏令在宫中养蚕，想以此对民间产生良好影响。

有一个女巫严道育，自称能以语言与神灵相通，并能驱使鬼神。由于丈夫犯罪，她被没入宫廷为奴。

刘劭的姐姐东阳公主有个婢女王鹦鹉，向公主推荐说："严道育有奇特的法术，能与神灵相通。"

东阳公主又向刘义隆编造假话介绍说，严道育善于养蚕，请求把她召入后宫，得到刘义隆的准许。

严道育对东阳公主说："神灵将赏赐给你护身符。"夜晚，东阳公主卧床休息，看到一道像萤火虫似的流光，飞到竹制的书箱里，打开一看，见有两颗青色的宝珠。从此，东阳公主和刘劭及始兴王刘浚姐弟三人都深信严道育的法术。

刘劭和刘浚都有许多过错，经常受到父皇的斥责。他俩让严道育祈求神灵保佑，使他们的过失不再被父皇得知。

严道育当即应允说："我自当向上天陈诉，一定为你们保守秘密。"刘劭等人对她十分尊崇，称她为天师。

后来，刘劭姐弟三人与严道育、王鹦鹉及东阳公主的家奴陈天与、黄门陈庆国等共同密谋，用玉石雕刻刘义隆的形象，埋在含章殿前①。刘劭又任命陈天

---

① 这种行为在古代称作巫蛊。当时人们以为这样做，即可致人死亡。

与为太子官侍卫部队的队主。

东阳公主去世后，王鹦鹉按惯例应出宫嫁人，刘劭担心她把巫蛊之事泄露出去，遂与刘浚暗中商议。当时，始兴王府的府佐沈怀远一向深受刘浚的器重，两人的关系极为密切。于是，便把王鹦鹉嫁给沈怀远为妾。

刘义隆听到陈天与担任队主的消息，派宦官奚祖责问刘劭说："你所用队主和队副怎么都是家奴？"刘劭十分恐惧，写信告诉刘浚。

刘浚复信说："那个人（指其父刘义隆）如果无休止地指责我们，正可以加速结束余生，也会促使盛大庆典早日到来。"

王鹦鹉以前曾和陈天与通奸，嫁给沈怀远之后，恐怕这件事情泄露，便请求刘劭把陈天与杀掉。刘劭遂派人秘密杀死陈天与。

陈庆国对于陈天与之死，深感惊恐，遂将巫蛊之事禀告刘义隆。

刘义隆大为震惊，立即下令搜捕王鹦鹉，并查封她的住宅，发现刘劭、刘浚互相写的书信数百封，内容都是巫蛊诅咒的话，又挖出他们所埋的玉人。刘义隆命有关部门彻底追查，严道育逃亡，没有搜捕到。

在此以前，刘浚从扬州刺史任上（治所在京城建康）调往京口（今江苏省镇江市），担任南徐、兖二州刺史。

在庐陵王刘绍因病辞去扬州刺史职务时，刘浚以为自己一定会接替刘绍而重任旧职，结果刘义隆任命南谯王刘义宣担任此职。刘浚大为失望，便请求调往江陵（荆州治所，今湖北省江陵市），刘义隆准许。

刘浚由京口到京城领旨，刘义隆命他再回京口交代离任事宜。就在他回京口后数日，巫蛊事件发生。刘义隆一连几天唉声叹气，对潘淑妃说："太子（刘劭）贪图富贵，还可以找到理由，可是虎头（刘浚乳名）也这样做，实在使人意想不到。你们母子怎么可以一天能没有我呢（意即刘义隆不在了，则刘浚母子必为刘劭所杀）？"

刘义隆派宦官严厉斥责刘劭和刘浚。他俩都惶恐畏惧，无话可说，只是低头认罪，请求处罚。刘义隆虽然愤怒已极，但仍不忍心惩处他们。

在巫蛊事发而严道育逃亡时，刘义隆分遣使者到各地搜捕。而严道育却假扮为尼，藏到太子宫中，后来跟随刘浚到了京口。刘浚入朝又把她带回送进太子宫，并打算与她一同前去江陵。

在这期间，京口有人禀报，发现居民张旴家有一尼姑，很像严道育。

刘义隆命人搜捕，抓获两个婢女，她俩交代说严道育已与刘浚回京。刘义隆原以为刘浚与太子刘劭已经驱赶了严道育，然而现在听说仍与她往来，深感失望和愤恨，于是命京口官府把两个婢女送到京城，以调查核实，然后决定如何处置刘劭和刘浚。

潘淑妃抱住刘浚，哭泣着说："你上次参与巫蛊的事情被发觉后，我还盼望你能深刻反思过错，想不到你还窝藏严道育。皇上大怒，我叩头求情，都不能消解他的怒气。现在我哪里还有生路？你可把毒药取来，我先自杀，免得看你遭受杀身之祸。"

刘浚挣脱母亲的怀抱，跳起来说："天大的事由我自己承当，请尽管放心，一定不连累母亲！"

刘义隆打算废黜太子刘劭，命始兴王刘浚自杀，然后另立太子。他先和侍中王僧绰商议，并命王僧绰查找汉、魏以来各朝废黜太子的前例，再把情况分别告知尚书仆射徐湛之和吏部尚书江湛。

武陵王刘骏一向不受父皇刘义隆的宠爱，所以长期被派到外地任职，而不能留在京城。南平王刘铄、建平王刘宏都受到刘义隆的宠爱。刘铄的王妃是江湛的妹妹，随王刘诞的王妃是徐湛之的女儿。因此，江湛劝刘义隆立刘铄为太子，而徐湛之有意拥立刘诞。

王僧绰向刘义隆提出建议说："废立太子这件大事，应由皇上自己决定，我认为关键是要迅速决定，不可以拖延。古人说：'应当决断的时候不当机立断，最终必然要招来祸患。'但愿能以大义割断恩情，不要因小不忍而乱大谋。不然的话，就应该恢复当初时的父子（指与刘劭）之情，不再深究。事情实属机密，可是却很容易泄露，一旦发生意外事变，将被后世所耻笑。"

刘义隆说："你可以称得上能够处理大事的人，然而此事关系重大（指更换太子），不可不特别谨慎，三思而行。而且，彭城王（刘义康）刚刚去世（刘义隆担心他谋反，命人将其毒杀），别人将说我没有慈爱之心。"

王僧绰说："我恐怕千载之后，人们说陛下只会制裁弟弟，而不能制裁儿子。"刘义隆沉默不语。

当时，江湛也在座。出宫后，江湛对王僧绰说："你刚才的话，是否有些过于直率了？"

王僧绰说："我倒恨你太不直率。"

刘铄从寿春（今安徽省寿县）回到京城。但是，他在觐见父皇刘义隆时，言行失当，不能令父皇满意。刘义隆打算立刘宏为太子，又感到他年龄小，不合长幼次序，因此，议论很久不能决定。每天夜里，刘义隆都与徐湛之两人秘密商议，有时甚至整日整夜不出宫。刘义隆让徐湛之多次手执蜡烛，绕着墙壁检查，担心有人窃听。

刘义隆把废立太子的机密告知潘淑妃，潘淑妃立刻转告刘浚。刘浚又迅速告知刘劭，刘劭遂与东宫侍卫队的心腹队主陈叔儿、斋帅张超之等，秘密策划谋害父皇。

当初，刘义隆认为皇族强盛，恐怕会发生内乱，所以特别加强东宫的侍卫兵力，多达一万多人，与羽林军（皇帝侍卫部队）相差无几。

刘劭性情狡猾，刚强凶猛，刘义隆以前一向对他深加依赖。刘劭既已决计谋害父皇，便于每天夜里设宴款待东宫的将士，有时还亲自为大家敬酒。

王僧绰把这个情况秘密禀告刘义隆。此时，严道育的两个婢女即将押送到京。刘劭便在一天夜里假造父皇的诏令，说："鲁秀（原为北魏军事将领，后降刘宋，时任南平王刘铄王府参军事）谋反，命你（指刘劭）率兵守卫宫门。"

刘劭命张超之等集结平时特别豢养的士卒二千多人，全副武装，又命内外幢队队主和队副，率领部属，声称奉命出兵征讨。到了深夜，刘劭传唤前太子中庶子现任右军长史萧斌、左卫率袁淑、中书舍人殷仲素、左积弩将军王正见等人，前往东宫。

刘劭流着泪对他们说："主上听信谗言，将要把我废黜，我自问没有过失，不能受此冤枉。明天一早，我要做出一件大事（指谋害父皇），希望各位能协助，共同尽力。"然后，刘劭离开座位站起来，向每个人下拜，大家惊愕震恐，没有人敢回话。

过了一会儿，袁淑和萧斌说："自古以来，都没有这种事情，请好好思量。"

刘劭大怒，脸色陡变。萧斌与大家一起说："自当竭尽全力，听从命令。"

袁淑愤怒地斥责说；"你们以为殿下真要这样做吗？殿下小时候曾患有疯病，现在可能是旧病复发。"

刘劭更加怒不可遏，斜眼瞅着袁淑问："这件事能不能成功？"

袁淑说："你居于不受怀疑的地位，能会不获成功？只是事成之后，不为天地所容，大祸也跟着来临。假如真的有这种想法，还可以停止行动。"

命左右侍从把袁淑拉了出去，对他说："这种事情怎么可以中途停止下来？"

袁淑回到左卫率省之后，绕着床来回走动，到四更天才安歇。

第二天清晨，宫门还没有打开，刘劭全副武装，又外罩红袍，乘画轮车，侍卫仪仗与平时入朝时一样。刘劭急召袁淑，袁淑仍在沉睡。

刘劭便在奉化门停车等候，不断派人催促袁淑。

袁淑慢慢起床，来到车后。刘劭命他上车，袁淑不肯，刘劭遂令左右把他杀掉。

等到宫门打开，刘劭从万春门入宫。按照宫廷制度规定，东宫的侍卫部队不能进入宫城。

刘劭把伪造的诏书拿给宫门守卫过目，并说："奉旨带兵入宫，搜捕叛逆。"然后令后面的卫队迅速赶来。

张超之等数十人来到云龙门及斋阁，拔出佩刀径直奔向合殿。

刘义隆在夜晚与徐湛之秘密商议，一直谈到天明，蜡烛还没有熄灭，门前台阶上当值的卫士都还在睡觉，尚未起来。

刘义隆突然发现张超之等人持刀闯入，急忙举起身旁小几抵挡。张超之一刀砍下，刘义隆举小几的五根手指，全部被砍掉。张超之再劈一刀，将刘义隆杀死。

徐湛之惊起，逃向北窗，还未及把窗户打开，便被一拥而上的东宫卫士砍杀身亡。

刘劭进入合殿中屋，得知父皇已死，遂来到东堂。萧斌手执佩刀站在一旁侍卫。

刘劭传唤中书舍人顾琠，顾琠十分恐惧，行动迟缓了一些，等来到之后，刘劭问他："皇上打算把我们一齐废黜，你为什么不及时告知？"

顾琠还没有回话，便被斩首。

江湛正在门下省值班，听到宫中一片吵嚷声，叹息道："不听王僧绰的话，以至到这种地步！"他急忙躲进旁边的一间小屋里，刘劭派人将其搜出杀掉。

东宫原先的宿卫将领罗训、徐罕等人都望风归附。

左细仗主、广威将军卜天与来不及披上铠甲，便一手提刀，一手执弓，厉声命令左右迎战。

徐罕说："殿下已经入宫，你要干什么？"

卜天与骂道："殿下常常进宫，今天有什么特别，要说这种话，你就是贼！"说完走到东殿，瞄准刘劭，射出一箭，几乎射中。

刘劭的部下冲过来，把卜天与的手臂砍断致死。

队将张泓之、朱道钦、陈满等人，全都战死。左卫将军尹弘惊慌失措，急忙晋见刘劭，请求处罚。

刘劭派人从东阁闯入后宫，杀死潘淑妃和刘义隆的亲信左右数十人。

与此同时，刘劭又派人急召始兴王刘浚，令其率兵守卫中堂。

当时，刘浚正在西州（建康西部），王府舍人朱法瑜前往报告刘浚说："宫中人声喧杂，宫门全都关闭，道路上的行人都传播着太子谋反的消息，不知道事变的详细情况如何。"

刘浚故作吃惊地说："现在应当怎么办？"

朱法瑜劝说刘浚占据石头（在西州）。刘浚由于没有得到刘劭的消息，尚不清楚是否已把父皇杀掉，所以烦躁不安，不知如何是好。

将军王庆说："如今宫中发生变故，不知皇上安危，当臣属和儿子的，应当前去救难。在这里凭城自守，不是臣属的节操。"

刘浚不听从王庆的意见，而是直出南门，奔向石头城。文武官员跟随者有一千余人。

此时，南平王刘铄驻防石头城，兵士也有一千多人。

过了不久，刘劭派张超之飞马前来，找到刘浚。

刘浚屏退左右侍从，向张超之问清详情，遂全副武装，骑马离去。

朱法瑜一再劝阻，刘浚仍不接受他的意见。

刘浚出中门时，王庆又劝告说："太子谋反，将引起天下怨恨。你只可紧闭城门，坐吃积谷，叛党自会分崩离析。事情如此明白，你怎么还要前去？"

刘浚说："太子有令。谁敢再说这种话，立即斩首！"

刘浚入宫，晋见刘劭。刘劭对他说："潘淑妃已被乱兵杀害。"

刘浚说："这正符合我很久以来的愿望。"

刘劭伪造父皇刘义隆的诏书，命大将军刘义恭、尚书令何尚之入宫，乘机将他俩拘捕，囚于宫中。

与此同时，刘劭召集文武百官，入宫的仅有数十人。

刘劭急忙宣告继承帝位。下诏说："徐湛之、江湛反叛，谋杀皇上。我率兵入殿，已经来不及护驾。如今，罪人已被诛杀，叛党也已消灭。现在，宣布大赦天下，改年号太初。"

时当宋文帝元嘉三十年（453）二月。

刘劭宣布即位之后，声称有病，赶紧回到永福省，不敢主持父皇的丧礼。他时刻手执兵器，用以自卫，夜间灯火通明，严防意外。

刘劭在搜检父皇刘义隆的机要文书和江湛家中的书信时，发现王僧绰整理的前代废黜太子的报告，遂把他逮捕杀掉。

然后，刘劭借机诬陷皇室各位王侯，说他们与王僧绰一起谋反，遂诛杀长沙悼王刘瑾及其弟弟刘楷、临川哀王刘烨、桂阳孝侯刘觊、新渝怀侯刘玠等，这些人都是刘劭平时最厌恶的。

刘劭又亲笔写了一封密信，令沈庆之在五洲（今湖北省浠水县西南）诛杀驻防在那里的武陵王刘骏。

沈庆之要求晋见刘骏。

刘骏由于事先已得知刘劭杀父夺位的消息，所以对沈庆之的求见感到十分恐惧。他推说有病，拒绝会面。

沈庆之闯入后宅，把刘劭的书信拿给刘骏过目。刘骏哭泣着哀求准许他回内室与母亲诀别。

沈庆之说："我蒙受先帝的厚恩，殿下怎么对我这样深怀疑忌？"

刘骏起身，一再叩拜，说："皇室和国家的安危，全都掌握在将军手里。"

沈庆之随即令全体文武官员，做好出征准备。

刘骏下令，举行誓师仪式，宣布讨伐刘劭。

南谯王刘义宣和雍州刺史臧质都不拥戴刘劭，并与司州刺史鲁爽共同起兵，响应刘骏。

臧质与鲁爽又前往江陵，晋见刘义宣，并派人劝告刘骏称帝。

刘骏准备就绪以后，便率军从西阳（今湖北省黄冈市东北）出发，并派颜竣发布文告，号召四方共同起兵，讨伐刘劭。

各州郡的刺史、太守全都响应。

刘劭以为自己一向习武，精通军事，遂对文武官员说："你们只要帮我整理文书即可，不必担心战场上的事。如果有什么灾祸，我自会应付，只怕贼寇不敢行动。"

等到得知四面八方起兵的消息，刘劭开始忧愁恐惧起来。他下令戒严，并把轮番休假的将士全都诏令回营，以备迎战。又把秦淮河以南的居民全部强迁到河北。

刘骏率领大军很快进抵江宁（今江苏省南京市江宁区西南）。

刘劭焦虑忧惧，无计可施，遂用辇车把钟山上蒋侯庙中的神像（神主为蒋子文）迎入宫中。刘劭向蒋神顶礼膜拜，乞求保佑，并任命蒋侯为大司马，封钟山王。又任命苏侯庙中的神像（神主为苏峻）为骠骑将军。

刘骏大军抵达新亭（建康城南部门户），宣布即帝位。然后指挥各路兵马，攻击建康城。

刘劭命令将士沿秦淮河竖起栅栏等防御设施，又决开破冈渎、方山埭的河堤，以阻隔刘骏大军。

当时，由于能够参战的男子全都被强征入伍，于是刘劭又强迫妇女从军。

当刘骏大军攻克朱雀航（秦淮河上连船而造的浮桥）之后，秦淮河北岸的守军纷纷溃逃。刀枪弓箭，堆满街巷。

刘劭只好紧闭台城城门，命宫城守军在门内挖掘壕沟，竖立木栅，负隅顽抗。

刘浚劝说刘劭携带宫中珍宝，从海上逃走。刘劭认为人心已去，不敢贸然行动。

刘骏大军迅速攻克台城，张超之躲到合殿御床下面，被追兵诛杀，并把他剖腹挖心，分而食之。

刘劭走投无路，遂挖凿西墙，躲到武器库的水井里，被追兵擒获，押到宫殿前面。

刘劭问："天子现在哪里？"

有人告知："就在新亭。"

臧质见到刘劭，忍不住失声痛哭。

刘劭说："对我这个天地所不容的人，老人家（臧质的姑母为刘劭祖父宋武帝刘裕皇后）何必伤心？"

刘劭又对臧质说："我可否请求放逐到边远地区去？"

臧质说："主上（刘骏）近在朱雀桥边，自会裁决。"

刘骏入宫后，下令把刘劭及其四个儿子一起斩首，又把刘浚和他的三个儿子诛杀。然后，把刘劭和刘浚的头颅割下，悬挂在朱雀桥上，尸体抛到大街上，供民众观看。

刘劭的皇后殷玉英以及他和刘浚的所有女儿、姬妾，一律被迫服毒自杀。

刘骏又命人把刘劭的住处挖成土坑，注满污水（古代，臣下杀君主和儿子杀父王失败后，就将其住处变成污水池，称作潴）。

接着，又把严道育、王鹦鹉押到大街上，用皮鞭活活打死，焚化其尸体，将骨灰扬入长江。

刘骏铲除刘劭，继承帝位，是为宋孝武帝。

刘骏在位时期，北魏与刘宋又发生一次战事。

太安三年（457）二月，拓跋浚派兵攻击刘宋的兖州（今山东省西部），进围无盐（今山东省东平县），击败守将刘胡。

刘骏命太子左卫率薛安都率领骑兵、东阳太守沈法系率领水军，一起增援彭城（今江苏省徐州市），抵御魏军的进攻。但两支援军抵达时，魏军已经撤走。

第二年十月，刘宋积射将军殷孝祖在清水东岸（今山东省境内）兴筑两座城池。

拓跋浚派镇西将军封敕文率兵攻击其中的清口城，被守军将领、振威将军傅爱击败。

刘义隆派虎贲主庞孟砠率兵增援清口守军，青、冀二州刺史颜师伯派中兵参军苟思达协助庞孟砠，又在沙沟（今山东省济南市长清区沙河）大败北魏军。

拓跋浚又命征西将军皮豹子率三万骑兵增援封敕文，进攻青州。

刘宋青、冀二州刺史颜师伯率军抵抗魏军，辅国将军焦度刺伤皮豹子，并杀伤数十人。

太安五年（459）正月，皮豹子率军在高平（今山东省巨野县南）大败刘宋兖州部队，俘杀五千余人。

此后，北魏与刘宋的战事平息。从和平元年（460）开始，双方每年都互派使节，保持友好往来。

和平六年（465）五月，拓跋浚去世，谥号文成皇帝，庙号高宗。

拓跋浚死时，年仅二十六岁。冯皇后二十四岁，入主后宫近十年。

按照北魏的传统，皇帝死后，在大丧的第三天，要将皇帝平日御用物品全部放到灵堂前，予以焚烧。届时，皇后、嫔妃和文武百官都要前去哭送。

到了那一天，冯皇后、太子拓跋弘和群臣齐集殿前。当焚烧拓跋浚生前用过的衣物时，哭声顿起，惊天动地。

在众人之中，冯皇后哭得最为伤心。她回想起拓跋浚生前对自己的宠爱，实在承受不了这痛失夫君的沉重打击。她也想到自己年纪轻轻就失去夫君，太子又非亲生，不知将来命运如何。她越想越悲痛，于是便径直奔向熊熊燃烧着的火堆，纵身跳了进去。

冯皇后这一突如其来的举动，使在场的人都大惊失色。大家急忙把她救出，但人已昏迷，过了很长时间，才苏醒过来。

冯皇后这一殉情之举，虽未造成伤亡，但在场的文武官员无不为之感动。

第二章

天安年太子即位

皇太后临朝称制

拓跋浚死后，太子拓跋弘继位，时年十二岁。次年改年号天安。拓跋弘自幼聪明过人，有宏伟志向，仁孝纯至，礼敬师友。

父皇过早地离开人世，使拓跋弘处于极度悲痛之中。即帝位后，他已成为一国之君，不得不强抑内心的悲苦，开始处理军国大政。

因常太后早已故去，拓跋弘从小又由冯皇后抚养，所以他尊奉冯皇后为皇太后。

一　皇儿治国

当时，朝中大权掌握在乙浑手里。

乙浑，代郡（今山西省代县）人，出于乙瑰家族。其先祖世代为部落首领。拓跋焘在位时，乙瑰之父乙匹知仰慕北魏的国威，派乙瑰前往朝贡，拓跋焘把他留居平城。

乙瑰善于骑射，勇力过人，曾徒手搏杀猛兽。他因为跟随拓跋焘征战，屡立战功，深受拓跋焘的宠爱和信任。拓跋焘把女儿上谷公主嫁给他，任命其为镇南将军、驸马都尉，封西平公。

乙瑰随拓跋焘南伐刘宋时，被擢升为使持节，都督前锋诸军事。每次与宋兵交战，他都身先士卒，勇冠三军。

后来，乙瑰官至侍中、征东将军、开府仪同三司、定州刺史，晋爵西平王。

乙瑰死后，其子乙乾归、乾归子乙海、乙海子乙瑗等，都历任显职，并与皇室联姻。因此，乙瑰家族在北魏颇有权势。

乙浑在拓跋浚时，任侍中、车骑大将军，封太原王。

拓跋浚去世后，乙浑升任太尉、录尚书事，很快又升为丞相，位居诸王之上。事无大小，均由他一手裁决。

乙浑野心勃勃，大有乘国丧主幼之机，夺取帝位之势。他为了铲除异己，竟然假传诏书，在宫中诛杀尚书杨保年、平阳公贾爱仁、南阳公张天度。

殿中尚书、顺阳公拓跋郁统领殿中卫士数百人，从顺德门入宫，要求面见皇上。

乙浑无奈，始奉太子拓跋弘临朝。乙浑因此对拓跋郁怀恨在心。

当时，侍中、司徒、平原王陆丽正在代郡温泉养病。

乙浑派司卫监穆多侯召陆丽回京，以便加以控制。

穆多侯到了代郡温泉，对陆丽说："乙浑心中已无君主。如今，先帝（拓跋浚）刚刚去世，你一向德高望重，深为奸臣忌恨，应当稍作停留，暂缓回京，以便观察事态的发展变化。等到朝中安定之后，再入京也不算晚。"

陆丽说："哪有听到君主去世的消息，因为考虑自身安危而不去奔丧的道理！"遂即飞马奔赴平城。

乙浑在朝中为所欲为，不把宗室诸王和其他大臣放在眼里。陆丽不断与他发生争执，结果被乙浑所杀，穆多侯也同时被杀。

穆多侯的先祖从神元帝拓跋力微时起就忠心侍奉拓跋部，并世代与皇室联姻，对北魏有大功。

穆多侯的兄长穆寿在拓跋焘时，与崔浩共同辅佐朝政，权重一时。

穆多侯在拓跋浚一朝，历任殿中给事、左将军，后升任司卫监，一向忠于拓跋部皇室。

殿中尚书、顺阳公拓跋郁密谋诛杀乙浑，事情泄露，被乙浑处死。

安远将军贾秀掌管吏部事务，乙浑多次对贾秀提出要求，封他的妻子为公主。贾秀始终未表示同意。

乙浑质问贾秀："你对我要你办的事，从来没有不听从的。现在，我请你封我的妻子为公主，你为什么不答应？"

贾秀慷慨陈词，大义凛然地回答说："公主的称呼，是帝王女儿的封号，尊宠至极，不是臣民的妻女所应当享有的。如果凭借职权而私自盗用这一称号，迟早一定会遭受祸患。我宁可今天死在你的面前，也不能同意封你妻子为公主，使后世永远讥笑！"

贾秀的僚属听后，都大惊失色，替他恐惧担忧。可是，贾秀却神态自若，毫无惧色。

乙浑与妻子没有说什么，但心中充满怨恨。

事后某一天，乙浑在太医给事杨惠富的胳膊上书写"老奴官悭（老奴才，吝啬鬼）"几个字，令他给贾秀看。

乙浑时刻寻找机会，陷害贾秀，但未及下毒手而自己先被杀，贾秀才幸免于难。

乙浑专擅朝政，排斥异己，诛杀不已，引起拓跋贵族和朝臣的极端不满。

在拓跋氏皇权遭受严重威胁的关键时刻，冯太后挺身而出，力挽狂澜。

自从文成帝拓跋濬去世后，冯皇后被尊为皇太后，身处深宫，忧愁不已。但她对朝廷大事不能不关心，因为新君实在年纪太小，又身居父丧，难以控制政局。

面对着乙浑的专横跋扈，冯太后在暗中加紧筹划对策。

冯太后为对付乙浑，曾打算把在地方任职的兄长冯熙调入朝廷，以便牵制乙浑，也可以助自己一臂之力。可是，由于冯太后这一想法深为乙浑所忌，所以被搁置下来，没有实现。

冯太后又与亲信宦官张遇、张祐等人秘密谋划，毅然作出重大决策，以皇上名义宣召乙浑入宫议事，并命侍中拓跋丕与元贺、牛益得率兵守卫宫门，同时挑选十几名身强体壮的宦官隐伏在宫内，一举而将乙浑逮捕。然后，冯太后向朝廷上下宣告乙浑的叛逆罪行，并将乙浑及其同谋逆臣，全部屠灭三族。

冯太后临危不惧，胸怀大略，以其非凡的智谋和魄力挫败了拓跋部历史上又一次未遂的宫廷政变，使北魏王朝转危为安，这是冯太后入宫以来在权力争夺中初露锋芒，充分展示了她卓绝的政治才能。

冯太后铲除乙浑以后，鉴于拓跋弘年纪幼小，尚无法独理政务，又经历乙浑专权乱政，遂决定打破旧的传统观念和规制，宣布以皇太后的身份临朝称制，执掌北魏的军国大政。

冯太后经过认真考察，任用颇有名望又忠于朝廷的中书令高允、中书侍郎高闾及贾秀等人，共参朝政，并以高允为首辅。还明确规定，凡属军国大事，都要禀报太后裁决。

高允是一位历仕三朝的元老重臣，一向忠于拓跋部皇室，并且为官清廉正直，是难得的治国栋梁之材。

高闾是渔阳雍奴（今天津市武清区东）人。他自幼丧父，勤奋好学。长大以后，深通经史，学识渊博，才华横溢，下笔成章。

高闾原名高驴，崔浩对他十分器重，为其改名为闾。

拓跋焘在位时，高闾入仕北魏，任中书博士。拓跋濬即位后，高闾升任中书侍郎。

冯太后加授高闾为南中郎将，赐爵安乐子。后来又晋封侯爵，官至尚书令，加给事中，参掌机要政务。

冯太后临朝称制时期的诏令、文书等都出自高闾之手。

贾秀的先世历仕北魏王朝。其父贾彝在拓跋焘时官至尚书左丞，参掌朝政。

贾秀在步入仕途之后，历任中书博士、中书侍郎，曾执掌吏曹事。

拓跋濬在位时，贾秀受封阳都子爵位，加授振威将军。

冯太后以贾秀为官正直，敢于和专权擅政的乙浑相对抗，对他十分器重。

冯太后以功准许贾秀的长子出任郡守，但他坚决辞让，不肯接受这一特殊恩典。

冯太后这次临朝称制，到皇兴元年（467）八月为止，因为拓跋弘的长子拓跋宏降生，她亲自抚养长孙，还政于拓跋弘。

冯太后虽然还政，但实际上仍然参与处理军国大事，佐助拓跋弘执掌朝政。

拓跋弘自幼就在冯太后的抚育教诲下，勤奋好学，聪明睿智，性情刚毅果断。他开始亲自处理国事之后，勤于理政，表现出一定的政治才干。

拓跋弘大力整顿吏治，严明赏罚，提拔重用清廉自守的官员，罢黜贪官污吏。

当时，由于官吏没有俸禄，贪污受贿之风盛行，清廉者很少。

皇兴四年（470）九月，拓跋弘下诏："所有文武百官，凡接受属下一只羊或一斛酒的，全部处以死刑，行贿的人与受贿者同罪。如果有人检举尚书以下官员的贪污受贿罪行，在免除被检举官员的职务之后，由检举人接替。"

雍州刺史张白泽上疏劝阻，说："朝廷规定，尚书以下官员贪污受贿者免除的官职，由检举人接替，恐怕不合适。我认为，自古以来，三年对官吏进行一次考核，然后依据政绩优劣，决定升迁或贬降，这是一种不可以轻易改变的良好措施，历代帝王都普遍实行。

"从前，周代的最低级官吏都有足可以代替耕种农田收获的爵禄。如今，担任重要职务的官员勤于理政，忠于职守，却得不到报酬。这怎么能说是效法圣明的尧舜（传说中远古时期的帝王）和文武（西周文王姬昌、武王姬发）呢？

"如果接受一只羊、一斛酒的都处死，接受贿赂的官员免职而由检举人接替，这样的办法实行之后，恐怕奸佞之徒势必乘机制造混乱，忠诚的官员则心灰意冷。既然如此，想使官员致力于公事和安抚百姓，岂不是太难了？我请求仍然依照过去所颁布的法令，发给俸禄，用以酬劳清廉的官吏。"

拓跋弘接受了张白泽的意见，撤销了这项诏令。

在拓跋弘即位以前，朝廷各部门遇有疑难的事务，大都当面奏报，听候君主裁决，然后再口头传达君主的旨意，往往会歪曲或假传诏令。

拓跋弘规定，不论大小事务，都要依据法令的规定进行处理，不可以动辄上疏奏请。合乎法律的，朝廷就批准，违背法律的，朝廷会批驳。凡是朝廷颁发的诏令，一律使用墨敕（书写的诏书）。

拓跋弘十分重视刑事判决，凡是死罪，有很多都被他撤销原判，发回复审。

当时，有些囚犯在监狱中关押了好几年，也不能定罪。对此，许多官员颇有意见。

拓跋弘下诏："长期拘押而不审判，固然不是件善事。但是，总比草率行事，滥施诛杀要好得多。人在囚禁之中遭受痛苦，必定会一心向善。所以，聪明的人把监狱当作自我反省的场所。我之所以要使囚犯们受一点苦，是希望他们改过自新，然后再对他们宽恕。"

从此，囚犯虽然被关押的时间较长，但给他们的判罚，都十分恰当。

拓跋弘还认为，经常对罪犯赦免，反而会鼓励犯罪。所以他在位时期，朝廷不再有大赦。

北魏原来的法律中，有一种门房之诛（即一人犯罪，诛杀全族或全家。门：为大家族；房：为小家庭）。

拓跋弘下诏：

> 顽劣的刁民，凶残暴虐，一个人做坏事，家族都跟着遭殃。我身为百姓的父母，深感怜悯哀伤。从今以后，除谋反、叛逃以外，其他各种犯罪，只处罚当事人。

于是，撤销了门房之诛的酷刑。

拓跋弘大力整饬朝纲，冯太后极表赞同并大力支持。但是，由于拓跋弘擅自诛杀了几个不法的冯太后宠臣，使冯太后大为恼恨，母子二人之间发生了矛盾。

李敷、李奕原来极受冯太后的宠信。

李敷是赵郡平棘（今河北省赵县南）人。其祖父李系，曾入仕后燕，任散骑侍郎。拓跋珪平定中山（后燕都城，今河北省定州市），李系归附北魏，被任为平棘县令。

李敷之父李顺自幼博学多通，颇有才干和谋略，知名当世。

明元帝拓跋嗣在位时，李顺历任中书博士、中书侍郎。拓跋焘时，他以军功升任散骑常侍，晋封侯爵，甚受宠信。后来，李顺在出使北凉期间接受贿赂，阻挠拓跋焘征伐北凉，事发后被处死。

李顺死后数年，拓跋焘又对他追悔不已。

李敷在拓跋焘时入仕北魏，起初被选入中书教学，后因忠厚勤谨而入侍东宫，侍奉太子拓跋浚。又改任中散大夫，与李䜣、卢遐、卢度世等人共同参掌机密决策，并负责撰写和颁发诏令。

拓跋浚即位后，李敷甚受宠信，历任散骑常侍、南部尚书、中书监，赐爵高平公。凡朝廷大政，莫不参与谋议。

李敷先后在拓跋焘、拓跋浚两朝都深受宠信，其兄弟、亲戚在朝中任官者有十几个人。

冯太后临朝称制时，李敷以其弟弟李奕承受特殊的宠爱而更加得到重用。

冯太后在夫君拓跋浚去世时，年仅二十四岁。过早的寡居生活，使她深感宫闱的寂寞难熬。因此，她在选拔任用官吏时，既重视才干和能力，也注意容貌，以便从中挑选男宠，与其私通。

李奕是冯太后的合适人选，他既有才华，又容貌俊美。冯太后任命他为散骑常侍、都官尚书，封安平侯爵，并常借议事之机，把他召入内室亲热一番，以填补理政之余的空虚。

可是，李敷后来被拓跋弘的宠臣李䜣告发有犯罪行为，受到严厉惩处。

李䜣，范阳（今河北省涿州市）人。其曾祖李产、祖父李绩均入仕北燕，知名于世。他的父亲李崇，在北燕冯跋时，任吏部尚书、石城太守。

北燕末年，拓跋焘出兵龙城（北燕都城，今辽宁省朝阳市），李崇献出所属十余郡归附北魏。

拓跋焘对李崇十分礼敬，称其为"李公"，任其为平西将军、北幽州刺史，封国安侯爵。

李䜣因生母出身卑贱，从小受到兄长们的轻侮。

李崇对李䜣非常溺爱，他说："我这个儿子出生后，有相面者说，以后必然大富大贵，我常常仔细观察，觉得说不定真会这样。"遂令其前往京城，入中书学读书。

拓跋焘到中书学视察时，见到李䜣，甚感惊异，指着他对左右侍从说："这个小学生以后必能为我的子孙效力。"

李䜣聪颖机智，博学多识，精于明辨是非。被任为中书助教博士之后，入侍太子拓跋浚读书。

拓跋浚在位时期，李䜣以旧恩新宠，升任仪曹尚书、领中秘书，封扶风公。后来出任使持节、安南将军、相州刺史。他为政清廉，明于断狱，受到百姓的称颂。

拓跋弘即位后，因李䜣的政绩在各州官吏中最优，加赐衣服，予以表彰。

从此以后，李诉遂有骄傲自得之意。终因贪污民财和接受胡商贿赂的珍宝，被兵民告发。

李敷与李诉从小就十分友好，长大后亲密无间，如同亲生兄弟，因此，李敷对李诉处处加以关照。

在李诉的犯罪行为被告到尚书省后，李敷时任尚书，最先得知。有人劝李敷向朝廷奏报，李敷不肯这样做，而是利用职权为李诉掩饰。

后来，拓跋弘得知李诉的罪状，大为恼怒，下令用囚车把他押回平城，予以审查。调查结果，贪赃枉法的证据确凿无疑，应当处以死刑。

当时，由于李奕得宠于冯太后，拓跋弘对他们兄弟已经疏远。有关部门的官员向李诉暗示，皇上有嫌恶李敷之意，如果揭发李敷兄弟的阴私，或许可以免罪。

李诉开始时实在不愿意这样做，而且也确实不知道李敷有什么罪行，遂对其女婿裴攸说："我与李敷虽然宗族关系较远，但我们之间的感情超过同宗兄弟。现在，主管李敷案件的官员劝我揭发他的罪行，我实在于心不忍，几次拔下头簪自杀，也曾解下腰带紧勒脖颈，但每次都没有致死。况且，我又怎么能知道他有什么犯罪行为，你说我应当怎么办？"

裴攸说："你何必为了维护别人而自己去死？我听说有个冯阐，先前曾是李敷的亲信，对李敷的情况最清楚。后来，他得罪李敷，被害致死，冯阐家里的人因此对李敷恨之入骨。现在只要找到冯阐的弟弟，就可以探听出李敷的罪行。"

李诉表示同意，后来，搜集李敷二十余条罪状，禀报了拓跋弘。

与此同时，赵郡人范标上书告发李敷兄弟三十余条罪行，有关部门据实上报朝廷。

拓跋弘立即下令，诛杀李敷、李奕兄弟。

李奕受宠时，冯太后追赠其父李顺为侍中、镇西大将军、太尉公，追封高平王，赐谥号宣王。

拓跋弘诛杀李敷兄弟之后，诏令削夺李顺的全部封赠位号，贬为庶人。

李敷的弟弟李式、次子李仲良以及从弟李显德、妹夫宋叔珍等人，都受到牵连而同时被杀。

李敷原先在家乡甚有名望，他被处死后，许多人深为叹惜。

李䜣因告发李敷的罪行有功，免除死刑，减为鞭刑（鞭打）和髡刑（剃光头发，为古代一种刑罚），发配为奴。

可是，未过多久，拓跋弘又任命李䜣为太仓尚书，并兼掌南部事。

李䜣任职期间，采纳范标和陈端的建议，令远近民户都把交纳的赋物直接运送到京师的府库。由于运送赋物的民户众多，停留时间过长，所以大家竞相贿赂李䜣及其下属官员，以求排在前面。于是，百姓怨恨之声不绝于耳。

人们在道路上相互议论说："朝廷豢养这样聚敛百姓的官员，都不如盗贼！"

可是，李䜣受到拓跋弘的宠信，参决军国大政，又兼管选部，权势显赫，朝廷上下文武官员都对他阿谀奉承，谁也不敢告发他的问题。

拓跋弘曾经专门下诏说："尚书李䜣在先朝立有大功，辅佐皇室，忠心耿耿，并且能够直言劝谏，出谋划策，实在是国家的栋梁，当今的名臣。所以，擢升他统摄南部，综理繁重的事务。

"他自从受命到任以来，日夜辛劳，毫不松懈，兢兢业业，克己奉公。凡是对国家有利的事情，他没有应做而不做的。虽然孝子对于慈母怀有报恩之心，也不能相比。即使郑国的子产（春秋时期的晋国正卿公孙侨，字子产）、鲁国的季子（春秋时期的鲁国正卿季孙行父，亦称季文子），也不能超过他。

"然而，正如厌恶正直，以丑为美，盗贼憎恨主人一样，近年以来，奸邪之徒劫掠李䜣同宗李英等人的家，焚烧房舍，伤害良民。这样的事可以容忍，还有什么事不能容忍？有关部门应当加以悬赏，务必擒获罪犯，消灭干净！"

薛虎子被冯太后罢黜，拓跋弘则予以重用。

薛虎子，代郡（今河北省蔚县）人。其祖父薛达头在后秦姚苌时率部落归附北魏，拓跋焘任其为散员大夫，赐爵聊城侯，待以上宾之礼。

薛虎子的父亲薛野䐟于拓跋焘时任给事中，掌管户籍，核检户口，政绩突出，赐爵顺阳子。后来，薛野䐟官至平南将军、并州刺史，晋爵河东公。

薛虎子十三岁时，入侍太子拓跋浚。初任内行长，掌管综合诸曹事务。他为官正直，朝廷上下文武百官对他都很敬畏。

冯太后临朝称制，把薛虎子调出朝廷，出任枋头（今河南省浚县西南）洪门渡的镇将。

由于薛虎子一向刚直不阿，遭到朝中权臣的忌恨。后来，因为很小的过失，被冯太后撤掉职务，贬为门士。

一次，拓跋弘前往南方巡察，途经枋头。

薛虎子前去拜见，向拓跋弘禀告说："我过去侍奉先帝（文成帝拓跋浚），蒙受大恩。陛下在居丧期间，我惨遭横祸，被无故罢黜，落到这个地步，已经多年，没有想到今日得见圣上。"薛虎子说完话，已泪流满面，泣不成声。

拓跋弘安慰他说："你是先帝旧臣，长期在这里受委屈，实在令人怜悯。"

于是，拓跋弘命薛虎子跟随巡察。一路上，拓跋弘向薛虎子询问地方行政事务。在几十里的行程中，薛虎子滔滔不绝地发表自己的政见，君臣之间谈得十分投机。

当时，山东一带灾荒严重，各地不断发生民众暴动。相州孙海等五百人，联名上书，称颂薛虎子在位时，治理有方，境内政治清明，社会安定，请求重新任用薛虎子。

拓跋弘下令，恢复薛虎子的职务，担任枋头镇将。

薛虎子当天即行到任，很快就把数州之内的暴动全部平息。

拓跋弘对薛虎子大加表彰，并擢升他为平南将军。后来，薛虎子又升任彭城（今江苏省徐州市）镇将、徐州刺史。

在这以前，州镇戍守部队向百姓征收的财物，都由自己支配，从不上缴国家府库。

薛虎子上疏，提出建议说："国家要想夺取江东之地（指刘宋），必须先在彭城储备粮草。目前，这里的驻军有数万人之多，发给他们用以换取军粮的绢布，每人二十匹。然而，物价并不稳定，士卒不能及时变卖绢布，换来粮食，就要受到饥寒。这于公于私都是一种损害。

"如今，徐州的良田有十万余顷。这里水源充足，土质肥沃，清水、汴水流经州境之内，足以用来灌溉。假如把本应发放给士卒的绢布，变卖之后购买耕牛，可以买一万头，以这些耕牛大兴屯田，第一年的收获物，由官府供应屯田部队所用军粮，分出一半军队垦荒耕种，另一半仍担任防守作战任务。这样，一面耕种，一面防守，并不妨碍守卫边疆。一年的收获，即可超过发给他们的绢布价格的十倍。

"初期的耕作，可以解决数年的食用。以后，军队的给养所需费用都存入国家的府库，五年之后，粮绢都有盈余，不仅边防部队的饱暖能得到保障，而且造成一种吞灭敌寇的声势。"

朝廷准奏，予以实施。

薛虎子为官清廉，能体贴部下和百姓。所以，无论士卒或平民对他都十分感激和怀念。

后来，沛郡太守邵安、下邳太守张攀因贪赃枉法，被薛虎子奏报朝廷。这两个太守派出自己的儿子到平城上书，控告薛虎子与南方的宋国相勾结，有叛国罪行。拓跋弘认为薛虎子决不会这样。经调查核实，确系诬告，遂命邵安、张攀自杀，对他们的儿子各打一百鞭。

冯太后内行不正，宫闱丑闻不断传出。

在李奕被杀之后，冯太后又将王叡、李冲作为男宠，与其私通。

王叡，是太原晋阳（今山西省太原市）人。他从小承袭父业，精通天文和占卜，并以容貌俊美而闻名远近。他在拓跋浚时入仕北魏，任太卜令。

冯太后临朝称制以后，王叡以才貌俱佳而受到宠幸，被越级提拔为给事中，不久又升任散骑常侍、侍中、吏部尚书，封太原公爵。

随着冯太后的宠爱之情与日俱增，王叡遂手握大权，参掌机要政务，朝廷文武百官对他都十分敬畏。

一次，冯太后与文武百官及众多宾客前往虎圈观赏皇家御兽。一只老虎猛然间跳到圈外，几乎冲到冯太后的御座之前。当时，左右侍从都被惊呆，不知所措。在这危急关头，只有王叡执戟防御，老虎终被他赶退。

冯太后极力赞扬王叡的忠心，对他更加宠爱信任。不久，王叡便升任尚书令，并加授镇东大将军，封中山王爵。

王叡经常出入内宫，冯太后秘密赏赐的珍玩缯彩多得无法计算。但是别人一概不知，因为这些赏赐的财物多半是在夜间用带帷幕的车辆运往王叡宅第的，并派亲信宦官护送。此外，冯太后又赐给王叡田园、奴婢、牛马、杂畜，全都是最好的。

冯太后在赏赐王叡时，恐怕被人看出存有偏爱，所以许多大臣和左右侍从都借机受到大量赏赐。

王叡晚年患病期间，冯太后多次前往其宅第探视。王叡去世之后，冯太后异常悲痛，亲自前去吊唁。

冯太后下诏，追赠王叡为太宰、卫大将军、并州牧，赐谥号宣王。又令内侍长董丑奴负责营建王叡的坟墓，并在平城南郊大道右侧兴筑祭庙，按时祭祀王叡。

李冲，陇西狄道（今甘肃省临洮县）人，是十六国时期西凉开国君主李暠的后裔。他自幼丧父，由兄长李承抚养成人。李承对这位弟弟十分推崇，常说："这个小孩器量非同常人，正是我们李家的希望寄托。"

李冲在拓跋弘即位后入仕北魏，以才华出众和姿貌丰美而成为冯太后的男宠，并很快升任内秘书令、南部尚书。后来，李冲官至尚书令，封顺阳侯爵，又晋爵陇西公。

冯太后对李冲恩宠日隆，每月的赏赐多达数千万。冯太后把宫中的珍宝和器物秘密送给李冲，供他置办和充实家产，别人谁也不知有多少，使一向清贫的李冲迅速成为有名的富室。

冯太后的男宠除王叡和李冲之外，还有南朝齐国的使臣刘缵。

刘缵在冯太后临朝称制期间，多次出使北魏。冯太后第一次见到刘缵时，觉得他容貌出众，一表人才，顿生仰慕之情，便不时设宴款待，然后留宿宫中，陪伴自己度过一个个漫漫长夜。

一次，刘缵看到北魏的官员把皇官府库中的珠宝交给商人拿到市场上出售。他无限感慨地说："贵国的金银珠宝特别多，一定是因为深山大河盛产这些珍贵物品。"

负责接待的主客令李安世对他说："我们并不特别看重珍宝，所以其价格贱得如同瓦砾。"

刘缵起初打算购买一些珍宝带回去，可是听了李安世的话，感到十分惭愧，遂打消了这个念头。

冯太后得知上述情况后，赏赐刘缵大量珍宝。

冯太后自知行为有失检点，唯恐朝野上下对此发出议论。所以官员们在言谈之中，只要稍稍涉及此类问题，就被冯太后怀疑为有意对她进行讥讽，遂立即予以诛杀。

冯太后对宠信的侍从，即使发现小小过错，也必定加以鞭打杖击。

可是，冯太后对人一般从不记仇，责打过后不久，又待之如初。甚至有的人因此得到更多的赏赐，从而大富大贵。所以，冯太后的左右侍从虽然多半受过惩罚，但都决无怨恨，对她始终忠心耿耿，感恩戴德。

冯太后随意罢黜和诛杀拓跋弘宠信的文武官员，尤其是淫乱官闱的行为，引起拓跋弘的强烈不满。但是，拓跋弘对冯太后又十分孝顺，实在无法启齿直接劝谏抚育他成长的母后，这样的事情也不便于和朝廷大臣商议。所以，拓跋弘陷入深深的矛盾与痛苦之中。

拓跋弘从小喜好黄老之学①和佛教的学说，在位时常常引见朝士和僧侣，共同谈玄论理，而对世俗的荣华富贵渐生淡泊之心，甚至时常想出家修行。

拓跋弘在与冯太后的矛盾逐渐加深的情况下，由于自己的志向不得自由伸展，遂于苦闷之中萌生退位的想法，打算以此脱离政治斗争的旋涡，避免与冯太后发生直接的权力之争。

拓跋弘终于决定禅让皇位，但他感到皇太子拓跋宏年纪尚小（拓跋宏年仅五岁），难免仍然受制于冯太后，所以想把皇位传给叔父拓跋子推。

拓跋子推是恭宗景穆皇帝拓跋晃之子、拓跋浚的弟弟，拓跋浚在位时封京兆王。拓跋弘时，他任侍中。拓跋弘深知自己让出皇位，另立新君，这是一件大事，需要征询诸位大臣的意见。

当时，太尉源贺正率军驻防漠南，拓跋弘派人命他迅速回京。

源贺回到平城后，拓跋弘随即举行御前会议，提出禅让（以皇位让人）一事，让群臣讨论。与会诸位大臣对拓跋弘这一非常举动，深感意外而震惊，所以过了很长时间，也没有一个人发言。

拓跋子推的弟弟、任城王拓跋云打破沉寂的局面，发表意见说："陛下正逢太平盛世，君临四海，怎么可以对上违背皇家祖庙，对下遗弃全国臣民？而且，父子相传，由来已久，陛下一定要放下尘世的俗务，则应由皇太子（拓跋宏）继承大统。天下是祖宗的天下，陛下如果把朝廷授予旁支（指传位于拓跋子推），恐怕不是圣明先祖的旨意，也势必挑起奸人的野心。这是祸福之源，不可不特别谨慎！"

---

① 黄老之学：战国时期至汉初道家学派之一的黄老学派的学说。该派奉传说中的黄帝和老子为创始人，故名。

源贺同意拓跋云的看法，接着说："陛下准备禅位给皇叔，恐怕这会扰乱昭穆①，后世势将讥讽我们逆祀②。愿陛下深思任城王（拓跋云）之言。"

东阳公拓跋丕等人不同意拓跋弘禅位，说："皇太子（拓跋宏）的聪明才智和美好品德虽然早已充分显露，但他的年龄实在太小。陛下正值壮年，刚刚开始主持军国大政，怎么能只想独善其身而不顾天下人的意愿？皇家祖庙托付何人，亿万臣民又托付何人？"

拓跋弘听到这里，勃然大怒，脸色陡变，转过头来征询选部尚书、宦官赵黑的意见。

赵黑说："我以自己的生命效忠皇太子，不知其他。"

拓跋弘听了赵黑的话，沉默不语。

过了一会儿，中书令高闾说："对于传位这件大事，我不敢多言，唯愿陛下不忘先祖的托付之重，追念周公抱成王的往事（即西周武正去世后，周公辅佐其侄成王）。"

拓跋弘说："那么，让皇太子（拓跋宏）继位，由各位辅佐，有何不可？"

他接着又说："陆硃，是忠直之臣，一定能够保护我的儿子！"

皇兴五年（471）八月，拓跋弘下诏说："我钦慕太古生活，志向恬淡，不喜名利，特命太子继承大位。我只想悠闲自乐，修身养性。"然后，拓跋弘命陆硃为太保，令其与源贺一起持节，把皇帝的玺绶送给皇太子拓跋宏。

拓跋宏随即登极称帝，改年号延兴。

---

① 昭穆：按照宗法制度，宗庙奉祀先祖的次序，始祖庙居中，以下父子之庙递为昭穆，左为昭，右为穆。此指禅位给拓跋子推，将出现叔父排在侄儿之后的现象，破坏了昭穆顺序。
② 逆祀：指宗庙祭祀，侄为昭、叔为穆，是为逆祀。

拓跋宏自幼感情丰富，以前，父皇拓跋弘身上长疮，拓跋宏用嘴为其父吸脓。等到接受父皇禅位，他悲恸哭泣，不能自制。

拓跋弘询问缘故，拓跋宏回答说："接替父皇的位置，内心感到沉痛。"

拓跋弘的禅位诏令颁发之后，群臣上疏请求说："从前，汉高祖（刘邦）为了当皇帝，尊称他的父亲为太上皇，以明确表示其父不直接治理天下。如今，皇上（拓跋宏）年纪幼小，军国大政仍然应当由陛下主持。所以，臣等恭请上尊号'太上皇帝'。"

拓跋弘接受群臣的建议，退位后为太上皇，迁居崇光宫。国家一切重大事务，仍向他上奏。

崇光宫在北苑之中，拓跋弘入居之后，又另行在苑中西山上兴建一座佛教寺庙，取名"鹿野浮图"，召入僧侣居住，以与拓跋弘为伴。

拓跋弘禅让皇位，这是北魏最高统治集团核心中的一次重大事变。

正值年富力强的拓跋弘把皇位传给年龄幼小的皇太子拓跋宏。五岁的小皇帝，十八岁的太上皇，这在中国历史上实属罕见。

拓跋弘的退位，实际上是迫于冯太后的权势欲而不得不采取的一种斗争策略，他是在传位于叔父拓跋子推的意愿受阻的情况下，用父子联合掌权的办法，来排除和防范冯太后独揽大权。

冯太后对于拓跋弘禅让这样一件大事，可以阻止而不加阻止，其心态也十分明显。她原来希望自己亲手抚育成长起来的拓跋弘即位后，对母后能俯首听命。可是，拓跋弘并不驯服，而是处理政务，自有主张，对冯太后的政治地位和私人生活都大有妨害，这是她所不能容忍的。所以，冯太后默许拓跋弘退位，以便在年幼的拓跋宏继承皇位之后，由自己执掌朝政。

二 女主临朝

在冯太后临朝称制时期，南朝刘宋发生了严重的内乱，给北魏造成可乘之机。于是，冯太后派兵南伐，力图占夺淮河以北地区。

早在冯太后执政的前一年（464），宋孝武帝刘骏去世，其子刘子业继位。

刘子业自幼性情急躁，即位后更加凶狠暴虐。

开始的时候，由于王太后的管教和孝武帝时的权臣、中书舍人戴法兴等的约束，刘子业尚不敢随心所欲地胡作非为。

刘子业稍有不务正业的举动，戴法兴就加以劝阻，甚至提醒他说："皇上这样做，是想当营阳（即宋少帝刘义符，即位不久被废黜，降封营阳王）吗？"

刘子业心里十分不高兴，但因戴法兴曾是父皇的宠臣，不得不对自己的行为多加约束。

刘子业对宦官华愿儿特别宠爱，给他的赏赐不计其数。对此，戴法兴常常加以限制，华愿儿因此对他怀恨在心。

刘子业命华愿儿到宫外探听臣民对朝廷的反应，华愿儿借机向刘子业禀告说："道路上的人们相互议论说：'皇宫里有两个天子，戴法兴是真天子，皇上是假天子。'皇上身居深宫，与外面的人很少接触。戴法兴与刘义恭（太宰）、颜师伯（尚书仆射）、柳元景（尚书令）三个人结为一体。他们之间往来的宾客有数百人之多。朝廷内外，没有一个人不畏惧他们。戴法兴是孝武皇帝的亲信，长久以来，一直在宫廷任事，如今又与外人结合起来，恐怕皇上的座位要保不住了。"

于是，刘子业下诏，免除戴法兴的职务，遣还故里，再放逐到边远郡县。过了不久，刘子业又命其自尽。

戴法兴被诛杀以后，朝中大臣都十分恐惧。接着，刘子业又大肆诛杀群公，致使朝廷上下，人人自危。

后来，王太后去世。王太后在病危时，曾命刘子业到她的居室，以便留下临终嘱托。

可是，刘子业却说："病人的房间多鬼，实在可怕，怎么可以去呢？"

王太后闻言大怒，对侍者说："拿刀来，割破我的肚皮，看看怎么生出这样不孝的逆子！"

刘子业的姐姐、山阴公主刘楚玉，恣意淫荡。她曾对刘子业说："我与你虽然男女有别，但都是先帝的子女。可是，你的六宫中有数万名美女，我却只有驸马一人，这实在不公平。"

刘子业遂给刘楚玉置面首（男妾）三十人，个个雄壮貌美。

刘子业命人在皇家祖庙为先帝重新画像，他前去观看时，指着其曾祖父刘裕的画像说："他是大英雄，活捉过天子数人。"又指着祖父刘义隆的画像说："他也不错，但晚年未能幸免被儿子砍掉脑袋。"

刘子业最后又指着父皇刘骏的画像说："他是个大酒糟鼻，为什么不如实画上？"说完命画工加上酒糟鼻。

刘子业对各位叔父在外地重镇感到忧虑，恐怕他们起兵反叛。于是下令，把他们全都调回京城，囚禁在宫中。刘子业对叔父们随时加以鞭打杖击，任意凌辱，丧尽人伦。

湘东王刘彧、建安王刘休仁、山阳王刘休祐等人，身体肥胖。刘子业命人编制大竹笼，把他们装到里面，称其体重，因刘彧最胖，刘子业称他为"猪王"，而称刘休仁为"杀王"，刘休祐为"贼王"。刘子业因为这三位叔父年纪最大，所以对他们特别厌恶。

东海王刘祎性情粗俗，刘子业称其为"驴王"。桂阳王刘休范和巴陵王刘休若年纪尚小，刘子业对他们比较宽容。

刘子业又设置一个大木槽，把饭菜倒进去，加上杂粮，搅拌在一起，然后在地上挖掘一个大坑，注满泥水，把刘彧剥光身子，赶入泥坑，让他将头伸到木槽里吃食。刘子业在一旁观看，以此为乐。

刘子业还把所有的公主、王妃召集到宫廷门前，命左右侍从当场奸淫她们。

南平王刘铄的王妃江氏不从，刘子业大怒，下令把她的三个儿子杀掉，然后毒打江氏一百鞭。

先前，民间有传言，说湘中（今湖南、广西一带）出天子。

刘子业打算前往荆、湘二州巡视，借以镇遏。在出发之前，准备先杀死湘东王刘彧。

这时，刘彧的亲信侍从、主衣阮佃夫，内监王道隆与直阁将军柳光世，以及刘子业的侍卫淳于文祖、寿寂之、姜产之等人便加紧谋划诛杀刘子业。

在此期间，刘子业曾到华林园的竹林堂游玩，命所有宫女全都脱光衣服，裸露着身体相互追逐嬉戏。

有一个宫女拒不从命，刘子业下令把她杀死。当天夜里，刘子业梦见一个女子骂他，说："你昏庸无道，暴虐淫乱，活不到明年小麦成熟就得死。"

刘子业醒来之后，命人在宫中找出一个与他梦中所见女子容貌相似的宫女，予以诛杀。可是，夜里又梦见被杀宫女对他说："我已在上天面前控告了你的罪恶！"

巫师们对刘子业说，一定是竹林堂有鬼作祟。

于是，刘子业斥退所有的侍从，只留下一些巫师和宫女数百人，在竹林堂射鬼。

刘子业刚刚射完鬼，将要离去。这时，主衣寿寂之抽出佩刀在前面引路，姜产之、淳于文祖等紧随其后，直奔竹林堂，刺杀刘子业。

刘子业听到脚步声，接着见到寿寂之突然来到面前，急忙引弓射杀，没有射中。宫女们见状大惊失色，立即纷纷逃走。

刘子业拼命奔跑，并大声呼喊"寂！寂！"连喊三四声，寿寂之追上来，一刀把他砍杀。然后，向禁卫军宣布："湘东王（刘彧）奉太皇太后（宋文帝淑媛路惠男）的指令，铲除暴君，现在已经完成任务。"

刘休仁等把刘彧迎到宫中，声称奉太皇太后的懿旨，宣布刘子业的罪状，命湘东王刘彧继承皇位。

当初，刘子业曾因太祖刘义隆、世祖刘骏两位君主在兄弟中排行都是老三，而晋安王刘子勋也排行第三（即刘骏第三子），因此对他感到十分厌恶。

刘子勋在孝武帝刘骏时，被任为镇军将军，镇守江州（治所在寻阳，今江西省九江市）。

刘子勋的部下何迈先前娶刘子业的姑母、新蔡公主刘英媚为妻，后来刘子业把这位姑母纳入后宫，称谢贵嫔，声称公主已死，并杀死一个宫女，以公主的礼仪予以安葬，然后封刘英媚为夫人。

何迈由此对刘子业恨之入骨，于是他便暗中结交勇武之士，准备谋杀刘子业，然后拥立刘子勋继位。结果事泄，何迈被杀。

事后，刘子业以刘子勋与何迈有通谋罪，给刘子勋写信质问："何迈要谋杀我，拥立你继位。何迈现已被诛杀，你打算怎么办？难道要效法孝武（刘骏）吗（当初，刘骏是从地方起兵攻入京城，杀死少帝夺得皇位）？"随后，即派左右侍从朱景云等人前往寻阳，给刘子勋送去毒药，命其自杀。

刘子勋的典签谢道万、主帅潘欣之、侍书褚灵嗣等听到消息，急速告知长史邓琬，请求设法救助刘子勋。

邓琬慷慨激昂地说："我本是南方的寒门子弟，蒙受先帝（刘骏）的特殊恩典，把爱子（刘子勋）托付给我。我怎么能够怜惜自己全家几百口人的性命，而不以死相报？幼主（刘子业）昏庸残暴，国家处于危难之中，虽说他是天子，但事实上不过是独夫民贼。现在，我们便率领文武官员直奔京师，与朝中群公卿士一起废黜昏君，拥立明主！"

于是，邓琬宣称奉刘子勋之命，令所属部队整装待发。

刘子勋也全副武装，来到大厅，召集属下所有官员，命潘欣宣布他的命令。任命陶亮为咨议参军，担任全军统帅，张沈为咨议参军，主管水军。

刘子勋又派遣使者到各郡紧急征兵和征集各种武器，不到半月时间，集结兵士五百余人。

准备就绪之后，刘子勋便打算从寻阳起兵，讨伐刘子业。

刘子勋未及起兵，刘子业便被杀。刘彧即位后，晋升刘子勋为车骑大将军、开府仪同三司。

江州府的官员得到朝廷下达对刘子勋的任命后，都十分高兴，遂一起拜访邓琬，说："暴君已经铲除，殿下（指刘子勋）又升任官职，这于公于私，都实在值得庆贺！"

然而，邓琬却认为，刘子勋在兄弟中排行第三，而寻阳起兵之事与其父皇刘骏当初的情形相同，大事必定会成功。

于是，邓琬把刘彧的任命令扔到地上，说："殿下应该大开端门（皇宫正南门，此指入宫继承皇位），'开府'那是我们应该享受的。"

大家对邓琬的举动，都感到十分惊恐。但邓琬进一步加紧征调军队，打造兵器。

这时，雍州刺史袁颛在襄阳（今湖北省襄阳市）与邓琬遥相呼应，并声称奉太皇太后密令，拥立刘子勋为帝。

邓琬又在寻阳竖起主帅大旗，发布文告。并以刘子勋的名义，派人前往京城，送去声讨文书，称："孤（刘子勋自称）立志遵照先帝遗旨，废黜昏君，拥护明主。"并斥责刘彧："假传太皇太后的命令，篡夺帝位，违反继承的法则（刘彧为刘子业的叔父，应当父子或兄弟相继），使我们兄弟处于孤立地位。我们兄弟虽然幼小，但仍有十三人，神灵（指已去世的刘骏）有什么罪过，而使他的子孙失去皇位！"

随后，刘子勋于寻阳起兵，向都城建康进发，讨伐刘彧。

刘彧命司徒、建安王刘休仁为都督征讨诸军事，车骑将军、江州刺史王玄谟为副职，共同率兵抵御刘子勋。

邓琬为了鼓舞士气，不断地宣传天降祥瑞，并诈称接到太皇太后（路惠男）的密诏，命他带领文武官员向刘子勋奉上皇帝尊号。

在刘彧继位的第二年（466）正月，刘子勋于寻阳正式称帝。

这样，刘宋王朝就形成两个朝廷，并且互相之间展开了内战。

徐州刺史薛安都、冀州刺史崔道固、青州刺史沈文秀、南兖州刺史毕众敬等北部地区的镇将，都投向刘子勋一边。

益州刺史萧惠开听到刘子勋起兵的消息，对将领说："湘东王（刘彧）是太祖（刘义隆）的儿子，晋安王（刘子勋）是世祖（刘骏）的儿子。无论哪一个继承皇位，都没有不合适的。可是，刘子业虽然昏暴，但他毕竟是世祖的后嗣，他即使不能主持朝政，他的弟弟还有很多，可以继位。我蒙受世祖的恩宠，应当推奉晋安王。"

萧惠开遂派巴郡太守费欣寿率兵东下，支援刘子勋。

于是，湘州刺史行事何慧文、广州刺史柳元怙、山阳太守程天祚等南方诸镇，也都纷纷归附刘子勋。

当时，各地的贡赋都送往寻阳的政权，建康的朝廷所能控制的地区，只剩下丹阳、淮南等数郡，而这数郡之间又有很多县也响应刘子勋。

刘子勋的大军进抵永世（今江苏省溧阳市南）。建康朝廷内外惊恐万状。刘彧紧急召集群臣商讨对策。

吏部尚书蔡兴宗说："现在的形势，几乎是举国同叛，唯一的办法是镇定，并以诚信待人。反叛者的很多亲戚都在朝廷任职，如果把他们绳之以法，那我们立刻就会土崩瓦解。因此，应当特别宣布有关一个人犯罪，决不牵连其父子兄弟的道理。民心安定下来之后，将士就会有斗志。朝廷大军都是精锐部队，武器也很精良，用来对付那些缺乏训练的地方兵，相比之下，能够以一抵万。请陛下不必忧虑。"

刘彧认为他的话有道理，甚为安慰。

后来，刘彧决定亲自统率大军，征讨刘子勋，并任命山阳王刘休祐为豫州刺史，与辅国将军刘勔、宁朔将军吕安国等，率领各路兵马，首先向西进攻据守寿春（今安徽省寿县）的殷琰。

刘彧又命巴陵王刘休若统领建威将军沈怀明、尚书张永、辅国将军萧道成等各路兵马，向东进攻据守会稽（今江苏省苏州市）的孔觊。

当时，建康朝廷的将士多半为东部各郡的人，他们的父子兄弟全都投靠孔觊。

刘彧亲自送他们出征，并明确宣布说："我正在大力弘扬皇家的恩德，尽量减轻刑罚，使父子兄弟罪不相连，无论顺从或叛逆，都以本人的选择作为判断标准。希望你们能深思熟虑，理解我的用意，不要担心受到亲戚的牵连。"

于是，将士们都欢欣鼓舞。

与此同时，刘彧又下令，凡是在建康任职的官员，其亲属即使参与反叛，也仍旧保持原来职务。

沈怀明、张永、萧道成等驻防九里（今江苏省常州市西北），陆续击败东部地区拥戴刘子勋的军队，并攻占晋陵（今江苏省镇江市）。

沈怀明等接着进攻会稽和寻阳，孔觊兵败被杀。

刘子勋寻阳政权的尚书右仆射邓琬此时执掌朝政，他性情昏聩贪婪，既掌大权，便卖官鬻爵，又让他家的奴仆到街市上贩卖货物赚钱。

邓琬还整天酣歌狂欢，下棋赌博，昼夜不停。他待人十分傲慢，宾客前去求见，有时十天半月也见不到他。

邓琬把内部事务委托给中书舍人褚灵嗣等一群卑劣小人，他们为所欲为，横行霸道，竞相作威作福。于是，官民无不怨恨，离心离德。

邓琬派右军将军孙冲之率领龙骧将军薛常宝、陈绍宗、焦度等，统兵一万为前锋，据守赭圻（今安徽省芜湖市繁昌区西北长江南岸）。

孙冲之在行军途中写信给刘子勋说："船只已经准备好，军粮和武器也已充足，三军将士踊跃，人人争先效命。现在，应当扬帆江面，顺流而下，直取白下（今江苏省南京市北）。请立即命陶亮率领各路兵马随后进发，分别占据新亭（今江苏省南京市南）、南州（今安徽省当涂县），只要军旗一挥，即可平定天下。"

刘子勋加授孙冲之为左卫将军，任命陶亮为右卫将军，统率郢、荆、湘、梁、雍等各州的部队，总计二万人，同时东下。

陶亮本来没有军事指挥的才干和谋略，当他听到建安王刘休仁亲自率军逆长江而上，殷孝祖随后又到，遂不敢继续进军，停留在鹊洲（今安徽省铜陵市、芜湖市繁昌区间的长江中）。

殷孝祖以为自己对朝廷最忠诚，因而随意凌辱部下，凡有父子兄弟在刘子勋军中的将士，他都打算予以治罪。于是，造成军心涣散，感情背离，都不愿为其效力。

殷孝祖率兵攻击赭圻，陶亮前往增援孙冲之等，一举击败殷孝祖。殷孝祖中箭身亡，余众都纷纷归降陶亮。

战后，孙冲之对陶亮说："殷孝祖是一员猛将，我们一战就把他消灭，看来天下可以太平了，不会再有大的决战。现在，应当直接进攻京城。"陶亮表示同意。

当时，建安王刘休仁驻军虎槛（今安徽省芜湖市繁昌区东北），他派宁朔将军江方兴统率大军进攻赭圻，又派遣军主郭季之、步兵校尉杜幼文、屯骑校尉垣恭祖、龙骧将军段佛荣等率三万人，增援江方兴，与陶亮等决战。陶亮战败，江方兴等攻克赭圻。

接着，刘子勋的各路兵马相继败退。

到当年八月，邓琬感到无计可施，遂召集中书舍人褚灵嗣等人商讨对策，大家都想不出什么办法。

这时，吏部尚书张悦谎称有病，请邓琬到私宅议事。他事先命兵士埋伏在营帐后面，吩咐说："听见我命你们拿酒，便出来动手！"

邓琬来到后，张悦对他说："你当初最先提出拥立刘子勋为帝，并主张进兵建康。现在，事已至此，你有什么办法挽救败局？"

邓琬说："只有杀掉晋安王（刘子勋），封存府库，以此向朝廷赎罪。"

张悦说："今天，你难道要出卖殿下（刘子勋），以求自己活命？"说完，便呼唤拿酒来。其子张洵提着刀从帐后冲出，把邓琬砍死。

然后，张悦携带着邓琬的头颅，乘一只小船，顺流东下，归降建安王刘休仁。

建康朝廷的司徒中兵参军蔡那之子蔡道渊先前被囚禁在寻阳制造兵器的作部，这时逃脱出来，进入寻阳城。他捉住刘子勋，并押入监狱。

不久，沈攸之等各路大军相继抵达寻阳，把刘子勋诛杀，将其首级送到建康。刘子勋时年十一岁。

在刘子勋被杀后，原来响应刘子勋的徐州刺史薛安都、益州刺史萧惠开、梁州刺史柳元怙、兖州刺史毕众敬、豫章太守殷孚、汝南太守常珍奇等，分别派遣使者前往建康，向朝廷请求归降。

可是，刘彧认为南方的叛军已经扫平，打算向淮河以北的叛军夸耀威力，遂命镇军将军张永、中领军沈攸之统率五万军队，北上迎接薛安都。

尚书左仆射蔡兴宗向刘彧提出建议，说："薛安都表示归顺朝廷，是出于诚意，绝非虚假。只需要派出一个人，送去一封书信，就可以解决问题。如今，却派出重兵迎接。薛安都一定会疑惑恐惧，极有可能招引北魏一起向我们进攻。那样，祸患将更加深重。

"如果认为叛臣罪过太重，不可以不诛杀，那么先前所赦免的人已经很多了。况且，薛安都据守的是北方最大的一个军镇，紧接边境，地势险要，兵力强大。无论是进击，还是围困，都难以攻克。为国家的利益考虑，应当招降安抚。一旦他叛国投敌，势将成为朝廷昼夜忧虑的后患。"

刘彧不接受蔡兴宗的意见，而对征北司马兼南徐州事务的萧道成说："我现在正好利用薛安都反叛的机会，派兵北讨，你认为如何？"

萧道成回答说："薛安都非常狡猾，如今以大军威逼他，恐怕对国家没有好处。"

刘彧说："朝廷大军都是精锐，无往而不胜，你不必多言！"

薛安都听到朝廷派大军北上的消息，十分恐惧，立即派出使者前往北魏，请求投降，并把自己的儿子送到北魏，充当人质。常珍奇也献出悬瓠（今河南省汝南县），向北魏投降。他们两人都请求北魏派兵救援。

对于刘宋内部发生的内乱，北魏从一开始就十分关注。

薛安都、常珍奇派人请降和要求出兵相救，冯太后召集群臣进行商讨。

大家都说："从前，世祖（拓跋焘）一直有吞并刘义隆的雄心，所以亲自统率大军南征。如今，江南发生内战，上下离心。薛安都请求归降，真是千载难逢的好机会，机不可失。乘乱攻取，彻底灭掉敌寇，在此一举。"

冯太后采纳群臣的意见，决定出兵南伐。遂派遣镇东大将军、博陵公尉元和镇东将军、城阳公孔伯恭率领一万骑兵从东路奔赴彭城（今江苏省徐州市），救援薛安都；派遣镇西大将军、西河公拓跋石和都督荆、豫、南雍州诸军事的张穷奇从西路直趋悬瓠（今河南省汝南县），救援常珍奇。

冯太后又委任薛安都为都督徐、雍等州诸军事、镇南大将军、徐州刺史，封河东公；常珍奇为平南大将军、豫州刺史，封河西公。

在薛安都向北魏请降求救时，其部将毕众敬表示反对，并派人前往建康，请求归顺朝廷。

刘彧任命毕众敬为兖州刺史。

可是，毕众敬的儿子毕元宾在建康因罪被杀，毕众敬听到这一消息后，愤怒至极，拔刀砍向庭中立柱，说："我已白发苍苍，只有这么一个儿子，都不能保全，我一个人还怎么活下去？"

于是，在北魏大军抵达瑕丘（今山东省济宁市兖州区）时，毕众敬向北魏请求归降。

尉元派部将率兵占领瑕丘后，毕众敬又后悔请降，一连几天不进饮食。

尉元率领大军长驱直入，很快进抵秺县（今山东省成武县）。拓跋石抵达上蔡（今河南省上蔡县），常珍奇率领文武官员出城迎接。

然而，拓跋石打算把军队驻扎在汝水北岸，暂不入城。中书博士郑羲提出建议，说："现在，虽然常珍奇前来迎接，但他的诚意如何，尚难以确知。不如一直进入城内，控制城门，占领府库，掌握要害，这是最安全的策略。"

拓跋石遂率兵入城，然后摆设酒席，请常珍奇宴饮嬉戏。

席间，郑羲对拓跋石说："我观察常珍奇的脸色，好像有些愤愤不平的样子，我们不可不暗中做好戒备。"

拓跋石遂命令全军将士，对归降的宋军要严加防范。

到了夜晚，常珍奇打算派人焚烧府库，以便乘混乱之机向魏军发动攻击。但他觉察到拓跋石已有严密戒备，才中途停止下来。

被魏军占领的淮西各郡（包括汝南、新蔡、汝阴、汝阳、陈郡、南顿、颍川等郡，即今河南省东南部一带）的百姓，大多数不愿意归附北魏。

冯太后派遣建安王陆馛前往淮西，进行宣慰安抚。

当时，北魏征讨大军把许多刘宋的百姓掳掠为奴，陆馛令其全部放免。

尉元率军抵达彭城后，薛安都出城迎接。

尉元派部将李璨与薛安都先行入城，控制所有城门。又另派镇东将军孔伯恭率领精兵二千人，在城内外巡逻和安抚，然后才进城。

刘宋的张永率兵攻击城门，未能攻克。

由于尉元对薛安都不能以礼相待，使薛安都对于归降北魏之举深感后悔，遂谋划叛魏归宋。

薛安都的企图被尉元察觉，他因此而未敢起兵，并贿赂尉元等人，又将罪责推到其女婿裴祖隆的身上，亲自杀掉裴祖隆，以表白自己诚心归降。

尉元命李璨与薛安都一起守卫彭城，然后亲自率兵进攻张永，断绝张永大军的粮道，又在武原（今江苏省邳州市西北）击败王穆之。王穆之率领余部投奔张永，尉元驱兵追击王穆之。

张永无法抵御尉元的攻击，不得不放弃下磕城（今江苏省徐州市东南）逃走。

当时，正值风雪交加，泗水封冻，张永的大军只好弃船步行，士卒被冻死的有一大半，手脚冻掉的十有七八。

尉元在前面截击，薛安都在后面追杀，又大败张永于吕梁（今江苏省徐州市东南）之东。宋军将士被杀的数以万计，在六十多里范围的原野上，死难者的尸体互相叠压，军资器械随处可见，不可胜数。

宋军统帅张永的脚趾被冻掉，他与沈攸之弃军逃亡，仅以身免。垣恭祖则被魏军俘虏。

刘彧听到前线惨败的消息后，召见尚书左仆射蔡兴宗，把战报拿给他看，然后心情沉痛地说："在你面前，我深感惭愧。"

刘彧下诏，贬降张永为左将军，罢免沈攸之所任职务。

从此，刘宋失去淮河以北四个州（青州、冀州、徐州、兖州）和豫州境内的淮河以西（汝南、新蔡、南顿、汝阴、汝阳、谯、梁、陈诸郡）之地。

尉元认为，在战乱之后，彭城一带的百姓都陷入困境，因此上疏朝廷，请求征调冀州、相州、济州、兖州的府库储粮，并利用收缴张永丢弃的九百艘战舰，顺清河运往彭城，用以赈济新归附的灾民。冯太后准许尉元的请求。

在宋军大败于吕梁后，刘宋的青州刺史沈文秀、冀州刺史崔道固因境内发生民众暴动，无力镇压，遂派人前往北魏请降，并请求派兵救援。

冯太后决定派遣平东将军长孙陵等率兵前往青州，派征南大将军慕容白曜率领五万骑兵为后援。

慕容白曜率军抵达无盐（今山东省东平县东），打算立即发起攻击，但属下将领都认为攻城的器具尚未准备好，不应急于进击。

左司马郦范支持慕容白曜的意见，说："我们以轻装部队远道而来，深入敌境，怎么可以拖延时间而不尽快发动攻击？而且，申纂（刘宋东平太守）以为我们急速进军，不会很快攻城，必定没有防备。如果出其不意，可以一战而克。"

慕容白曜于是率军伪装撤退。申纂果然不再加强防备。

慕容白曜在夜半时分，又率军返回无盐城下，于凌晨发起攻击，早饭时即攻破城池。

申纂弃城而逃，被魏军擒获斩首。

慕容白曜打算把无盐城内居民全部作为战利品，赏赐给将士。

郦范劝阻说："青州这一地区地位十分重要，应当有长远经略规划。如今，我们的大军刚刚入境，人心不稳，各个郡县的官员们仍在互相观望，都有固守城池、拒不投降的志气。假如我们不用恩德和信誉予以怀柔安抚，则很难平定。"

慕容白曜说："此为高见！"遂接受郦范的意见，把无盐城民一律放免。

慕容白曜打算继续进攻肥城（今山东省肥城市）。

郦范说："肥城虽然很小，但短时间内不易攻克。而且，获胜不能增加我们的力量，失败却会有损于我们的军威。守城宋军看到无盐被攻破之后那种遍地死伤的惨象，不能不感到恐惧。假如送去一封书信，予以劝告，他们即使不举手投降，也会弃城而逃。"

慕容白曜接受郦范的建议，没有发动攻击，而肥城的防守果然崩溃。魏军轻而易举地获取三十万斛粟米。

慕容白曜对郦范说："这次出征，得到你的帮助，三齐（即青州地区）不用担心不能平定。"

接着，慕容白曜又攻取了垣苗、糜沟二城，十几天内一连攻克四座城池，声威大振。

刘宋并州刺史房崇吉据守升城（今山东省济南市长清区西南），当时能够参战的士卒不过七百人。

慕容白曜率军抵达后，修筑长墙，予以围困。历时两个月，才把城池攻破。

慕容白曜对守军顽抗不降感到十分愤恨，所以破城之后，想把城内所有的人全部坑杀。

参军事韩麒麟劝阻说："现在前面仍有强敌，如果我们坑杀这里的城民，那么自此以东，各城军民都会坚决守卫，势将无法攻克。我们的军队出征时间过长，粮食快要用尽，一旦外寇（指宋军）乘机进攻，可能会陷入危险的境地。"

慕容白曜遂对升城降民进行安抚，使他们各安其业，恢复正常生活。

刘宋的崔道固和沈文秀向北魏请求归降，但在魏军抵达之后，他俩都反悔而不降，并且派人前往建康，请求归顺朝廷。

崔道固在历城（今山东省济南市），紧闭城门，拒绝魏军入城。

沈文秀则派人迎接慕容白曜，并请求派兵前去东阳（今山东省青州市）救援。

郦范说："沈文秀的家族和祖先坟墓都在江南，而且手握数万大军，城池坚固，武器精良。他在强大时则与我们对抗，衰弱时便撤退逃走。我们的军队尚未进逼其城下，他没有朝夕不保的危急之感，为什么这样畏惧而请求援军？观察他的使者，眼睛一直向下看，并且面带愧色，说话烦琐而胆怯，一定心怀奸诈，企图引诱我们上当，万万不可轻信。

"不如先出兵进取历城（今山东省济南市）、盘阳（今山东省临朐县东南），再进攻梁邹（今山东省邹平市东北）、乐陵（今山东省乐陵市东南），然后缓慢向前推进。在大军威逼城下时，不怕他不屈服。"

慕容白曜说："崔道固由于兵力薄弱，不敢出战，我们大军可以畅通无阻，一直推进到东阳（今山东省青州市）。沈文秀自知必然败亡，所以一定望风归降。这又有什么可怀疑的？"

郦范说："现在，历城兵多粮足，不是早晚之间可以攻克的。沈文秀据守的东阳，为周围各城的依赖。我们现在多派军队去增援沈文秀，则没有足够兵力进攻历城，但是派出兵力太少，又不足以制服东阳。如果前进则被沈文秀抵挡，后退又被各城的守军所拦击，势必造成腹背受敌，不能保全自己。请认真加以考虑，切勿陷入敌寇的圈套。"

慕容白曜决定不派兵前往东阳，沈文秀果然没有归降北魏。

这时，刘彧再次下令，命中领军沈攸之率军进攻彭城。

沈攸之认为清水、泗水已经干涸，粮食运输困难，保证不了军需。所以，他坚持不进军彭城，并派出使者往返建康七次，反复申述自己的意见。

刘彧大怒，强行命令沈攸之出兵，并且任命他代理南兖州刺史职务，立即率军北上。同时又派遣行徐州事萧道成率领一千人马接替沈攸之，进驻淮阴（今江苏省淮阴市）。

尉元派遣镇东将军孔伯恭率领步骑一万人迎击沈攸之，并将上次交战时俘虏沈攸之部队中冻烂双脚而只能爬行的士卒，全部送还，用以涣散宋军的士气。

刘彧在强令沈攸之率兵出发不久，十分后悔，所以又派人前去召还。可是，沈攸之此时已经离开下邳（今江苏省睢宁县西北）五十余里，被陈显达迎至睢清口。

孔伯恭向宋军发动进攻，沈攸之急令退兵。孔伯恭乘胜追击，宋军大败，龙骧将军姜产之等阵亡。沈攸之也受了重伤，逃入陈显达的军营。

在魏军的强大攻势下，陈显达的大军崩溃瓦解，将士们惊恐逃散。沈攸之乘轻骑向南逃奔淮阴（今江苏省淮安市淮阴区），抛弃的军资和武器数以万计。

接着，尉元攻破下邳。孔伯恭又进攻宿豫（今江苏省宿迁市东南），宋军守将鲁僧遵弃城逃走。

魏军将领孔大恒等又率兵南下，进攻淮阳（今江苏省清江市西）。宋军守将崔武仲纵火焚城，率军逃走。

慕容白曜统率大军自瑕丘（今山东省济宁市兖州区东北），进攻崔道固据守的历城，并派平东将军长孙陵等进攻沈文秀据守的东阳。

崔道固坚守城池，拒不降魏。慕容白曜遂修筑长墙，围困历城。

长孙陵等抵达东阳，沈文秀请求归降。魏军进入东阳外城，大肆抢掠。

沈文秀悔恨交加，又关闭内城城门，并率兵击败长孙陵。长孙陵撤退到清河以西，又多次攻城，都没有攻破。

慕容白曜围攻历城，直到第二年（467）才攻破外城，崔道固自缚请求降魏。

接着，慕容白曜又进攻东阳，

刘彧任命沈文秀的弟弟、征北中兵参军沈文静为辅国将军，令其率兵从海路援救东阳。但是，沈文静行至不其城（今山东省青岛市即墨区西南），被魏军阻击，只好固守不其城，无法解救东阳。

沈文秀一直坚守东阳，魏军围攻三年。由于外无救兵，守军将士日夜抵抗魏军的攻击，头盔铠甲时刻不能离身，因此浑身生满虮虱，却没有背叛和逃亡之心。

皇兴三年（469）正月，慕容白曜终于攻破东阳。沈文秀脱下军装，换上官服，取出刘宋朝廷颁发的符节，端坐在府中。

魏军士卒蜂拥而至，到处询问："沈文秀在哪里？"

沈文秀大声说："我就是！"

魏军士卒上前把他捉住，剥下衣服，押送到慕容白曜面前，令其拜见。

沈文秀拒绝说："我们二人是两个国家的大臣，哪有让我参拜他的道理？"

慕容白曜把衣服送还给沈文秀，并设宴款待，然后押回平城。

冯太后历数沈文秀的罪状之后，把他赦免，待之如下等宾客，让他穿破旧衣服，吃粗疏饭菜。后来，由于敬重沈文秀不肯屈服的气节，冯太后改变了对他的态度，任命其为外都下大夫。

不久，冯太后派遣使臣前往建康，与刘宋重修旧好。从此以后，两国之间每年都有使节互相往来。

冯太后在执掌北魏朝政期间，常常追念自己的父祖，并使曾经名垂青史的冯氏家族再度复兴。

第三章

十六国风云变幻 北燕王三世而终

冯太后的家族历史可以上溯得十分久远，但最值得称道的则是其伯祖父冯跋和祖父冯弘。他俩在十六国风云变幻之际灭掉后燕，相继登上北燕的天王宝座。

一　后燕政变

据史书记载，冯太后的先世可以上溯到战国时期魏国国君的始祖毕万。

毕万在春秋时期曾侍奉过晋献公，并于献公十六年（前661）率兵征伐霍、耿等国，因功受封魏地（今山西省芮城县）为大夫。

晋献公去世后，他的四个儿子争位，晋国内乱迭兴，毕万乘机扩展势力，遂以封地之名改为魏氏。

经春秋战国社会大变革，毕万的后裔魏桓子与韩康子、赵襄子三家卿大夫瓜分了晋国，分别建立起魏、韩、赵三个诸侯国。

战国初年，魏国在文侯、武侯当政时期，曾一度十分强盛。直到公元前225年，魏王假被秦国大军战败俘杀，魏国灭亡。又过了四年，秦王嬴政统一天下。

自从魏国灭亡以后，魏氏从世袭贵族一下跌落为统一王朝的阶下囚。在这急剧衰退的过程中，魏氏家族的一个支系流落到今山西境内的冯乡，靠乞讨度日，并定居下来。后来即以居地为姓氏，遂改为冯氏。

不知又延续了多少世代，直到西晋的"永嘉之乱"，冯太后的高祖父冯和举家从冯乡避乱迁到上党（今山西省长子县境内）。

冯氏家族在此后战乱频仍的动荡之中，度过了一段艰难的岁月。

西晋是司马炎取代三国时的曹魏而建立起来的统一王朝。由于司马氏的残酷统治，在西晋末年相继爆发了各族人民的反抗斗争。

晋怀帝永嘉五年（311），匈奴族首领刘曜和羯族的石勒率兵攻入西晋的都城洛阳（今河南省洛阳市），俘获了晋怀帝司马炽，这次事件史称"永嘉之乱"。此后，中国北方广大地区陷入了少数民族贵族的割据混战。

"永嘉之乱"以后，西晋的官僚贵族又在长安拥立司马邺为帝，是为晋愍帝。

晋愍帝建兴四年（316），刘曜又率兵攻入长安，俘杀司马邺，灭掉了西晋。

西晋统一王朝崩溃瓦解以后，北方进入十六国时期。

十六国初期，冯氏家族居住的上党一带先后在汉国、前赵和后赵的控制之下。

汉国是匈奴族首领刘渊于 304 年建立的政权，初期建都于平阳（今山西省临汾市西北），西晋灭亡不久，刘曜迁都长安，改国号为赵，史称前赵。

后赵是羯族人石勒于 319 年建立的政权。329 年，后赵灭掉前赵。后赵初期建都于襄国（今河北省邢台市），后迁都邺（今河北省临漳县西南）。

后来，鲜卑慕容氏建立的前燕和氐族苻氏建立的前秦又先后把冯氏所在的上党置于其统治之下。

上述各政权的少数民族贵族对西晋怀有民族仇恨，在西晋灭亡以后，他们便把这种仇恨施加于汉人身上。因此，冯氏家族作为异族政权下的臣民，其境遇之悲惨是可想而知的。

383 年，统一了北方的前秦在与南方东晋进行的淝水之战中，遭到惨重失败。强盛一时的前秦政权随之瓦解，北方各少数民族贵族纷纷摆脱前秦的控制，分别建立割据政权。

淝水之战后的第二年，原来归降前秦的前燕贵族慕容垂叛秦自立，建立后燕，定都中山（今河北省定州市）。同年，鲜卑贵族慕容冲称帝，建都阿房（今陕西省西安市西），史称西燕。386 年，慕容冲之子慕容永继位，迁都于长子（今山西省长治市西）。

至此，冯氏家族的居住地又归属西燕，并且毗邻都城，这为冯太后的先祖步入仕途提供了有利的条件。

冯太后的曾祖父冯安虽然身居穷乡僻壤，但他深知在乱世之中凭借勇武会有出人头地的机会，所以潜心习武。他富有韬略，远近闻名。

一个偶然的机遇，冯安被西燕征兵入伍，并因武略出众很快升任将领。在连年征战中，冯安屡立军功，深受士卒的爱戴，也为西燕统治集团所倚重。

可是，好景不长。

西燕建国之后，就处在后燕的严重威胁之下。慕容永和慕容垂本为同宗后裔，但慕容垂不能容忍自己的宗族中同时存在两个天子，他决心灭掉西燕，铲除慕容永的势力。

394 年，慕容垂决定征伐西燕。

在出兵之前，朝廷有人进行劝阻。慕容垂胸有成竹，对群臣夸耀说："我虽然年事已高，可是搜索智囊中残存的一点谋略，还是足以战胜慕容永的。"

慕容永得知后燕大军入境的消息后，立即派兵迎敌。

冯安作为一个重要的军事将领，也率领本部兵马，参加了这场关系到西燕生死存亡的决定性大战。

双方的主力部队在台壁（今山西省襄垣县东北）交战，西燕惨遭失败，慕容永退守京城。

不久，在后燕的强大攻势下，西燕内部发生变乱。变兵打开城门，迎接后燕大军入城，慕容永被俘杀，西燕灭亡。

慕容垂下令诛杀西燕公卿大臣和军事将领三十余人，接收西燕所辖八郡七万余户，以及御用乘舆、服饰、歌女、奇珍异宝，不计其数。

在这次灭国之灾中，冯安意外地幸免于难。冯氏家族随着西燕的灭亡，又转而成为后燕的臣民。

慕容垂去世后，慕容宝继承皇位。

可是不久，后燕内部矛盾激化，互相残杀。慕容宝无计可施，只率万余骑兵出奔龙城（今辽宁省朝阳市）。不久，中山被北魏攻占。

398 年，镇守邺城的慕容垂之弟慕容德南据滑台（今河南省滑县东），建立南燕。

慕容宝退守龙城时，冯安举家东迁，定居于长乐信都（今河北省衡水市冀州区）。

慕容宝对跟随而来的文武官员论功行赏，擢升为将军和晋封为侯爵的，有数百人之多。

冯安的长子、冯太后的伯祖父冯跋被慕容宝任为中卫将军，统率一部分禁卫军。

慕容宝君臣局促于龙城一隅，地狭势弱，外临强敌，内乱迭兴，后燕很快走向衰落。

慕容宝为慕容垂的皇后段氏所生。

他在刚刚被立为太子时，声誉尚好。但不久就因其迷恋酒色，不务正业，逐渐失去众望。其庶母后段后（皇后段氏死后，慕容垂又续娶其妹，立为皇后）曾向慕容垂进言："太子如果生在太平盛世，足可以成为一个出色的守成之主。而今，国家灾难深重，举步维艰，恐怕他不是济世之才。辽西王慕容农和高阳王慕容隆都是最贤能的皇子，应该从他们兄弟二人中选择一个继承大业。"

慕容宝预感到太子的地位发生危机，他为了骗取好名声，常常对父皇身边的侍从施以恩惠，从而博得他们的赞誉。

慕容垂时而听到对太子的称颂之声，认为慕容宝并不像后段后所说那样不堪信赖，遂对后段后说："你要我废掉太子，这不是想让我步晋献公的后尘吗？"

春秋时期，晋献公听信宠妃骊姬的谗言，废杀了太子申生，立骊姬之子奚齐为太子，结果造成晋国内乱不息。

慕容垂为避免晋国的历史悲剧重演，拒绝了后段后的劝告。

后段后感到十分委屈，向她的妹妹、范阳王慕容德的王妃诉说怨言："太子缺才少德，这是谁都知道的。我为了国家的前程考虑，直言相劝，可皇上竟把我当成骊姬，这真是天大的冤枉。我看太子必然要丧失社稷，而范阳王器宇不凡，堪当大任。如果燕国的命运还不到结束的时候，这个重任就应当落在范阳王的身上。"

慕容宝听说这番话，对后段后切齿痛恨。

慕容宝即位不久，便派弟弟慕容麟面见后段后，对她说："母后常说太子守不住先帝的大业，现在如何？你最好早日自尽，这样可以保全你们段氏家族的性命。"

后段后怒不可遏，斥责慕容麟说："难道你们兄弟逼杀继母，就算是能守住先帝创下的大业？我死不足惜，只是忧虑国家不久就将灭亡。"言毕，遂自杀身亡。

慕容宝在龙城立足未稳，就急于出兵南下，与北魏角逐中原。

辽西王慕容农、长乐王慕容盛都极力劝阻慕容宝。他们认为本国的将士连年征伐，已经精疲力竭，而北魏近年来又获得多次重大胜利，士气高昂。当务之急是休养生息，以待时机成熟，再图大举。

可是慕容宝固执己见，断言下令："我的决心已经下定，有谁敢于反对和阻挠，一律斩首！"

后燕永康三年（398）二月，慕容宝亲自率兵南征。

可是，未过几天，一部分出征军队因厌战而在中途哗变。一时间，全军陷入极度混乱之中，大批将士纷纷逃亡。

慕容宝无奈，不得不返回龙城。

接着，叛军又攻破龙城，慕容宝与少数亲信弃都南逃。

不久，叛军被尚书、顿丘王兰汗击败。

兰汗控制了后燕政权，派人迎回逃难中的慕容宝，在龙城郊外把他处死。然后，兰汗自称昌黎王。

慕容宝之子、长乐王慕容盛当时在龙城郊外藏身，得到父皇被杀的消息，打算立即入城奔丧。将军张真劝阻，慕容盛说："我现在已处于穷途末路，前去投靠岳父（即兰汗，其女儿为慕容盛的王妃）。他性情愚昧，见识浅陋，一定会念及婚姻之情，不忍心杀我。只要有十天半月时间，我就足可以报杀父之仇。"遂前往晋见兰汗。

兰汗的妻子乙氏及女儿（慕容盛的王妃）一起向兰汗乞请，饶恕慕容盛。王妃兰氏还向她的诸位兄弟求情，不要杀害慕容盛。

兰汗哀怜慕容盛国亡家破，未忍心下手，遂把他安顿于宫中居住，并任命为侍中、左光禄大夫，如同从前一样地亲切对待。

兰汗的弟弟兰堤、兰加难屡次要求诛杀慕容盛，兰汗都没有听从。

兰堤性情骄纵狠毒，又荒淫无度，对长兄兰汗的态度，一向十分蛮横。慕容盛乘机从中离间，使兰汗兄弟相互猜忌。

后燕的太原王慕容奇是兰汗的外孙，兰汗以此也没有把他杀掉，而且任命他为征南将军。

慕容奇寻机入宫见到慕容盛，二人秘密谋划举事。

慕容盛要慕容奇尽快逃离龙城，到外地招募兵士。慕容奇逃到建安（今河北省迁安市东北），招致数千人，起兵进攻兰汗。

兰汗使兰堤率兵征讨慕容奇。慕容盛对兰汗说："慕容奇不过是一个孩子，未必能有此举动，莫非有人想利用他在外起事，而本人在京城做内应，以便里应外合，图谋不轨？我看太尉兰堤一向骄奢跋扈，恐怕不堪信任，不宜把军权交给他。"

兰汗对慕容盛的话深信不疑，下令解除兰堤的太尉职务，另派抚军将军仇尼慕率兵讨伐慕容奇。

龙城从入夏以来，一连几个月不下雨。兰汗每天到后燕祖庙叩头祈祷，把谋杀慕容宝的罪过全都推到兰加难身上。

兰堤和兰加难听到这个消息，异常愤怒，同时也感到十分恐惧。于是，他俩一起率领部众进攻仇尼慕的军队，并且把仇尼慕击败。

兰汗深为忧惧，又派太子兰穆领兵讨伐兰堤兄弟。

兰穆领命之后，向父王建言："慕容盛是我们的仇敌，一定是他与慕容奇互为表里，内外勾结。这心腹之患，不可继续保留，应当先把慕容盛除掉。"

兰汗觉得有理，打算诛杀慕容盛。为此，兰汗召见慕容盛，以便当面考察一下。

慕容盛的王妃兰氏得知消息后，立即暗中告知慕容盛。于是，慕容盛声称有病，不出房门。事情遂拖延下来，兰汗不久就改变了诛杀慕容盛的主意。

后燕的官员李早、卫双、刘忠、张豪、张真等人，以前都深受慕容盛的宠信和厚待。如今，兰穆把他们引为自己的心腹。

李早、卫双寻机前往慕容盛住所，三人秘密结盟定计，谋划起事。

不久，兰穆击败兰堤、兰加难。兰汗为此设宴庆功，犒赏将士。

兰汗、兰穆都喝得酩酊大醉，不省人事。

慕容盛于深夜乘机翻越墙垣，进入东宫，与李早等人会合，准备共同谋杀兰穆。

当时，兰穆的军队尚未解散回营。将士们听说慕容盛出面主持大计，大家都欢呼雀跃，奋勇争先，迅即攻杀了兰汗。兰堤、兰加难闻变逃亡，被搜索逮捕，予以斩首。

慕容盛一举除掉兰汗父子，朝廷内外，文武百官，全都归顺慕容盛。人们拍手称快，互相庆贺。

接着，慕容盛到皇家祖庙，敬告铲除叛逆的喜讯，说："仰赖列祖列宗的洪福，依靠文武百官的力量，我们国家脱离了苦难，重见光明，不仅仅是我一个人可以免除'不共戴天'①的责任，就连所有臣民也都可以在当世表明自身的清白。"

慕容盛为了表示谦逊，不敢称皇帝尊号，而只用长乐王的爵称主持朝廷政务，并改年号建平，次年又改年号长乐。

慕容盛鉴于父皇慕容宝过于懦弱，从而招致国破身亡之祸，所以他改变施政方针，以严刑峻法树立威势。

他又自以为聪明过人，凡事皆专断独行，对谁都不信任。对文武官员只要发现稍有嫌疑，就不由分说，立即诛杀。因此，朝野上下，人人自危。

后燕长乐三年（401）八月，左将军慕容国，殿中将军秦舆、段赞等人谋划，发动兵变。结果事情泄露，全部被诛杀。

慕容垂皇后段氏兄长之子、前将军段玑，以前曾因受襄平县令段登叛乱一案的牵连，出逃辽西。后来回到龙城，认罪伏法。慕容盛赦免了他，赐号"思悔侯"，又让他娶公主为妻，入宫担任侍卫。

慕容国等人谋泄被杀后，段玑与秦舆之子秦兴、段赞之子段泰秘密进入宫中，发动一部分人擂鼓呐喊，大张声势。

慕容盛听到兵变消息，立即率领左右侍从和卫士出战。

---

①《礼记》："父之仇，不共戴天。"意即不能与杀父仇人共同生存。

段玑等人无力应战，纷纷溃散逃亡。段玑受伤，躲在廊下一间屋内。

在局势稍稍稳定之后，突然间，一个参与变乱的士兵从暗中闪出，持刀直砍慕容盛。

慕容盛身受重伤，乘辇登上前殿，责令禁卫部队加强警戒。然后又召见其叔父、河间公慕容熙嘱托后事。而慕容熙尚未来到身边，慕容盛便气绝身亡。

慕容盛死后，群臣奏请丁太后择立新君。

中垒将军慕容拔、冗从仆射郭仲都认为国家多难，应该拥戴一位年纪较大的皇子继位。

当时，朝廷上下一致倾心于慕容盛的弟弟、平原公慕容元。

可是，慕容宝的弟弟、河间公慕容熙一向深受丁太后的宠爱。丁太后遂自作主张，废黜早已确立的太子慕容定，而把慕容熙秘密迎入宫中。

当群臣入朝时，发现事情发生变化。大家见木已成舟，只好上疏请求慕容熙登极称帝。

慕容熙即位之后，将段玑等人捕获，全部诛杀三族。以慕容元有叛乱嫌疑，赐其自尽。

中领军慕容提、步军校尉张佛等人谋划拥立已废太子慕容定，事情被察觉，全部伏诛，慕容定也受牵连而被赐死。

慕容熙早在慕容宝当政时，就曾与皇嫂丁氏通奸，所以丁氏执意立他为帝。

慕容熙即位之后，收纳已故中山尹苻谟的两个女儿为妃，姐姐苻娥封为贵人，妹妹苻训英封为贵嫔。

慕容熙对苻氏姐妹甚为宠爱，尤其是苻训英，被册立为皇后，丁氏不可避免地受到冷落。

丁氏在无限惆怅怨恨之下，便与兄长之子、七兵尚书丁倍谋议废黜慕容熙，另立章武公慕容渊。事机败露后，慕容熙逼令丁氏自杀。

慕容熙在位时期，冯太后的伯祖父冯跋仍然担任中卫将军职务。他的弟弟冯素弗被任命为侍御郎。

当初，冯素弗与堂兄冯万泥等人到龙城郊外游赏。他们来到河边时，冯素弗突然发现水中有一条金龙上下翻动，便问兄长冯万泥："你见到河水里的金龙了吗？"

冯万泥等人都说："什么也没有看见。"

于是，冯素弗伸手从水中取出那条金龙，展示在众人面前。大家全都以为这是非同寻常的祥瑞征兆。

后来，慕容熙得知这件奇闻逸事，向冯素弗索要金龙。可是，冯素弗无论如何也不肯交出，惹得慕容熙恼羞成怒，遂对冯素弗怀恨在心。

慕容熙即位后，对冯素弗隐藏金龙一事仍然耿耿于怀。正巧，冯跋又不慎触犯了禁令。慕容熙找到了借口，决计诛除冯氏兄弟。

冯跋预感到将要大祸临头，遂与诸弟逃出龙城，隐匿到荒山野岭之中。

慕容熙十分奢侈腐朽，他为了满足自己的享乐，随意加重百姓的赋税和徭役负担。

慕容熙下令，建造龙腾苑。这座皇家苑囿占地十余平方公里，征发从事苦工的民夫二万人，昼夜不息地修筑。又在龙腾苑内堆建景云山，假山的底座广五百步，山高十七丈。

龙腾苑里还兴筑逍遥宫、甘露殿，华丽的房舍一连数百间。楼台殿阁，交相辉映，十分壮观。

慕容熙专门为苻皇后开凿曲光海和清凉池，时值盛夏酷暑，服役的民夫夜以继日地挖掘山石，不得休息，在烈日暴晒之下饥渴而死的人超过大半。

后来，慕容熙又为苻皇后建造承华殿，其规模更为宏大，比先前建成的承光殿高一倍以上。为了构建这座宫殿，从城外取土，送到龙城北门，竟使得土价腾贵，与谷物相等。

苻皇后自从入宫以后，一向骄奢淫逸，锦衣玉食也仍然满足不了她的需求。

苻氏有许多奇特的癖好，在盛夏时节喜欢吃鱼冻，而在隆冬时节又要吃生地黄。对此，慕容熙都责令有关部门设法置办，如不能使苻氏满意，则将承办的官员处以死刑。

苻皇后病故，慕容熙痛失所爱，如丧考妣。他抚尸而泣，悲痛欲绝，口中喃喃自语："尸体已冷，命已断了。"话音刚落，慕容熙一下仆倒在地，气息断绝，过了很久才慢慢苏醒过来。接着，他又放声悲哭，捶胸顿足，哀痛至极。

慕容熙在为苻氏服丧期间，穿上给父母守丧时才能穿的丧服——斩衰①。每顿饭只吃些稀粥，减掉了山珍海味、鸡鱼肉蛋。

苻氏的尸体入殓之后，慕容熙又开启棺椁与之亲昵。他还下令，要文武百官到皇宫门前为苻氏哭丧，并派遣有关部门的官员对哭丧者进行检查。凡失声痛哭，泪流满面的，就被认为是忠臣孝子，只哭而没有眼泪的，则一律予以处罚。

---

① 斩衰：古代五种丧服中最重的一种。丧服用最粗糙的麻布做成，缝制侧边不交裹，使断处外露。服丧期三年。

于是，群臣莫不惊恐万状，纷纷用葱蒜的辣味刺激眼中泪腺，使之流出泪水。

慕容熙的嫂嫂、高阳王慕容隆的王妃张氏，姿色出众，又心灵手巧。慕容熙蓄意让她为苻氏殉葬，便暗中派人拆开她特为送丧而缝制的新靴子，发现里面垫有旧毛毡，遂指控其为大不敬，命她自杀。

慕容熙还令文武百官和龙城的百姓，家家户户都要参加修筑苻氏陵墓的工程。陵墓周围长达数里，官府储藏的钱财为之花费一空。

在为苻氏送葬时，慕容熙披头散发，徒步跟在灵车后面。装载灵柩的丧车过于高大，出不了城门。慕容熙下令拆毁龙城北门，才将灵柩运送出去。

路边老者见此情景，相互议论说："慕容氏自毁城门，恐怕出去之后，再进不来了。"

临下葬时，慕容熙还对监造陵墓的官员说："你们好好修筑，我随后就入此陵。"

有见识的人听到此话，认为是不祥的预兆。

就在慕容熙为苻氏大办丧事期间，冯跋正与诸位弟弟密谋起事。

冯跋对大家说："慕容熙昏庸暴虐，又忌恨我们兄弟。我们虽然逃亡在外，无法返回，但也不能坐以待毙。不如趁着人们普遍怨恨的大好时机，共举大事，建立公侯之业。如果不能取得成功，到那时被杀也没有什么遗憾的了。"

冯跋又乘坐由妇人驾驶的普通车辆，潜入龙城，躲藏在北部司马孙护的家里。

冯跋与慕容宝的养子、夕阳公慕容云一向感情亲密，遂暗中前往拜见，将起事计划告知，并请他出面主持大计。

慕容云十分畏惧，坚决推辞说："我不久前所受箭伤仍未痊愈，这是大家都知道的。但愿你们另作打算。"

慕容云本姓高氏，是高句丽国王的远亲后裔，其家族早年在前燕皇帝慕容皝击破高句丽时，被强行迁移到青山（今辽宁省锦州市西北），成为燕国的臣民。

慕容宝在位时，任命高云为建威将军，封夕阳公，并收作自己的养子，遂改为慕容氏。

慕容云一向沉默寡言，当时人对他了解很少，因而不十分看重。而冯跋认为慕容云有非凡的气度，遂与他交往，成为好友。

冯跋进一步劝说慕容云："慕容氏世运已经衰竭。慕容熙残酷暴虐，他迷恋于妖淫之女而逆天违人，百姓不堪其苦，思乱者十室有九。这是上天赐予我们灭亡慕容氏的良机。你本出自高氏名门，为何做他人的养子？机会难逢，千载一时，你怎么可以推辞呢？"

冯跋终于说服了慕容云，然后与诸位弟弟以及张兴等人歃血为盟，共同推举慕容云为盟主。

冯跋等人按照计划，乘慕容熙出城为苻氏送葬的机会，开始行动。

冯跋的弟弟冯乳陈指挥慕容云调发的尚方①役使的五千名工匠和刑徒，攻击宫城弘光门，擂鼓呐喊而进，朝廷禁卫军溃败逃走。

冯乳陈等进入宫城，打开府库，取出兵器，分发给大家，然后登上城墙，关闭城门，严密防守。

---

① 尚方：主管制办宫廷所用器物的机构。

中黄门赵洛生在混乱之中脱身逃出皇宫，将城内事变情形禀告慕容熙。

慕容熙毫不在意地说："这些人不过是鼠窃狗盗之辈，能有什么作为？待我回城后，一定把他们全都处死！"

慕容熙下令把苻氏的灵柩暂时放在南苑，然后束发戴冠，穿上铠甲，带上侍从，策马回城。

可是，城门紧闭，慕容熙根本无法入城，只好退到龙腾苑。

尚方兵褚头翻越城墙，投奔慕容熙，声称警卫部队的将士仍然同心效忠皇上，他们只等外面的大军攻城，好做内应。

慕容熙听到这个消息，意外地感到恐惧震惊，立即脱离众人而逃。左右侍从不知是怎么回事，都不敢追赶。

慕容熙顺着水沟逃走，过了很久，侍从对他仍不回来深感奇怪，遂分头到处寻找。大家只拾到慕容熙脱下扔掉的衣冠，却未找到人。

中领军慕容拔对中常侍郭仲说："在平定叛乱很快就会取得胜利之际，皇上却无缘无故地自感惊慌，这实在奇怪得很。城内的忠臣义士正在盼望我们攻城，只要里应外合，一定可以成功，情势紧迫，不能延误太久。我现在先去攻城，你们在这里等候皇上，皇上一旦返回，就速来找我。假设皇上一直不回来，而我如果一切顺利，我就在城内安抚民心，然后再慢慢寻找和迎接皇上。"

于是，慕容拔率领二千余名武士攻击北城，并很快登上城墙。

守城将士以为慕容熙来到，并亲自指挥作战，便纷纷放下武器，请求归降。

可是，过了很长时间，仍未见慕容熙露面，也没有后继增援部队，慕容拔率领的将士有些怀疑恐惧，于是又纷纷跳下城墙，退回龙腾苑。

大家见不到慕容熙，不久便溃散逃走了。

原来，慕容熙离开侍从人员后，改换平民衣着，独自躲在龙腾苑的树林之中。后来被人发现，押送到城内，交给慕容云。

慕容云一条条数落慕容熙的罪状，然后把他连同他所有的儿子全部斩首。

冯跋等人起事成功，大家共同拥立慕容云即位。

慕容云再三辞让，对冯跋说："我久病未愈，早已脱离政务。今天的大业是你们创下的，为何一定要推举我？我之所以推辞，并非怜惜身体，实在是因为自己缺乏才能，难以济世救民的缘故。"

冯跋等人又一再敦请，慕容云才勉强接受。

407 年七月，慕容云即天王位，复姓高氏。改年号正始，建国号大燕，史称北燕。

高云任命冯跋为侍中、都督中外诸军事、征北大将军、开府仪同三司、录尚书事，封武邑公爵位。冯跋的弟弟冯万泥为尚书令；冯素弗为昌黎尹，封范阳公；冯弘为征东将军。朝廷政事都由冯跋兄弟决断。

高云自从被拥立为大燕天王之后，总以为自己对百姓并没有给予恩德，对国家也没有建立功劳，只是受到冯跋等人的错爱而轻易地登上王位。因此，高云心里怀有一种忧愁恐惧之感。

为了防范意外，高云挑选一批武士作为心腹和侍卫，时刻不离左右。

最受高云信任和重用的有两个人，即离班和桃仁。他俩受命专门掌管禁卫军。

高云对他们的赏赐极为丰厚，每月达数千万钱之多，其衣食住行几乎都与帝王没有两样。

可是，离班、桃仁贪得无厌，仍不满足，常有怨言。

冯跋执掌北燕的军国大政，在朝野上下颇有威望。

冯跋，字文起，小名乞直伐。他入仕之前，一向老成持重，少言寡语，勤于家业。而他的弟弟冯素弗、冯丕、冯弘等人却放荡不羁，不务正业。所以，冯跋在家中深受父母的喜爱和倚重。

传说冯跋居室上空常常呈现一种形似楼阁的云气，人们都颇感惊奇。甚至有人曾经在黑夜中看到天门洞开，一道耀眼的神光从天而降，冯家的庭院顿时一片光亮，如同白昼。

冯跋入仕北燕之后，这种奇异现象又一再出现。

一次，冯跋宴请群僚，他的左臂突然流血不止。

从事中郎王垂向冯跋进言，说这是一种符命之应①。

冯跋听后，赶紧加以制止，并告诫王垂切勿泄露其言。

北燕正始三年（409）十月的一天，高云来到宫城中的东堂，离班、桃仁身带佩剑，手持一本书，声称有事启奏。他俩走到高云面前时，离班突然拔出佩剑，直刺高云。高云急忙举起几案抵挡，桃仁又拔剑从侧面进击，刺杀了高云。

冯跋闻讯后，登上弘光门，静观宫中事变。

这时，帐下都督张泰、李桑向冯跋提出建议，说："离班、桃仁之辈杀了高云，不知下一步有何打算。我们请求替你把他们斩首，以除后患。"

张泰、李桑二人说完上述一番话，立即持剑从弘光门上冲下来。李桑在西

---

① 古时以所谓天降符瑞，附会与人事相应，叫作符应，也叫瑞应。以所谓祥瑞的征兆附会成君主得到天命的凭证，又叫作符命。

门杀死离班，张泰在皇宫庭院中刺杀了桃仁。

事变被迅速平息，众人一致推举冯跋继承王位。

二　北燕之乱

北燕天王高云被杀后，一时天下无主。面对文武官员的请求，冯跋极力辞让，并向大家推荐他的弟弟冯素弗，说：“范阳公素弗具有雄才大略，非同凡人，而且有志于削除祸乱。这次能扫清凶残势力，都是他的功劳。”

冯素弗坚决推辞，说：“我听说自古以来，父兄拥有天下，都传之于子弟，却没听说子弟凭借父兄创下的基业而先坐天下。现在，宏图大业尚未建立起来，形势还十分危险，天下不能无主。帝王大业全系于兄长，愿吾兄能上顺天命，下副万民之心。”

文武官员又再三恳请，冯跋这才应允。

当年十月，冯跋称天王，改年号太平，国号仍旧称大燕，即史称北燕。

冯跋追尊已故祖父冯和为元皇帝，追尊已故父亲冯安为宣皇帝。尊称母亲张氏为太后，册立正室孙氏为王后，立儿子冯永为太子。

接着，冯跋任命弟弟冯素弗为侍中、车骑大将军、录尚书事，仍封范阳公爵位；冯弘为侍中、征东大将军、尚书右仆射，封汲郡公；冯万泥为骠骑大将军、幽平二州牧，封广川公；冯乳陈为征西大将军、并青二州牧，封上谷公。其余文武官员，也都加官晋爵。

冯跋即位后，立即颁发诏令：“近年来，国家多事，灾难接踵而至，赋税和徭役繁重，百姓困苦不堪。应当放宽刑罚，减免赋役，勉励百姓致力耕织。前朝的弊政，全部予以革除。地方州郡牧守，要施行仁政，不得侵扰百姓，监察部门要严加督察。"

每次派遣地方郡县长吏，冯跋都要亲自召见，询问他们施政的要领，以便考察其能力和才干。

当初，在慕容熙败亡时，有一个叫李训的工匠乘混乱之机盗窃官中许多珠宝玉器，逃离了龙城。他将这些稀世珍宝变卖之后，成为腰缠万贯的富翁。但是，李训不满足于生活上的富有，而要以富求贵。于是，他拿出大量金钱向吏部尚书马弗勤行贿，被任命为方略县令。

不久，这件不光彩的事情，被一位失意的文人在皇官门前的石碑上披露出来。

冯素弗向冯跋禀告此事，请求罢免马弗勤的职务，并且彻底查清事情原委，处以刑罚。

冯跋深有感慨地说："大臣失去忠清廉洁，朝廷中竟然贿赂公行，这是由于我执法不严所致。马弗勤应当处以死刑，以申明法律。只是我考虑宏大的基业刚刚创立起来，各项制度尚未健全。马弗勤出身寒微，缺乏君子的志向，这次可以原谅他。而李训则是小人，他胆敢以金钱腐蚀朝臣，可以在东市公开把他处死。"

李训一案处理之后，朝野上下各级官员都受到极大震动。从此，堵塞了贿赂之路。

冯跋勤于理政，重视生产。他明令对破坏生产的人诛杀不赦，而对大力发展生产的人则予以奖励和赏赐。

冯跋还责令尚书纪达制定具体的政策措施，甚至明确要求地方官吏要督促百姓，每人必须种植一百棵桑树和二十棵柘树。

针对长期战乱造成的礼崩乐坏的局面，冯跋大力兴复文化教育事业。

他下诏指出："武力用以平定祸乱，而文教用以经国治民。欲使国家安宁，整齐风俗，实在是需要依靠文化教育。可是，近年以来，国难不绝，礼乐不兴，街巷里听不到读书声，青少年缺乏学校教育。学子们的慨叹在今天又复兴，这怎么能淳和风化，阐扬文明？应当营建太学，以刘轩、张炽、翟崇为博士郎中，选二千石以下子弟年龄在十五岁以上的①，入太学接受教育。"

在冯跋称天王不久，北魏派谒者于什门出使北燕。

于什门来到龙城，住在城外旅舍，派随从入宫对冯跋说："大魏皇帝有诏，必须由你们冯王亲自出来接受诏书，然后我们使臣才能入城。"

冯跋十分气愤，命人把于什门强行拉入朝廷。

可是，于什门见到冯跋，不肯跪拜。

冯跋令人强按于什门的脖颈，以使他屈从。

于什门说："冯王拜受诏书，我自会用宾主的礼节向你致敬，何必如此相逼！"

冯跋勃然大怒，下令把于什门软禁起来，不放他回国。

后来，于什门多次在众人面前，转过身去，背对着冯跋，把裤后裆披在肩上，以侮辱冯跋。

冯跋的左右侍从请求杀掉于什门。冯跋说："他只不过为了效忠他的君主，

---

① 二千石：汉代郡守的秩级为二千石，故以此作为郡守的通称，后世亦沿用。此处泛指较高级官员。

怎么可以把他杀掉呢？"

于什门由于被拘禁，随身携带的衣装都穿得破烂不堪，满身虮虱。

冯跋派人送去崭新的衣帽，于什门却拒而不收。

一天，龙城有一股赤气，遮天蔽日，太史令张穆向冯跋建言："这股赤气是兵气，现在大魏威制六合，而我们却扣留他们的使臣。自古以来，未有相邻国家不通和好的，违背了礼仪，惹怒了邻国，是自取亡国之路。恐怕有一天大魏的军队会突然来到，必定为其所灭。应当放回以前的大魏使臣，以修好求和。"

冯跋说："让我再考虑一下，如何处置这个问题。"

不久，北魏果然兴兵讨伐北燕，并很快进抵昌黎。冯跋率兵固守，魏军一时无法攻克，掳掠北燕一万余家民户，班师回国。

太平二年（410）十二月，冯跋的弟弟冯万泥和冯乳陈联兵发动叛乱。

起初，冯万泥兄弟自以为是王室宗亲，又有建基立业的功劳，满可以在朝廷担任三公①，辅佐朝政。

可是，冯跋认为幽、平二州和并、青二州是地方重镇，特派他们前去镇守，并且很久也没有召二人回京。对此，冯万泥兄弟十分怨恨。

冯乳陈性情粗犷，勇力过人。他暗中遣人到冯万泥处，说："我有一项重大的谋划，愿与兄长共图大业。"

冯万泥遂奔往白狼（今辽宁省喀喇沁左翼蒙古族自治县西南），与冯乳陈一同举兵反叛。

---

① 三公：曾是古代共负军政的最高长官的官职，各朝名号不同。秦汉以来的三公包括丞相、太尉、御史大夫或司马、司空、司徒等。此指参掌朝政的高级官职。

冯跋立即命汲郡公冯弘与卫将军张兴率领二万人马前去讨伐。

冯弘先派人晓以利害得失，对他们说："过去我们兄弟一起乘时而起，夺得天下。人们以为天命所归，民望所系，所以共同拥戴兄长登上王位。王兄裂土分封，我们当与兄长一起治理天下，为何同室操戈，兵戎相见？你们一时冲动，做出越轨的事情。但是，人不怕有过，贵在能够改正。那样的话，真是莫大的善事了。我们应当捐弃前嫌，同心协力辅佐王室。"

冯万泥深为冯弘这一番肺腑之言所感动，打算罢兵，降服朝廷。

可是，冯乳陈手握长剑，怒气冲冲地说："大丈夫死生有命，现在是决定生死存亡的紧急关头，怎么能归降呢？"

冯乳陈让冯弘的使者复命，约定第二天交战。

卫将军张兴向冯弘献策说："叛军声称明日出战，今天晚上必定劫我营盘，应该命令三军将士严密防守，以备不测。"

冯弘遂密令将士们，每人准备十束干柴，做好埋伏，以待叛军。

入夜之后，冯乳陈果然派出一千余人的部队前来偷营劫寨。

叛军刚刚进入营盘，冯弘立刻令伏兵点燃事先准备好的干柴，齐声呐喊拼杀。顷刻之间，把叛军砍杀殆尽。

冯乳陈无力再战，出城请求投降，被冯弘斩首。

太平三年（411），柔然汗国的霭苦盖可汗郁久闾斛律派使者到北燕进贡三千匹马，向冯跋求娶冯跋之女乐浪公主为妻。

柔然是当时雄踞漠北的一个游牧民族，以前与北燕没有发生过联系。冯跋对柔然可汗求婚一事拿不定主意，便命群臣进行商议。

冯素弗等人议论之后，对冯跋说："以往的朝代，都以宗室女儿出嫁夷族，但只限于妃嫔所生之女。乐浪公主不适合下嫁与我不同的异族。"

冯跋不同意这种意见，说："女人生来注定要从夫君嫁到千里之外。我如今要在蛮荒之地的夷族中树立威信，怎么能以别人替代乐浪公主而欺骗人家呢？"遂派遣游击将军秦都率领二千骑兵，护送乐浪公主嫁于柔然可汗。

后来，柔然郁久闾斛律可汗打算把女儿嫁给冯跋。

斛律兄长之子步鹿真建言："幼女远嫁异邦，使人忧虑思念，最好是以大臣树黎等人的女儿作为陪嫁的媵妾。"

斛律没有接受步鹿真的意见。

步鹿真却对树黎等人说："斛律想把你们的女儿当作陪嫁的媵妾，远送他乡。"

树黎听到这一消息，大为恐惧，遂与步鹿真秘密谋划，网罗一批勇士，趁黑夜埋伏在斛律可汗篷帐附近。斛律出来时，他们立刻把他劫持，并连同他的女儿一起送到北燕。

然后，树黎等人拥立步鹿真为可汗。不久，步鹿真被大檀所杀，大檀自称可汗。

斛律被送到龙城，冯跋封他为上谷侯，安置在辽东（今辽宁省辽阳市），以客礼相待，并纳其女儿为昭仪。

斛律日夜思念故国，便上书冯跋，要求送他回国。

冯跋说："如今，你远离国家万里之遥，国内又没有人接应。我如果派出大军护送你，那样的话，运送粮秣辎重会有困难；假如只出动少量兵力，则不足以助你夺回汗位。你怎么能够平安地回去？"

斛律坚决请求，说："不需要大军，只给我三百名骑兵，把我送到敕勒 ①，我的臣民会十分高兴地前来迎接。"

冯跋遂派单于前辅万陵率骑兵三百人护送斛律回国。

万陵惧怕长途跋涉，把斛律送到黑山（今内蒙古自治区包头市西北），将他杀死，然后率兵返回。

太平六年（414）五月，河间人褚匡向冯跋进言："陛下在这里登上王位，贵为天子，家乡本族和故旧亲友都仰首东望，度日如年。请准许我前去，把他们接来。"

冯跋十分忧虑地说："两地相距数千里，道路遥远，其间又隔着异国他邦，如何能把他们接过来？"

褚匡进一步申述说："章武郡（今河北省大城县）东部濒临大海，船舶可以通航。我先从陆路到辽西郡临渝县（今河北省秦皇岛市抚宁区东），并不困难。"

冯跋允许，任命褚匡为游击将军、中书侍郎，并给予大量费用，派他前往。

褚匡很快就与冯跋的堂兄冯买、堂弟冯睹，从长乐率领五千余户回到龙城。

冯跋的弟弟冯丕先前逃难到高句丽。冯跋派人把他找回，任命为尚书左仆射，封常山王。

太平七年（415），冯跋诛杀居功自傲的孙护及其两个弟弟。

---

① 敕勒：当时与柔然毗邻的少数民族。

当初,冯跋在起事的时候,曾得到北部司马孙护的帮助。冯跋称天王后,擢升孙护为侍中、尚书令,封阳平公。孙护的弟弟孙伯仁被任为昌黎尹。

一天,孙护家里发生猪犬交配的怪异现象。孙护见后十分厌恶,遂召来太史令闵尚进行占卜,以明吉凶。

闵尚占卜之后,对孙护说:"猪犬本不是同类,二者交配,违反了动物的习性。这在《洪范》一书中被认为是犬祸,它将预示着发生变乱,甚至招致败亡。如今,你已经位极人臣,朝野上下远近闻名,十分显赫。诸位弟弟都封侯拜将,富贵不逊于王室。家里的怪异现象正是由此而发,非为其他。但愿谨慎从事,不要出现差错失误,这样或许可以消灾弭祸,永远保持大吉大利。"

孙护听后,默默不语,心中仍感不快。

孙伯仁及其弟弟孙叱支乙拔都很勇武,而且很有才干。他们跟随冯跋起事,建立了大功。

孙伯仁兄弟要求授予开府仪同三司①,没有获准,遂对冯跋怀有怨恨。

每当朝廷宴饮之际,孙伯仁兄弟常常拔剑击柱,大声呼叫:"我们兄弟在兴建大业过程中,都出了力,立过功。如今却担任散将而不得开府。这哪里像汉高祖建基立业后那样讲情义啊!"

冯跋闻言大怒,下令将孙伯仁和孙叱支乙拔处死。

为了安抚孙护,冯跋擢升他为开府仪同三司、录尚书事。

孙护失去两个弟弟,虽然提升了职务,但仍然闷闷不乐,心怀不满。冯跋

---

① 开府仪同三司:原指设立府署,自选僚属。汉代仅以三公、将军、大将军可以开府。魏晋以后,开府的逐渐增多,因此有开府仪同三司的名号,意即开府置官,援三公(亦称三司)成例。十六国各政权的州刺史,多以将军开府,都督军事。

遂命人用药酒毒杀了孙护。

不久，辽东太守务银提由于自认为对北燕立有大功，却被排斥在朝廷之外，安排到边郡任职，而心怀不满。

他上表直言怨愤之情，并且暗中谋划外叛。

冯跋盛怒之下，下令把务银提处死。

冯跋晚年，北燕境内连续发生地震山崩，连皇宫右侧的寝殿都遭到损毁。

冯跋召见太史令闵尚，问他："近年来屡次发生地动的灾变，你可向我明言其中的缘故。"

闵尚回答说："大地，属阴，主宰百姓的命运。地震分为左右，近年的地震都发生在右方，我预料恐怕百姓将要向西移动。"

冯跋听后，颇有同感，说："我也甚为忧虑这样的事情发生。"

北燕太平二十二年（430）八月，冯跋身染重病。他命人把中书监申秀、侍中阳哲召入寝宫，托付后事。

九月，冯跋病势更加沉重，已经不能走动，只好乘辇车来到朝堂，命太子冯翼摄理国政。

当初，冯跋立长子冯永为太子。冯永死后，又立次子冯翼为太子。冯跋的嫔妃宋夫人打算在冯跋死后让自己所生之子冯受居继承大位，因而对冯跋命冯翼主持朝政深感不满。

于是，宋夫人对冯翼说："主上的病很快就会痊愈，恢复元气。你怎么能急于代替父王君临天下呢？"

冯翼的性情一向仁慈软弱，认为庶母的话很有道理，遂又回到东宫，每天照例入皇宫向父王问安。

冯翼既然不再摄理朝政，宋夫人便假传圣旨，断绝朝廷内外的联系，有事只派宦官相互传话。

冯翼和他的弟弟以及所有大臣都不能觐见冯跋，无法了解宫中内情。只有给事中胡福因为掌握禁卫部队，还可以出入宫廷。

胡福十分担忧宋夫人的阴谋得逞，便把这种危急的情势告知司徒、录尚书事、中山公冯弘。

冯弘随即率领数十名武士攻击后宫。

后宫的禁卫军不战自溃，宋夫人急忙下令封锁东阁。

冯弘家中的僮仆库斗头动作敏捷，又有勇力。他翻墙跳过阁门，进入寝宫，射杀一个惊慌失措的宫女。

这时，冯跋正病卧床上，闻知发生兵变，深受震骇惊恐，霎时气绝身亡。

冯弘乘势来到朝廷，登极即位，改年号太兴，并立即派人到城内宣告："上天降下大祸，先王驾崩，太子不在病榻前侍奉，群臣也不来奔丧，难免使人怀疑这里面有什么阴谋，国家将陷入危难之中。我以天王小弟的身份，登上大位，以安定社稷。文武百官凡是立即赶赴朝廷的，全部晋升两级。"

太子冯翼统率东宫侍卫军攻击冯弘，兵败被杀。

接着，冯弘把长兄冯跋的一百多个子孙，全部处死。

冯弘谥冯跋为文成皇帝[①]，庙号太祖[②]，安葬于长谷陵。

冯弘，字文通，是冯跋最小的弟弟，也是冯太后的祖父。

北燕建立时，任命冯弘为征东大将军，兼中领军，封汲郡公。

---

① 谥：古代帝王死后，继位者和官员们所给予的表示褒贬的称号。

② 庙号：帝王死后，在太庙立室奉祀时特立的名号。

冯跋继承天王位，冯弘被任为尚书左仆射，改封中山公，仍兼任领军，又历官司徒。

冯弘位崇权重，内掌禁军，外总朝政，深受冯跋倚重。

北燕太兴二年（432）六月，北魏派兵征伐北燕，大军很快抵达辽西（今河北省迁安市）。

冯弘立即派遣侍御史崔聘携带牛、酒，前往辽西犒赏魏军。

不久，北燕的石城太守李崇等十郡郡守，在魏军的强大攻势下，纷纷投降。

北魏大军顺利推进到龙城附近，开始修筑长墙，挖掘深沟，将龙城重重包围起来。

八月，冯弘调遣数万军队出城与魏军交战。

昌黎公冯丘击败一部分围城魏军，俘杀一万余人，使龙城摆脱了危机。

九月，北魏征讨大军班师回国，把北燕三万余户百姓强迁到北魏境内。

尚书郭渊劝说冯弘，向北魏呈送降书，奉献女儿，乞求做北魏的附庸。

冯弘说：“我们两国之间，早就结下怨仇，相互痛恨至深。降服仍不免一死，不如坚守城池，等待变故。”

当初，冯弘的原配夫人王氏生育长乐公冯崇。冯崇在兄弟当中年纪最大。

后来，冯弘废黜王氏，由慕容氏正位中宫，遂改立慕容氏所生之子冯王仁为太子。

冯崇失去太子地位，被派遣镇守肥如（今河北省卢龙县）。

冯崇的同母弟弟（即冯太后的父亲）、广平公冯朗和乐陵公冯邈共同商议说：“如今国家将要灭亡，无论是聪明人还是愚昧者，都清楚这个形势。然而，父王听信王后的谗言，使我们兄弟随时都可能被杀。"

于是，冯朗和冯邈一同逃往辽西，劝说兄长冯崇归降北魏，冯崇表示同意。

正在这时，北魏派出给事中王德前来招降冯崇。

北燕太兴二年（432）五月，冯崇派冯邈前往北魏，献出辽西郡，自己准备随后就投奔北魏。

冯崇被北魏任命为都督幽平、东夷诸军事、车骑大将军、幽平二州牧，封辽西王，录封国尚书事，以辽西等十郡为采邑，并授予代表朝廷行使委任封国的尚书、刺史及征虏将军以下杂号将军的职权。

冯朗被任命为秦、雍二州刺史，封西郡公。

冯崇上书请求前往龙城，劝说父王降附北魏，未得准许。

北燕太兴四年（434）五月，冯弘派尚书高颙前往北魏，上表请罪称藩，并表示愿意把女儿送入太武帝拓跋焘的后宫。

拓跋焘准许，冯弘的女儿（即冯太后的姑母）后来成为拓跋焘的左昭仪。

与此同时，拓跋焘下诏，征召北燕太子冯王仁入侍北魏。

不久，冯弘派人送回以前出使北燕的北魏使臣于什门。

于什门在北燕囚禁了二十一年，始终不肯屈服。

于什门回国后，太武帝拓跋焘下诏予以表彰，把他比作汉武帝时出使匈奴的苏武，并任命为治书御史，赏赐一千只羊、一千匹帛。

冯弘拒绝把太子冯王仁送到北魏当质子[1]。散骑常侍刘滋提醒冯弘说："从

---

① 质子：如同人质。古时派往别国去作抵押的人，多为帝王之子，故名质子。

前，蜀汉的后主刘禅拥有崇山之险，东吴的末帝孙皓拥有长江之阻，但结果都被灭国，做了俘虏。为什么会这样呢？只因强弱之势相差悬殊。如今，我们国力比蜀汉、东吴更衰弱，而魏国的强大却远远超过当时的晋朝。在这种形势下，如果我们不能满足他们的要求，恐怕将有亡国的灾难。但愿早日把太子送过去，然后修明政治，安抚百姓，招集流民，赈济灾荒，奖励农桑，减轻赋役，我们的国家或许还可以保全。"

冯弘听后大怒，下令把刘滋处死。

不久，北魏派遣抚军大将军、永昌王拓跋健等率兵征伐北燕。魏军收取大量庄稼，强迁许多民户，班师回国。

北燕不断受到北魏的军事进攻，无力抵抗，便派遣使臣前往建康（今江苏省南京市），向刘宋王朝进贡称藩。

宋文帝刘义隆下诏，封冯弘为黄龙国主、燕王。

冯弘又派遣大将汤浊到北魏进贡，并声称太子冯王仁有病，以说明没有入侍的理由。

北燕太兴五年（435）六月，北魏派遣骠骑大将军、乐王平拓跋丕和镇东大将军屈垣率兵征伐北燕。

冯弘命人送去牛、酒，予以慰劳，并呈献铠甲三千副。

北魏将领屈垣责备冯弘不送太子之过，然后班师回国。

由于北魏连年征伐掳掠，北燕的疆土日益缩减，国势垂危，朝野上下，人人恐惧忧愁。

太常杨嵋再一次劝说冯弘，最好是尽快把太子冯王仁送到北魏，去做人质。

冯弘说："我实在不忍心做这样的事情。如果形势危急到无法挽救的地步，我打算暂且去投依东部的高句丽，以便等待时机，再图大计。"

杨崏说："魏国集中天下的力量攻击我们这一个小角落，没有攻不破的道理，而高句丽一向不守信义，如果前去投靠，开始的时候，可能对我们很亲善友好，但最终恐怕发生变化。"

冯弘拒不听从杨崏的劝告，决定派尚书阳伊秘密出使高句丽，请求派兵救援接应。

北燕太兴六年（436）二月，冯弘又派人前往北魏进贡，表示马上把太子冯王仁送去。

北魏太武帝拓跋焘没有允准，并准备出兵征讨北燕。

北魏在征讨大军出发之前，派出十几个使节分别前往高句丽等国，晓谕对北燕采取军事行动，各国不得出兵干预。如果冯弘出逃，也不得收留庇护。

高句丽应冯弘的请求，派遣将领葛卢孟光率骑兵数万人，跟随北燕使臣阳伊前往龙城，迎接冯弘君臣，先暂时驻扎临川（今辽宁省朝阳市）。

这时，北燕尚书令郭生因官民都不愿意迁往千里之外的异国他乡，便打开城门，迎接北魏大军入城。

可是，北魏围城军队怀疑有诈，不敢贸然进城。

郭生又集结军队，攻击冯弘。

冯弘急召高句丽派来的骑兵，从东门入城，在皇宫前抵御郭生。

郭生身中流箭而阵亡，他率领的兵士也溃散逃亡。

葛卢孟光挥军夺取府库，命士卒脱掉身上的破旧军服，换上新装，丢弃手中的旧兵器，挑选精良的刀枪。然后，高句丽的军队在龙城大肆抢掠。

五月，冯弘带领龙城的居民，在高句丽军队保护下，向东迁移。

在临行之前，冯弘下令焚毁宫殿，大火燃烧十几天而不熄。

冯弘命随行的妇女身穿铠甲，集结在军队中间。阳伊等率精兵在两侧护卫，葛卢孟光率骑兵殿后，队伍前后长达八十余里。

北魏安西将军古弼的部将高苟子打算率骑兵追击。正巧，古弼醉酒，拔出佩刀予以制止，冯弘遂平安离去。

北魏太武帝拓跋焘得知后，十分气愤，命人把古弼和平东将军娥清装入囚车，押回京城。

拓跋焘又派散骑常侍封拔出使高句丽，责令他们把冯弘送回北魏。

高句丽国王拒绝北魏的要求，派遣使臣上表请求："准许我们与冯弘一起接受魏国的教化。"

拓跋焘认为高句丽违抗命令，准备征调陇地（今甘肃省东部）的骑兵，对高句丽发动进攻。

尚书令刘絜劝阻说："秦陇一带是新近归附的地区，对那里的百姓应当免除徭役，等到他们财富充实，然后再行征用。"

乐平王拓跋丕也建议说："龙城刚刚平定，应在那里大力发展生产，以积蓄军用物资，以后条件成熟，再出兵攻击，那样一举就可以灭掉高句丽。"

拓跋焘听从群臣的意见，遂停止进攻高句丽的军事行动。

冯弘被高句丽迎到辽东（今辽宁省辽阳市）之后，高句丽国王高琏派出使臣前去慰劳，并对他说："龙城王冯君，迁居到这郊野之地，人马都很疲劳吧？"

冯弘对高句丽国王这种把自己当作部属的态度，感到十分羞愧和愤慨。于是，他便以君主的身份，下诏斥责高琏。

后来，高琏派人把冯弘安置到平郭（今辽宁省熊岳镇）。不久，又送其到北丰（今辽宁省瓦房店市境内）。

冯弘以前一向轻视高句丽，自从投依之后，他仍然与在北燕做天王时一样，自行其政。

高琏对冯弘的行为不能容忍，遂强行夺走他身边的侍从，并拘押太子冯王仁充当人质。

冯弘极其怨恨高琏，便暗中派人前往刘宋王朝，请求出兵营救。

宋文帝刘义隆派王白驹等人出使高句丽，命高琏准备好行装，送冯弘南还宋国。

高琏不愿让冯弘离去，遂命将领孙漱、高仇等人在北丰把冯弘杀掉，并把他的十几个子孙全部诛杀。谥冯弘"昭成皇帝"。

北燕从高云算起，立国三十年。从冯跋称天王到冯弘亡国，冯氏掌握北燕政权二十八年。

北燕灭亡后，冯太后先祖的辉煌时代结束了。冯氏家族盛极而衰，成为北魏的臣民。

冯太后的家族虽然经历了高山深谷的巨大变迁，但是她的伯父冯崇及父亲冯朗作为北燕的皇族，而且在北燕灭亡之前归降北魏，任官封爵，位至王公，冯太后的一位姑母又被拓跋焘纳为昭仪。因此，冯家在北魏仍有一定的权势和地位。这对冯太后入主北魏后宫，产生了很大的影响。

第四章

弑太上独揽朝纲

冯家族再度辉煌

冯太后在拓跋弘退位之后，辅佐幼主拓跋宏执掌朝政的过程中，与太上皇拓跋弘的矛盾日益加深。

拓跋弘禅位后，虽然移居崇光宫，常与僧侣参禅悟道，表面上似乎过着隐居的世俗生活。可是，他在实际上并没有脱离政治活动和权力之争。这位太上皇仍然过问和处理国家的重大事务。他不仅经常发表政见，有时还到各地巡视民情，考察地方官吏，并曾多次率兵北征柔然，南伐刘宋。

拓跋弘的上述活动，表明他在实际上仍是北魏政权的操纵者。这对于冯太后来说，无疑是她实现独掌朝政的一大障碍，甚至是一种威胁。

冯太后不能容忍太上皇的继续存在，于是在北魏延兴六年（476）六月，命人在食物中投放药物，毒杀了拓跋弘。

拓跋宏为父皇拓跋弘上谥号献文皇帝，庙号显祖。

这时，在位的皇帝拓跋宏年仅十岁。冯太后被尊为太皇太后，又一次执掌北魏的军国大政。

拓跋宏对冯太后一向十分孝顺，现在更加尊崇敬肃，事无大小，全部禀告太皇太后裁决。

一 大权独揽

经过一番紧张而激烈的斗争，冯太后终于牢牢地控制了北魏的最高统治权。

冯太后为了稳固执掌朝政的地位和权力，恩威并施，宽赦与诛杀兼用。

冯太后对拓跋弘宠信重用的文武官员，大加贬黜和杀戮。

代北人万安国曾是拓跋弘的心腹。其先祖为部落首领，祖父万真率部众随同拓跋焘征战，以功授平西将军，封敦煌公爵，累官至骠骑大将军、开府仪同三司。

万安国的父亲万振在拓跋浚时，娶高阳公主，拜驸马都尉，官至散骑常侍、宁西将军、长安镇将，赐爵冯翊公。

万安国聪明敏捷，体健貌美。他在拓跋弘时娶河南公主，拜驸马都尉，任散骑常侍。

拓跋弘对万安国特别亲宠，经常与他同室共寝，又为他建造宅第，赏赐多达数万。拓跋弘又越级擢拔他为大司马、大将军，封安城王。

可是，拓跋弘刚刚去世，冯太后便以伪造诏令谋杀私家仇人的罪名，命万安国自杀。

陆定国，为陆俟之孙、陆丽之子。陆氏父祖历仕拓跋嗣、拓跋焘和拓跋浚，立有殊勋。

陆丽在乙浑专权时被害。陆定国自幼丧父，拓跋浚把他收养在宫中。陆定国常与拓跋弘在一起玩耍游乐，两人关系亲密，情同手足。

拓跋弘即位后，任命陆定国为散骑常侍，特别赐封东郡王，加授镇南将军。后来又越级提升为司空。

在拓跋弘去世不久，冯太后就以"依恃恩宠，不遵法度"为由，罢黜陆定国所有官职和爵位，发配军中当兵。

冯太后对拓跋弘宠妃李夫人（拓跋宏生母）家族，更是毫不留情。

李夫人为中山（今河北省定州市）人，其祖父李益在拓跋焘时入仕北魏，历任殿中尚书、都官尚书、左将军，封南郡公。又娶拓跋焘妹妹武威公主，拜驸马都尉。后来官至侍中、尚书左仆射。

李夫人之父李惠历任散骑常侍、侍中、征西大将军、秦益二州刺史等职，晋爵中山王。

李惠为官理政，长于思考，明察秋毫。他在雍州刺史任上时，官府正厅房梁上有两只燕子争巢，一连几天，争斗不已。李惠令属下官员们审理两只燕子争巢一案，判断谁是谁非。大家都推辞说："这样的事情只有上智之人能够推测，不是我们这些下愚之人所能知晓的。"

于是，李惠让一个兵士用软竹弹射两只燕子，不一会儿，一只飞走，一只仍旧不动。

李惠对众人说："这只留下来的燕子留恋自己筑的巢，宁可忍受弹射之苦，也舍不得离去。而飞走的那只燕子，则经不起痛苦，轻易地飞走了。"

一次，有两个分别担着食盐和柴草的人，一起放下担子在树荫下休息。当要挑着担子继续赶路时，两个人为了一张羊皮争吵起来，他们都说这张羊皮是自己垫肩之物，并为此来到州府要求公断。

李惠把这两个人送出去等候，回头对综理府事的官员说："可以通过拷问这张羊皮，搞清它的主人是谁吗？"

大家认为他是在说笑话，谁都没有回答。

李惠令人把羊皮放在一张席子上，以行刑用的木杖击打一阵。结果，打出不少盐屑。

李惠说："得到实情了。"然后让两个争羊皮的人前来观看，那个挑柴草的人当场认罪伏法。

拓跋弘在位时，擢升李惠为开府仪同三司、青州刺史，他也有很好的政绩和声誉。

可是，冯太后一向忌恨李惠。在拓跋弘去世后，冯太后便令人诬告李惠企图叛投南朝刘宋，遂下诏把他诛杀。李惠的弟弟李初、李乐及其所有的儿子，因受牵连而同时被杀，并没收全部家产。

因为李惠无罪而被杀，所以朝野上下有很多人感到冤枉，深为痛惜。

李诉因检举李敷、李奕的罪行，受到拓跋弘的信任和重用，却为冯太后所忌恨。

李诉在拓跋弘时任仓部尚书，他对卢奴（今河北省定州市）县令范标十分宠信。

李诉的弟弟、左将军李瑛提醒他说："范标这个人一向能以笑脸迎人，并以财货结交权贵。他鄙视德义而看重势力，听他说的话，比蜜还甜，而观察其行为，却十分邪恶。不早一天与这样的人断绝来往，会后悔莫及。"

李诉对弟弟的忠告，非但听不进去，反而还把自己心中秘密的事情，也都告诉了范标。

宦官赵黑在拓跋弘时担任尚书，并与李䜣同在选部任职，两人都深受拓跋弘的宠信。

后来，李䜣打算任用中书侍郎崔鉴为徐州刺史、北部主书郎公孙处显为荆州刺史、选部监公孙邃为幽州刺史。

赵黑对于李䜣滥用职权，提拔重用自己的亲信，十分不满。遂在朝会时与李䜣争论起来。

赵黑说："以功劳授任官职，给予相应待遇，这是国家的常典。担任中书侍郎、尚书主书郎、诸曹监这样官职的官员，即使功劳和才能都好，也不过升任郡守。现在，李䜣却把他们任为州刺史，我实在感到疑惑。"

拓跋弘也认为不合适，并且明确指出："公孙邃不能任幽州刺史。"

从此，李䜣与赵黑互相怨恨，成为仇人。

不久，李䜣揭发赵黑以前担任监藏时，曾贪赃枉法，盗窃国家府库财货。赵黑因此而被罢黜，充当城门卫士，看守城门。

赵黑对李䜣恨入骨髓，并为此而整天唉声叹气，食不甘味，寝不安席，时刻都在想方设法对李䜣进行报复。

拓跋弘去世之后，赵黑向冯太后秘密告发李䜣弄权专横。于是，冯太后把李䜣从朝廷调出，担任徐州刺史。

范标得知冯太后因李䜣曾受到拓跋弘的宠信而对他十分厌恶，便向冯太后揭发李䜣私通外国，阴谋叛逃。

冯太后立即召回李䜣，予以审问。可是，李䜣坚决否认，向冯太后申明根本没有这种事情。

冯太后命范标当面作证。李䜣对范标说："你今天栽赃陷害，诬告我有反叛大罪，我还能说什么？可是，不可理解的是，你受我的恩惠如此之厚，怎么忍心下此毒手！"

范标说："我受你的恩惠，怎能比得上你受李敷的恩惠？你忍心对李敷下毒手，我为什么不能忍心也如此对待你？"

李诉听后，连声叹息，说："我当初不听李瑛的劝告，真是后悔莫及。"

赵黑又借机罗织许多罪名，诬陷李诉。

冯太后下令，把李诉和他的儿子李令和、李令度一起斩首。

李诉死后，赵黑因为已经报仇雪恨，寝食才恢复正常。

冯太后不仅对拓跋弘生前宠信过的官员大肆罢黜和诛杀，而且还利用种种机会消除拓跋弘的影响。

在拓跋弘的神主（祭祀牌位）放入皇家祖庙时，有关部门上疏奏请："依照以前的惯例，掌管宗庙的官员，都应该加封爵位。"

可是，秘书令程骏提出意见，说："加封爵位，赏赐采邑，是帝王最重视的事情。能得到封爵的人，无非是帝王的近臣或贤才，或者是对国家有功劳有贡献的人，从来没有听说因为先帝神主入庙而有关的官员受封爵位的。以前，皇家这样做过，那也是一时的恩宠，怎么可以作为后世的法则继续实行？"

冯太后对程骏的意见极为赞同，并借机对群臣说："凡是议论国家大事，都应当依照古代的典制常法，不可一味地援引前朝惯例。"

冯太后因程骏的意见正合她的心愿，所以特别赏赐给他衣服一套、绸缎二百匹。

但与此同时，冯太后对一些怀念拓跋弘的节义之士，予以特殊表彰，以笼络民心。

恒农北陕（今河南省三门峡市陕州区）人王玄威，在拓跋弘去世之后，于州城门外建起一座草庐，然后身穿丧服，每天只吃些菜粥，还不时悲恸哭泣。

本州刺史苟颓把这件事上奏朝廷，冯太后诏令询问详细情况。

王玄威禀告说："先帝（拓跋弘）君临天下，百姓深受恩惠，凡是活着的人，莫不敬仰万分。因此，在先帝离开我们之后，我不胜悲痛。"

冯太后又诏问王玄威有什么愿望和要求，可以上疏陈述。

王玄威说："听到大丧的消息，我觉得为臣如同为子，对君主和父祖只是悲痛和怀念，没有什么渴求。"

在拓跋弘去世百日这天，王玄威变卖自己的全部家产，置备素食，以供前来参加祭祀仪式的四百人餐饮。

拓跋弘去世一周年时，王玄威又设置供一百名僧侣吃的素食，进行祭祀活动。

到了除服那天，冯太后派人给王玄威送去一套白绸衣服，让他换下丧服。并责令州刺史，对王玄威予以大力表彰。

代北人娄提，在拓跋弘时曾任内三郎。他得知拓跋弘去世的消息后，对别人说："圣明的君主离开我们远去了，我还活着有什么用？"说完便拔出佩刀自杀，几乎致死。

冯太后下诏，赏赐娄提二百匹帛。

冯太后还对拓跋族权贵和汉族大族人物，施以恩典，加以笼络。

拓跋丕曾在诛除乙浑时立过大功，冯太后临朝称制后，任命他为侍中、司徒公，封东阳王。

拓跋丕之子拓跋超出生时，冯太后亲自前往其宅第，特别加以赏赐。冯太后还下诏，为拓跋丕建造一座最好的府第。竣工时，冯太后率文武百官前去祝贺。后来，拓跋丕又被擢升为太尉、录尚书事。

此外，冯太后对淮南王拓跋他、淮阳王尉元、河东王苟颓和尚书游明根等元老重臣，都待以优礼，赏赐舆马和大量金帛。每逢遇有军国大事，便把他们召入宫中，一起商议。

冯太后还重用一批才貌俱佳之士，王叡、李冲等继续参掌机要，并作为冯太后的男宠，经常陪伴她度过理政之余的寂寞时光。

冯太后又宠信和重用一批宦官，以他们充当心腹和耳目，形成执掌朝政所依靠的重要力量。

冯太后宠信的宦官有王琚、王质、张祐、抱嶷、王遇和苻承祖等人。

王琚，高平人，于拓跋嗣时受宫刑没入宫中。他做事一向谨慎守节，从而受到信任和重用，升任为礼部尚书，封广平公爵，加授宁南将军。

冯太后临朝称制后，任命王琚为散骑常侍，又擢升其为侍中、征南将军、冀州刺史，晋爵广平王。

冯太后与拓跋宏东巡冀州时，驾临王琚家里探视，关怀备至。

后来，王琚调回京城，冯太后准其养老于家，先后赏赐的车马、衣服、杂物，不可胜数。

王质，高阳人，因家人犯罪而自幼被阉割，入宫充当宦官。

冯太后擢升王质为秘书中散，加授宁朔将军，封永昌子爵，兼掌御监。后来，他又升任选部尚书，加授员外散骑常侍，晋爵为侯。

王质在出任瀛州刺史期间，颇有政绩，但理政暴虐，号称"威酷"。

张祐，安定人，因父亲张成犯罪被杀而受宫刑，于拓跋焘末年入宫，官至散骑常侍，封黎阳男爵。

冯太后对张祐极为宠爱，越级提拔他为尚书，加授安南将军，晋爵陇东公，与王叡等人俱入"八议"[①]。

冯太后为表彰张祐的忠诚，专为他建造上等豪华府第，后又赐爵新平王。

张祐性情恭顺缜密，在宫中任职二十余年，未有任何过失。冯太后对他长年累月予以赏赐，其家产多得无法计量。

冯太后赐予张祐与王质等十七人铁券[②]，以示特殊恩宠。

抱嶷，安定人，自幼与母亲一起没入宫廷，遂为宦官。他办事小心谨慎，谦恭奉上，历任中常侍、殿中侍御、散骑常侍、大长秋卿等职。在执掌宣达诏令、参预机密政务过程中，敢于直言，受到冯太后的褒奖。

冯太后外出，抱嶷陪乘，入宫则导引。冯太后赏赐给他奴婢、牛马，数以千计，其他财物不计其数。直到他的弟弟抱老寿死后，他家尚有奴婢六七百人，马、牛、羊等其他财产也相当多，兄弟二人成为当时有名的富室。

苻承祖，略阳氐族人，因犯罪受宫刑，入宫为宦官。冯太后任命他为给事中、散骑常侍、辅国将军，封略阳公爵。后又加授侍中，掌管都曹事。

冯太后赐予苻承祖铁券，并为他建造上等豪华住宅。

这些宦官为了保持自己的权位和获取更多的物质利益，对冯太后忠心耿耿，甚至不惜以死相报。

冯太后的宠臣之中，有许多才学之士，为其出谋划策。李冲就是一个突出

---

① 八议：古代有八种人犯了罪，经过君主与大臣议论决定，可以得到免刑和减刑。被议的范围包括议亲、议贵、议故等。

② 铁券：古代朝廷颁赐给功臣的铁契，其本人及后世犯罪，以此为证，可推念其功，予以赦免或减刑，取坚久之义，故以铁为之。

的代表人物。

李冲在冯太后临朝称制期间，历任要职，参掌朝政。他学识渊博，目光远大，不仅在鲜卑贵族中倡导儒家思想和汉族先进的统治经验，而且佐助冯太后推行社会改革，参与制定各项政治、经济制度和政策措施，为北魏的发展进步作出了重大贡献。

冯太后身处执掌朝政的至尊地位，能够勤于理政，崇尚节俭，不好奢华，对自己的生活要求则比较简单，对待侍从也比较宽厚。她的衣着和陈设都不十分讲究，用膳标准比皇家惯例减少十分之七八。

一次，冯太后患病，御厨在晚上给她送粥，里面有一只蜥虎（一种爬行类小动物）。冯太后发现之后，用汤匙把它舀出去，又照样吃起来。

当时，拓跋宏在场，见状大怒，立即命人逮捕送粥的厨夫，处以极刑。

冯太后微微一笑，让拓跋宏把他免罪释放。

冯太后在执政中，能够虚心纳谏，择善而从。

太和十一年（487），从春至夏，北魏境内一直少雨，旱灾严重，平城一带尤甚，有许多人被饿死。

冯太后下诏，要求文武官员对朝廷直言无隐，提出建言。

齐州刺史韩麒麟上表，说："古代的贤哲君主治理国家，一定储存足够九年食用的粮食。到了中古时代，也比较重视农业生产，向官府缴纳粮食的人与战场上杀敌的人受到同样的封爵；努力耕田的人与孝顺父母、友爱兄弟的人受到同样的赏赐。如今，京师不靠耕田生活的人口能占三分之二。太平日子过久了，又加上连年丰收，大家互相夸耀财富，铺张浪费，遂成为一时风气。

"富贵人家的孩童以至婢女，都穿华丽的服装，工商之家的奴仆差役都吃山珍海味。而耕田的农夫却连酒糟都吃不饱，养蚕的妇女连蔽体粗布衣裳都穿不全。结果，农夫一天比一天减少，荒田一天比一天增多。国家府库缺乏谷物和布帛，街市上却堆满各种珍贵的货物。很多家庭没有衣服穿，没有粮食吃，可是路上却充满衣着华丽的行人。广大人民受饥寒交迫之苦，原因就在这里。

"我以为，凡是奇异珍贵之物，都应禁止使用，婚丧仪式都应该规定一个标准，鼓励人们努力耕田种桑，严格执行奖赏和惩罚。这样，数年之内，一定会有盈余。以前，检查户籍，使田赋捐税减轻不少。我所管辖的齐州，所征收的谷物仅够文武官员的俸禄，没有多余的可以输入国库。这虽然对人民有利，但是不可能维持长久。万一发生战事，或遭受水旱天灾，对于各方的需要，恐怕无法供应。

"我建议：不妨少征丝织品，多征谷物，丰收之年多多存粮，歉收之年拿出赈济。把人民私有的谷物，寄存在国家的府库。官府有了储存，则民间才无荒年。"

冯太后赞同韩麒麟的意见，诏令有关部门予以实施。

当年十月，冯太后又下诏，撤销起部（掌管营造宫室的机构）对民生无益的营建工程，把宫中不从事纺织的宫女放出皇宫。废除尚方（掌管皇室所用器物的制作机构）所属的丝织手工工场，百姓可以随意织造，不加禁止。

这一时期，由于没有发生过战事，府库储备丰盈，金银布帛堆积如山。

冯太后下诏，把皇家府库中的衣服、珍宝、饮食器具、舆轿车马和宫内库房收藏的弓箭刀枪的十分之七八，以及宫外库房的衣服、布帛、丝绵等，凡不是用以供应朝廷使用的各种财物，拿出大部分赏赐给文武百官，包括工商业者、官府差役，并扩及六镇的边防部队，以及京城附近的鳏夫、寡妇和无依无靠、贫苦、患病的人。

太和十二年（488）十二月，冯太后向群臣征询安定百姓的办法。

秘书丞李彪呈递一份秘密奏疏，提出六个方面意见："富贵豪门之家奢侈挥霍无度，超过他们的身份。对他们的住宅、车马、服装等，应该按照等级作出严格规定，明令遵守。

"国家的兴亡，在于王位继承人的好坏，而王位继承人的好坏，在于所受教育的得失。文成皇帝（拓跋濬）曾经对群臣说：'我从前开始读书的时候，年龄还小，一心贪玩，不能专心致志。后来登上皇位，日理万机，又没有闲暇时间温习往日功课。现在回想起来，不只是我的过错，也是师、傅教导不够严格的缘故。'当时，尚书李诉脱帽请罪。这是大家都知道并且可以作为借鉴的事情。所以，我建议依照古代先例，设立师、傅这样的官职，以培育太子。

"西汉王朝平时设有'常平仓'，遇到荒年，用以救济灾民。去年，京师农业生产歉收，把灾民迁移到丰收地区，以维持生计。这影响人们的正常生活，使他们在遇到贫困之后不得不背井离乡，又对国家造成很大损害。怎么赶得上预先设置粮仓，积存谷物，到需要的时候，就能够及时地发放给灾民？这比起把老弱病残的灾民驱赶到千里之外乞讨度日，岂不更好？所以，应当在各州郡正常赋税收入中提出九分之二，京师全年使用之后剩余的财物，则全部提出，分别交给管理机构。丰收时把这些提取出来的财物变卖之后，再买进谷物，储存入库；歉收时加两分利息，卖给百姓。这样，百姓一定会努力耕田，用以购买官府的丝织品，积蓄钱财，再购买官府的谷物。丰年积存，荒年出售，数年之间，谷物会有储备，而百姓也会家家富足。即使遇到天灾人祸，也不至于造成大大的灾难。

"应当在河表（黄河以南）七州（荆、兖、豫、洛、青、徐、齐）的百姓中，依据门第家世选拔人才，并把他们送到京师。按照中州（指京师及黄河以北各州）官员的任用程序，随时加以任用。这样，一方面可以推广圣朝对新人旧人一视同仁之义，另一方面可以安抚长江、汉水一带百姓归附圣朝之情。

"父子兄弟虽然身体各异，却是同一血缘。而一个人有犯罪行为，并不使他们互相牵连，这是君主的宽厚恩德。至于一个人出了事，父子兄弟会忧愁恐惧，这是当然的，无可非议的。缺乏感情的人，父兄被关押在监狱，其子弟的面上没有悲伤的表情；子弟逃避刑罚，而父兄也毫无惭愧的脸色，却继续安享他们的荣华富贵，在随从的陪伴下，神态自若地游玩，车马衣服都与昔日一样华丽，一点也不改变。骨肉之情，怎么能这样淡薄？我认为父兄犯罪，应当让其子弟改穿素色衣服，袒露胸背，到皇宫门外请罪。子弟犯罪，父兄则应当公开上表，引咎自责，请求辞职。如果职务确实重要，不宜准许辞职的，则可以安慰和挽留。只有这样，才可以激励平庸之人改变人情淡薄的陋习，使人们能够懂得礼义廉耻。

"朝廷官员的父母去世，请假返乡处理丧事。安葬之后，假期届满，即行回来复职。他们照样穿丝织衣服，乘坐豪华的车子，随从君主参加祭祀活动。这实在是伤害做儿子对父母的亲情，有负天地孕育万物的法则。我认为凡是祖父母、父母去世，都应当准许做儿子的服三年之丧。如果没有这个人，职事便要停顿的，则可以颁发诏书给予安慰，令其起复到职办事①。但也只负责大政方针、陈述奏报之类的公务，国家的吉庆大典一概可以不参加。如果身为军职，

①起复：古代官吏遭父母丧，守丧尚未期满而应召复职。

发生紧急情况，则可以令他们把白色丧服染黑，回营服役。虽然不合儒家的礼教，但这样做也是可以的。”

冯太后全部采纳李彪的上述建议。从此以后，国家与百姓都很富足，虽然有时发生水旱灾害，但百姓不再穷困不堪。

二　辉煌浮云

冯太后入主北魏后宫以后，冯氏家族又一次振兴。特别是她两次临朝称制，长期执掌朝政，尊贵无比，遂使冯家再度走向辉煌。但在冯太后去世不久，冯家又迅速衰落下去，再也没有获得复兴。

冯太后的父亲冯朗在拓跋焘时官至秦、雍二州刺史，因犯罪被处死。冯太后临朝称制后，追赠冯朗假黄钺①、太宰，追封燕宣王，后又追谥文宣王，在长安修建一座祭庙，责令当地官员以时祭祀。

冯太后的兄长冯熙生于长安，由姚氏魏母抚养，在其父冯朗被处罚时，魏母携带他先行逃至氐羌部落中，抚育成长。

冯熙长期生活于游牧民族之中，终日习武，因此弓马娴熟，颇有勇力和谋略，致使许多氐羌部落都归附他。

后来，魏母只把冯熙带回长安，让他从博士读书，学习《孝经》《论语》等儒家经典。他尤其喜爱阴阳之学和兵法战术。以后，冯熙又游历于华阴、河

---

① 假黄钺：黄钺，是以黄金为饰的斧。为古代帝王所专用，或特赐专主征代的重臣。受赐者即代表君主出征，对将士有专杀之权。

东二郡一带，广泛交结各种人士。

冯太后入主拓跋浚后宫之后，便派人到处查访兄长冯熙的下落。找到之后，征入京师，拓跋浚任其为冠军将军，封肥如侯。

冯熙娶恭宗拓跋晃女儿博陵公主，拜驸马都尉。后来，冯熙出任定州刺史，晋爵昌黎王。

拓跋弘在位时，冯熙为太傅。拓跋宏即位，秉承冯太后旨意，擢升冯熙为侍中、太师、中书监，兼理秘书省的事务。

冯熙因自己连续担任师、傅这样的显要职务，妹妹又以太皇太后的身份执掌朝廷大权，恐怕群臣由于畏惧其权势而嫉妒，心中常感不安，遂请求到地方任职。

冯太后认为这样也好，于是改任冯熙为车骑大将军、开府仪同三司、都督、洛州刺史（治所在洛阳），原来担任的侍中、太师职务仍然保持不变。

当时，洛阳城屡经战乱破坏，各种建筑和设施损毁严重，但《三字石经》仍然完好无损[①]。

可是，冯熙与常伯夫相继担任洛州刺史时期，《三字石经》惨遭毁坏。

冯熙为官而不务正业，他笃信佛教，用自家的财产在各地修建寺庙及供僧人居住和讲经说法的场所，共计七十二处。又抄写十六部一切经（佛教经典），延聘名僧日夜讲论佛法。所建佛塔和寺庙大多都在峻峭的山腰或风光秀丽的地方，役使的民夫和耕牛死伤无数。

曾有僧侣劝阻冯熙，但冯熙说："修成之后，人们见到的只有寺庙，怎么

---

① 《三字石经》：刻在石碑上的儒家经典。此石经为三国魏曹芳正始年间的刻石，用古文、篆、隶三体，也叫《三体石经》。

知道修建时死伤过人和牛？"

冯熙担任州刺史时，因公务需要，征发大批民女充当奴婢，其中容貌秀美者都被他纳为姬妾，生有子女数十人，所以他便以贪色纵欲而闻名。

后来，冯熙请求回京任职，遂任为内都大官，仍兼任太师。

拓跋宏先后把冯熙的三个女儿纳入后宫，两位曾立为皇后，一位为左昭仪。冯家因此而特别受到恩宠，从而也更加尊贵，朝廷中没有人能比得上。

拓跋宏曾经下诏说："《白虎通》上说：'帝王不可以把妻子的父母作为臣属。'太师（冯熙）上书可以不称臣，朝见时不必叩拜。"但冯熙坚决辞让，上书时照样称臣。

冯熙后来患病，卧床四年之久。拓跋宏频繁派遣御医前往家中，为其诊治，并且多次亲自探视病情。

在将要迁都洛阳时，拓跋宏与冯熙告别，见他病情严重，十分痛苦的样子，禁不住连声叹息，泪流满面。临行前，拓跋宏特别嘱托宕昌公王遇说："太师万一（指去世），你可以监护丧事。"

太和十九年（495），冯熙在平城去世。当时，拓跋宏正在淮河以南与南齐交战。拓跋宏听到冯熙病逝的消息后，立即率军撤至彭城（今江苏省徐州市），为冯熙举行哀悼仪式。

拓跋宏为冯熙服缌麻①，令有关部门制定丧葬礼仪，并且把以前安葬在平城的博陵公主的灵柩与冯熙的梓宫都送往新都洛阳，合葬在一起。

在即将安葬时，拓跋宏下诏，追赠冯熙假黄钺、侍中、都督十州诸军事、

---

① 缌麻：古代丧服名之一。为五服中最轻的一种。丧服用细麻布制成，服期三个月。

大司马、太尉、冀州刺史，加授黄屋左纛①，备九锡②，前后羽葆鼓吹③，全部依照晋朝太宰、安平献王的前例。

有关部门奏请赐予冯熙谥号。拓跋宏下诏说："谥法中具有褒奖含义的美谥'武'的意思是'威强恢远'，可以奉谥号为'武'。"

冯熙的灵柩运抵洛阳郊外七里涧时，拓跋宏身穿丧服前往奉迎，并在灵车前叩拜恸哭不已。

安葬这天，拓跋宏亲临墓地，为冯熙撰写墓志铭，称颂冯熙的功德。

冯熙数十名子女中，冯诞和冯修兄弟二人为博陵公主所生。他俩在十余岁时，被冯太后带入宫中，亲自加以教养。可是，冯诞兄弟二人对儒家经典和各种史书不感兴趣，所以没有什么学问，仅是空有修饰美好、威仪整肃、宽厚谦恭的外表而已。

冯诞与拓跋宏同龄，由于两人自幼在一起读书，所以他深受拓跋宏的宠信。

冯诞娶拓跋宏的妹妹乐安公主，拜驸马都尉、侍中、征西大将军，封南平王。后来，冯诞又历任都督中外诸军事、中军将军、特进。冯修任侍中、镇北大将军、尚书，封东平公。

冯诞虽然没有学识，又长期生活在宫中，但他性情敦厚善良。

冯修的性格和志趣与兄长大不相同，他轻浮好胜。冯诞屡次劝诫，但仍不能使冯修改掉坏习惯。于是，冯诞便向冯太后和拓跋宏禀报冯修的劣迹。冯太

---

① 黄屋左纛：黄屋，古代帝王所乘车上以黄缯为里的车盖。因即指帝王的车。纛，为古时帝王乘舆上的装饰物，用牦牛尾或雉尾制成，因设在车衡的左边，故称左纛。
② 九锡：古代帝王赐给有大功或有权势的大臣具有象征意义的九种物品，包括车马、衣服、弓矢等。
③ 羽葆鼓吹：即古时用鸟羽装饰的车盖；鼓吹，即表演鼓吹乐的乐队，在出行时于乘舆前后表演鼓吹乐。

后和拓跋宏严厉斥责冯修，并把他痛打一顿。

冯修因此对兄长冯诞恨之入骨，遂暗中寻找毒药，并交结冯诞身边一些心怀不满的侍从，打算通过他们把毒药投入冯诞的饭食中，将其毒死。

事情败露后，拓跋宏亲自审讯冯修，并打算把他处死。

可是，冯诞却引咎自责，恳求拓跋宏饶恕冯修。

拓跋宏因当时冯熙年岁已老，又十分尊重冯诞对弟弟的情义，所以不再坚持处死冯修，改为只责打一百余杖，贬黜为平民，令其到平城居住。

冯修的妻子是司空穆亮的女儿，她请求离婚，拓跋宏没有准许。

拓跋宏非常宠信冯诞，经常与他乘坐同一辆舆车出游，在同一张案几上吃饭，以及在同一张席上坐卧，其亲密程度远远超过亲兄弟。

太和十六年（492），拓跋宏任命冯诞为司徒。在颁发任命之前，拓跋宏亲自替冯诞撰写辞让和接受任命诏令时的谢恩奏章。不久，又加授冯诞为车骑大将军、太子太师。

太和十九年（495）二月，冯诞随同拓跋宏南伐。当大军抵达钟离（今安徽省凤阳县东北）时，冯诞身患重病，不能随军行动。

拓跋宏锐意进军江南，遂与冯诞挥泪诀别。当时，冯诞已经奄奄一息，勉强坐起身来，目视拓跋宏，悲痛欲绝地说，他梦见太后（冯太后，当时已经去世）前来呼唤自己。

拓跋宏率军走出五十余里，冯诞病逝。拓跋宏令全军停止前进，就地安营扎寨。

此时，南齐的卫将军崔慧景所率部队距魏军营寨不过百里之遥。

拓跋宏改换轻装，率领数千人，在夜间赶回钟离。他抚摸着冯诞的尸体，放声恸哭，直到天明，声泪不断。然后，拓跋宏发出诏令，命各路兵马中止这次南伐。

拓跋宏派人前往钟离城中，向南齐守将萧惠休通报军中遇有丧事。

萧惠休也派使者到魏军兵营，表示抚慰。

拓跋宏向萧惠休求取棺椁，以盛殓冯诞尸体。然后命一位侍从官员兼任大鸿胪，把灵柩送回洛阳。拓跋宏又命朝廷留守官员，赏赐冯家布帛五千匹、谷五千斛，以供办理丧事之用。

拓跋宏诏赠冯诞假黄钺、使持节、大司马，生前所任司徒、侍中、都督、太师、驸马以及公爵，仍保留不变。同时，又加授特殊礼遇，备九锡，依照晋朝大司马、齐王司马攸的前例，予以安葬。

有关部门奏请赐予冯诞谥号。拓跋宏下诏："按照谥法的规定，'善行仁德'为'元'，'柔克有光'为'懿'。从前，凡是忠贞、仁慈和才德兼备者，可以赠予三种美谥；具备忠贞和勇武两个方面，可以赠予两种美谥。依据大司马（冯诞）生前行为表现，应当确定谥号为'元懿'。"

拓跋宏亲自为冯诞撰写碑文和挽歌，文辞极尽赞美和哀婉之情。

拓跋宏南伐班师回到洛阳后，下诏："冯大司马已经下葬入墓，永远安居于幽静的处所。宿草之哭①，也不能够忘记。"然后又亲临冯诞墓前，停下乘舆而恸哭。

拓跋宏下诏，令群臣一律脱下红色官服，改穿平常衣服，陪同哭悼冯诞。

冯诞的正室乐安公主生有二子，长子冯穆承袭祖父冯熙的爵位，因避讳皇

---

① 宿草：即隔年的草。草经一年，其根陈旧。宿草之哭，指悼念亡友，在墓旁有陈旧草根时，可以停止恸哭。

子的封爵名号，改封扶风郡公。

冯穆娶拓跋宏女儿顺阳公主，拜驸马都尉，历任员外常侍和通直散骑常侍。

冯穆与其叔父冯辅兴一向不和。冯辅兴去世后，追赠相州刺史。冯辅兴的灵柩还放在厅堂中，而冯穆就乘坐高车大马，在接受任职诏令之后，于家里宴请宾客，嬉笑自若。

冯穆的非礼行为受到御史中丞的弹劾。后来，冯穆又进位金紫光禄大夫。

北魏末年，孝明帝元诩时，在尔朱荣发动的"河阴之变"中，冯穆被杀害。追赠司空、雍州刺史。

冯穆之子冯骕，最初承袭祖父冯熙的昌黎王爵位。不久，因拓跋宏制定非皇族不能封王的制度，冯骕又改袭扶风郡公爵位。

冯穆的弟弟冯颢承袭父亲冯诞的长乐郡公爵位。

冯修的弟弟冯聿，官至黄门郎，封信都伯爵。后来，因其妹妹冯媛（拓跋宏皇后）被废黜，受到牵连，免去所有官职，贬为平民，徙居长乐（今河南省安阳县东）。拓跋宏之后的宣武帝拓跋恪时，冯聿又被任命为河南尹，卒于任所。

冯聿的同母弟弟冯夙，从小就被冯太后带入宫中，并对他特别溺爱。冯夙在很小的时候，就被赐封北平王，任太子中庶子。

冯太后去世后，冯夙被降封侯爵。他在妹妹冯妙莲（拓跋宏的皇后）被处死后，也成为闲散而无职权的官员。

当初，冯太后为了自己家族永保世代荣宠，有意在冯熙众多的女儿之中，选择与拓跋宏年龄相当而又容貌俊美的，送入后宫充当嫔妃，以便再立为皇后。

拓跋宏在即位之后，已经纳平凉（今甘肃省平凉市西北）人林胜之女为妃。

林胜的弟弟林金闾是拓跋浚时的宫廷宦官，他由于受到常太后（拓跋浚的乳母常氏）的宠爱，官至尚书，封平凉公。

林胜借助于弟弟的权势，被任为平凉太守。

冯太后诛杀乙浑时，林胜兄弟也被处死。

林胜无子，只有两个女儿。在他被处死后，两个女儿都没入宫中为奴婢。其中的一个因容貌异常秀美，得幸于拓跋宏，遂被纳为嫔妃。

太和七年（483），林氏所生皇子拓跋恂被立为皇太子。

按照太祖拓跋珪立下的规矩，立太子必杀其生母，然后由乳母抚育太子，林氏势将被处死。

拓跋宏对林氏十分宠爱，同时他也感到先帝传下来的这项制度未免过于残酷。于是，拓跋宏便恳请冯太后，废止这一野蛮的祖制，以使林氏免除厄运。

冯太后深知拓跋宏对林氏的宠爱之情至笃，如今林氏所生之子又被立为皇太子，这样极有可能很快被立为皇后，而她打算册立冯家之女为皇后的愿望则难以实现。所以，冯太后执意不肯接受拓跋宏的请求，遂命人给林氏送去毒药，令其自杀，又制造了一起悲剧。

林氏死后，由冯太后做主，把冯熙的两个女儿同时送入后宫，令拓跋宏纳为嫔妃。

冯熙的两个女儿入宫之后，其中的一位早死，也没有留下名字。另一位叫作冯妙莲，为冯熙宠妾常氏所生。

冯妙莲姿貌姣美，深受拓跋宏的宠幸。

可是，冯妙莲入宫不久便患了重病，因一时医治不好，冯太后命人把她送回家中调养。

太和十七年（493），拓跋宏又按照冯太后生前（冯太后此时已去世）旨意，纳冯熙另一个女儿冯媛（冯妙莲妹妹）入宫，册立为皇后。

冯媛为冯熙正室博陵公主所生。她知礼达义，性情宽厚平和，深为拓跋宏所宠爱。但冯媛并不以身为后宫之主，母仪天下，而骄横跋扈，对嫔妃们能以礼相待。她既不专宠，又不妒忌，后宫嫔妃都依次进御，陪侍拓跋宏宴寝。因此，嫔妃中有些年龄比冯媛大的，对她也十分敬重。

后来，冯妙莲经过在家长时间的诊治调养，病体康复。于是，拓跋宏又把她接回宫中，封为左昭仪，地位仅次于皇后。

拓跋宏对冯妙莲的宠爱胜过当初，每天晚上都由她在寝宫陪侍，其他嫔妃难得晋见。

自从冯妙莲回宫以后，冯媛渐渐失去拓跋宏的宠幸。

冯妙莲认为自己身为姐姐，而且先入后宫，现在又极受皇上的宠爱，因此不肯以嫔妃对待皇后的礼节侍奉冯媛。

冯媛虽然性情温和，无妒忌之心，但见到冯妙莲对自己傲慢无礼，也不免有怨恨之色。

冯妙莲为实现取代妹妹冯媛的皇后地位这一愿望，经常在拓跋宏面前进献谗言，说冯媛的坏话。

不久，拓跋宏下诏，把冯媛废为庶人。令其迁出后宫，移居宫侧的瑶光寺为尼姑。死后谥号为废皇后。

冯妙莲扫除了正位中宫的一个障碍，接着又设法排斥另一个竞争对手，这就是深受拓跋宏宠幸的高夫人。

高氏是高句丽人，祖籍渤海蓨县（今河北省景县）。其五世祖高显在西晋末年避乱逃入高句丽。

高氏的父亲高飏在高句丽娶盖氏为妻，生育四个儿子和三个女儿。

在拓跋宏即位初年，高句丽发生内乱，高飏与弟弟高乘信及几家同乡一起西归，投奔北魏，留居于龙城（今辽宁省朝阳市）。

北魏朝廷任命高飏为厉威将军，封河间子爵，高乘信为明威将军。并赏赐高家大量奴婢、牛马、彩帛。

龙城太守发现高飏的次女长得娇美绝世，认为应当进献皇上，以表示自己的忠诚。

当龙城太守把高飏的次女送到平城时，冯太后前往北部曹，亲自审视这位高句丽美女。

冯太后对高氏的美貌深感惊异，遂把她带回宫中。

传说，高氏在幼年时，曾有一次梦见自己站在堂屋里，而日光从窗口射入室内，照到她的身上，使她感到十分燥热，遂左右躲避。可是，阳光始终追随着她，怎么也摆脱不掉。如此奇异的梦境，一连几个晚上都重复出现。

高女觉得十分奇怪，便将梦中所见情景告知父亲。其父高飏也不解其意，遂向辽东人闵宗询问。

闵宗说："这是奇特的征兆，贵不可言。"

高飏问他："怎么知道会是这样？"

闵宗说："太阳，是帝王的象征。日光照耀女人的身体，一定有帝王的恩典和诏令随之而来。女人躲避，日光仍照其身，则是君主前来求爱，而且紧追不舍。从前，有人梦见月亮入怀，尚且生过天子，何况日光照身的吉兆。此女一定能蒙受帝王的宠幸，而且有生育君主的迹象。"

高氏被拓跋宏纳为夫人，深受宠爱。

传说，高氏入宫之后，又曾梦见被日光追逐照射的情形。她躲到床下，日光化为一条龙，在她身边缠绕数匝。高夫人醒后感到十分惊恐，不久便怀有身孕。后来，生下一子，便是拓跋恪。

拓跋恪是拓跋宏的次子。冯妙莲一直没有生育，遂打算亲自抚养这位皇子。

但是，高氏在世，这无疑是个不可逾越的障碍。同时，高夫人生下皇子，很有可能继冯媛之后被立为皇后。于是，冯妙莲便处心积虑地寻找机会，谋害高夫人。

拓跋宏迁都洛阳的初期，高夫人仍留在平城。当她奉诏从平城前往洛阳时，冯妙莲认为这是千载难逢的天赐良机，遂暗中派人事先于汲郡共县（今河南省辉县市）设下埋伏，等高夫人途经抵达时，将她秘密杀害。拓跋宏下诏，追赐高夫人谥号文昭贵人。

高夫人死后，冯妙莲如愿以偿地得到拓跋宏的准许，亲自抚育皇子拓跋恪。

太和二十一年（497），太子拓跋恂因罪被杀，拓跋恪被立为皇太子。这位太子并不知道生母高夫人的真正死因，所以对冯妙莲十分孝顺，侍奉如同生身之母。

在册立拓跋恪为皇太子的当年八月，拓跋宏亲统大军征伐南齐。出兵之前，册立冯妙莲为皇后，正位中宫。

拓跋宏的侍从奏请，选择后宫的后妃随行。拓跋宏不准，说："兵凶战危，临阵无暇顾及内事，不可以携带女子。"

拓跋宏出征在外，冯妙莲空守后宫，于是便发生了宫闱绯闻。

当初，冯妙莲回家养病时，曾与一个精于医道的高菩萨私通过。此时，冯妙莲在寂寞难耐之际，时时怀念与高菩萨往日那段前情，遂指使心腹宦官、中常侍双蒙，把高菩萨秘密引入宫中。

冯妙莲在开始的时候，与高菩萨暗中往来，秘密私通。后来，听说拓跋宏在征战途中身患重病，可能不久于人世，她便毫无顾忌地和高菩萨公开淫乱后宫。

中常侍剧鹏多次进行劝谏，但冯妙莲一概不理，剧鹏竟为此忧愤恐惧而死。

后来，冯妙莲的丑行，终被拓跋宏的妹妹彭城公主所告发。

彭城公主原先曾嫁给投奔北魏的南朝宋国皇族刘昶的儿子刘承绪。刘承绪不幸病故，彭城公主孀居守寡。

冯妙莲打算让她的同母弟弟冯夙与皇室联姻，遂向拓跋宏请婚，得到准许。

彭城公主本来不愿再嫁，但迫于冯妙莲的追逼，不得不违心地嫁给冯夙。

彭城公主对冯妙莲的淫荡行为十分厌恶和痛恨。她为告发冯妙莲，也为逃避极不情愿的婚姻生活，便于婚后不久，带领十几名侍婢和家童，乘车冒雨奔赴魏军驻地悬瓠（今河南省汝南县）。

彭城公主见到拓跋宏之后，向皇兄陈述自己被迫改嫁后的苦闷心情，并借机告发了冯妙莲与高菩萨私通淫乱之事。

拓跋宏感到万分惊讶。他怎么也想不到竟会发生这种事情。

拓跋宏回想多年来，冯妙莲对自己是那样痴情，而自己对冯妙莲又是那样宠爱。拓跋宏简直不敢相信妹妹的话，但妹妹是不能欺骗哥哥的。他决定暂时保守这项秘密，不向任何人透露。

冯妙莲自从彭城公主离京前往拓跋宏军前之后，感到十分忧虑和恐惧，担心自己的阴私会被告发。于是，她便与母亲常氏秘密谋划，找来一个女巫作法诅咒。

冯妙莲对女巫许愿，说："只要你能使皇上一病不起，我能像姑母（指冯太后）那样辅佐幼主，临朝称制。到那时，将给你无法计算的赏赐，作为报答。"

与此同时，冯妙莲又在宫中大搞祭祀活动，声称为皇上祈福，保佑其病体早日康复。

不久，拓跋宏的病情有所好转，便急于撤兵，以调查处理后宫淫乱之事。

拓跋宏唯恐直接回到洛阳，可能会引发一场变乱，所以率军暂时进驻邺城（今河北省临漳县）。

冯妙莲得知拓跋宏班师的消息，更加恐惧，遂立即派宦官前往邺城，代表她向皇上参问起居。她对所差遣的人都厚加赏赐，并一再嘱咐他们千万不能向外泄露宫中发生的事情。虽经这样周密布置，冯妙莲仍不放心，在派遣的使者出发之后，她又暗中指使心腹宦官双蒙在后面跟踪，观察所派之人是否可靠。

可是，拓跋宏的心腹宦官、小黄门苏兴寿禀告了冯妙莲私通的具体情形。

拓跋宏这次不能不相信了，他令苏兴寿不要声张。然后回到洛阳，立即命人将高菩萨和双蒙等人拘押起来，并且一个个地审问。高菩萨对与冯妙莲私通一事供认不讳，其他人也都予以证实。

当时，拓跋宏因大病初愈，住在含温室。他在一天夜里传召冯妙莲前来含温室，并将高菩萨等人拘于室外。

拓跋宏在冯妙莲进屋之前，命宦官搜其衣物，明令如果发现寸刃便立即斩首。

冯妙莲进入室内，拓跋宏让她在距自己两丈多远的东边柱子旁坐下。然后，命高菩萨交代与冯妙莲的奸情，令其他几个知情者作证。

拓跋宏又责令冯妙莲说："你母亲还曾找来女巫，进行巫蛊活动，你要据实全部交代出来！"

冯妙莲请求拓跋宏，说有机密事情禀告，必须令左右侍从撤到室外去，然后才能说出。

拓跋宏命在场的宦官全都退出，只把长秋卿白整留在身边，并取下白整身上携带的防卫佩刀，靠放在冯妙莲座位一旁的柱子上。

冯妙莲看着白整，仍不开口。拓跋宏又令白整用丝绵塞住耳朵，然后小声呼唤白整的名字，叫了三四次，他都未应声，便令冯妙莲讲话。这样，除了拓跋宏一个人外，谁也不知道冯妙莲说些什么。

过了一会儿，拓跋宏命彭城王拓跋勰和北海王拓跋祥进来入座，并对他俩说："从前，她（指冯妙莲）是你们的嫂嫂，可现在成了另外一个互不相识的路人，你们不必回避。"

拓跋勰和拓跋祥不肯进入室内，拓跋宏仍坚持要他们入内。等他们进来之后，拓跋宏指着柱子旁边那把白整的佩刀说："这个老太婆企图亲手把刀子插入我的胸膛，你们可以追问事情的缘由和始末，不要有什么难为情。"

拓跋宏又深切地责备自己的过失，并向两位弟弟表示惭愧之意，然后说："冯家之女，不能连续予以废黜，这次可以让她继续生活在宫中。如果她还知道羞耻，就应该自行寻死。你们不要以为我对她还有什么夫妻感情。"

后来，拓跋勰和拓跋祥退出含温室，拓跋宏命冯妙莲与他诀别（指永远不再见面）。

冯妙莲一再俯身叩头哭泣，然后被送回后宫。

拓跋宏时常派遣宦官到后宫向冯妙莲询问一些事情，冯妙莲大骂宦官，说："我是天子夫人，有什么话可以当面对皇上说，用不着你们转达！"

拓跋宏听后大怒，命冯妙莲母亲常氏入宫，责打冯妙莲，一直打了一百余杖才住手。

太和二十三年（499）三月，拓跋宏又率兵征伐南齐。在征战途中，他旧病复发，而且十分严重，不得不下令撤军。

大军抵达谷塘原（今河南省邓州市东南），拓跋宏对司徒拓跋勰说："后宫（指冯妙莲）长期以来不守妇道，秽乱宫闱，是她自绝天命。如果不早早予以处置，恐怕要发生汉朝那样的悲剧（指母后和外戚专权）。我死之后，可以命她自尽。然后以皇后的礼仪安葬。这样或许能够遮掩冯门的家丑。"

拓跋宏病逝后，南伐大军撤回洛阳。

拓跋勰和拓跋祥宣布拓跋宏的遗诏，命冯妙莲自尽。

拓跋祥派长秋卿白整进宫，把毒药交给冯妙莲。

冯妙莲不肯吞服毒药，说："皇上怎么会这样对待我，是诸位亲王要杀我！"

白整强行把毒药灌入冯妙莲口中，冯妙莲遂被毒死。然后，按照拓跋宏的遗诏，依皇后的丧礼予以安葬。

当冯妙莲的灵柩运到洛阳南郊时，咸阳王拓跋禧等人确信冯妙莲已经身亡，遂相互看着说："即使没有皇上的遗诏，我们兄弟也要设法把她除掉，怎么可以让一个品德败坏的女人控制朝廷，任意屠杀我们？"

冯妙莲死后，谥号为幽皇后。

当初，冯太后的兄长冯熙之子冯聿任黄门侍郎时，崔光曾与他一起在宫中值班。崔光对冯聿说："你们家的富贵太盛，迟早一定会衰败。"

冯聿十分气愤地说："我们家有什么地方对不起你，你竟这样诅咒我！"

崔光说："不是诅咒。天地循环的常理是，物极必反，盛极必衰。以古代的人和事推论，不可以不特别谨慎！"

其时，冯熙正担任太保，冯诞任太傅，冯修任侍中、尚书，冯聿任黄门侍郎。

冯妙莲姐妹先后入主后宫，冯家受到的礼敬尊崇一直没有衰减。

可是，在崔光与冯聿发表上述议论之后不久，冯修因罪遭到贬黜，冯熙和冯诞相继去世，皇后冯媛被废，冯聿也被免官，后来冯妙莲又被诛杀，冯氏家族遂彻底衰败，时人认为这正是物极必反，盛极必衰。

三 南北对峙

冯太后第二次执掌北魏朝政期间，南朝刘宋又连续发生内乱，后来被齐国所取代，从而形成北魏与南齐的对峙局面。

在冯太后第一次临朝称制时，宋明帝刘彧诛杀前废帝刘子业，夺得皇位。

刘彧在称帝以前，性情宽厚平和，声誉很好，最受其兄孝武帝刘骏的宠爱。他即位初期，曾经对参与晋安王刘子勋反叛的官员，大都予以赦免，并且依照才能加以任用，待他们如同旧臣。

可是，刘彧到了晚年，变得极为残酷暴虐，又迷信鬼神，忌讳多端。凡是言语、文书中遇到"祸""败""凶""丧"以及类似的话和字，他都要求加以回避，官员如有违犯，一律诛杀。为此把"骢"字改成"驱"，只因为"骢"有点像"祸"。

刘彧常常觉得身边侍从做事使他不如意，因而随时把他们中的任何人剖心或挖出五脏而处死。

当时，由于淮河、泗水一带多次遭受战祸，造成府库空虚，文武官员的俸禄完全停发。但是，刘彧自己却十分奢侈，每当他诏令有关部门制造器物用具，都要求制作三份，一份为正用，一份为备用，一份为次备用，每份各制三十件。

刘彧怠于政务，他的心腹亲信专权用事，大肆贪赃枉法，贿赂公行。

刘彧的后妃没有给他生育儿子，他便把其他亲王怀有身孕的姬妾秘密接到宫中。如果生下男孩，则把其生母处死，然后将孩子交给自己的宠妃喂养，作为皇子。

刘彧在位的第七年（472）二月，身患重病。当时，太子刘昱年纪还小（九岁），刘彧唯恐自己的弟弟夺取皇位。

晋平刺王刘休祐以前曾镇守江陵，因贪污暴虐无视法度，被刘彧调出，改任南徐州刺史。然而，在刘休祐回京之后准备赴任时，刘彧又把他留下来，不让他离开京城。

刘休祐性情刚烈凶狠，对刘彧多有冒犯。刘彧十分忌恨刘休祐，而且考虑到自己死后，他对太子是个严重威胁，遂准备寻找机会将其除掉。

一天，刘彧忍着病痛，命刘休祐陪同前往位于都城建康城南的岩山射猎。在天近黄昏时，刘彧只令几个心腹侍从与刘休祐纵马奔驰，来到一个僻静的地方。刘彧的亲信寿寂之把刘休祐从马上拉下来，殴打致死，然后对远远抛在后面的刘彧及其他随行人员传呼："骠骑将军（刘休祐）落马！"

刘彧听到后，故作震惊，立即派御医前去救治。大家赶到现场时，刘休祐早已气绝身亡。

刘彧下诏，追赠刘休祐为司空，以亲王的丧礼予以安葬。

刘彧与亲信杨运长等人加紧商议身后之计。刘彧打算接着除掉建安王刘休仁，杨运长等也担心刘彧死后，刘休仁执掌朝政，他们这些人就不能为所欲为，因此都支持刘彧除掉刘休仁。

刘彧的病情一度非常危险，朝廷上下都归心于刘休仁。主书以下的官员甚至前往东府拜访刘休仁的亲信侍从，预先进行联络交往。有些人由于值班而不能出来到东府去，都十分恐惧。

刘彧得知这一情况，越加憎恨刘休仁，遂命他即刻进宫，随后又改为第二天一早再入宫，就在当天夜里，刘彧派人送去毒药，令其自杀。

刘休仁大骂刘彧说："你能拥有天下，是谁出的力？孝武皇帝因为诛杀兄弟，他的子孙已被灭绝。今天，你又要诛杀兄弟，宋国的命运，岂能长久！"

刘彧担心发生变乱，强撑病体，乘舆来到端门，直至刘休仁气绝身亡，他才回宫。

然后，刘彧下诏宣布刘休仁的罪状说："建安王暗中交结禁卫军，阴谋发动叛乱。我不忍心将他绳之以法，只下诏严厉谴责。可是，他却畏罪自杀。特别宽恕他的两个儿子，并可以承袭他的爵位。"

后来，刘彧病逝。皇太子刘昱继位。

刘昱即位后，政局十分不稳。不久，便发生了桂阳王、江州刺史刘休范的叛乱事件。

刘休范平庸无能，言语迟钝，一向为兄弟们所瞧不起，也不受人们注意。所以，刘彧诛杀诸王时，他才幸免于难。

刘昱年幼即位，寒门出身的官员褚渊、袁粲主持政务，近侍亲信掌握大权。

刘休范以为自己地位尊贵，又是皇亲，具备如此优越条件，没有人能超过他，应该担任宰相。由于愿望没有实现，刘休范颇为怨愤。

典签许公与为刘休范出谋划策，建议他礼贤下士，大量赏赐财物。于是，朝廷内外有很多人前来投依，一年之中笼络了上万人。

与此同时，刘休范又招募勇士，制造兵器。朝廷中执政官员察觉到刘休范的异常行为，也在暗中进行防范。

刘昱即位的第二年（473）五月，刘休范率领步骑兵二万余人，从寻阳（江州治所，今江西省九江市）出发，进攻建康。临行前，刘休范写信给朝廷，宣称："杨运长和王道隆蛊惑先帝（刘彧），致使建安（刘休仁）、巴陵（刘休祐）二位亲王无辜被杀。请求逮捕法办这两个奸贼，以谢冤死者的魂灵。"

朝廷文武官员听到刘休范起兵的消息，十分惊恐。护军褚渊、征北将军张永、领军刘勔、仆射刘秉、右卫将军萧道成、游击将军戴明宝、骁骑将军阮佃夫、右军将军王道隆、中书舍人孙千龄、员外郎杨运长等人，都来到中书省商议对策。

萧道成说："从前，凡是从长江上游发动的反叛，都因为行动迟缓而招致失败（指刘义宣、刘子勋），刘休范一定汲取前人的教训，必然率兵迅速顺流东下，乘我们没有准备，进行突然袭击。现在的应变策略，不宜于派兵远征。因为只要一支军队被击败，整个军心就会沮丧。所以，应当重点防守新亭（都城建康南部门户）、白下（建康北部门户），坚守宫城、东府和石头（建康西部门户）。"

"叛军千里迢迢而来，后面没有足够的粮草补给，急于交战而不能实现，自然会瓦解溃散。我愿驻防新亭，首当其冲，抵御叛军前锋。征北（张永）驻防白下，领军（刘勔）驻防宣阳门（建康城正南门），分别指挥一支军队。其他诸位请安稳地坐在宫廷之中，不必争相出战，我们一定可以击败贼寇，平定叛乱。"然后，取来笔墨，写下记录，众人都一一签字，写上"同意"。

孙千龄因暗中与刘休范通谋，所以只有他反对，并且说："应当依照过去的办法，派兵据守梁山（今安徽省和县南长江西岸）。"

萧道成疾言厉色地说："贼寇已经逼近梁山，我们现在派兵前往，怎么能赶在他们前面抵达？新亭是军事要地，我要拼命坚守，以报效国家。平时我可以屈从你的意见，今天绝不能如此！"

接着，萧道成便率兵前往新亭，整修防御设施。这时，刘休范的前锋部队已抵达距建康城西南二十里远的新林。

萧道成脱掉衣服，蒙头大睡，以此安定军心。然后从容不迫地拿出白虎幡①，登上西城，命宁朔将军高道庆、羽林监陈显达、员外郎王敬则率水军舰队迎战叛军。

刘休范在新林弃舟登岸，从陆路向建康进军。他亲自率领主力部队攻击新亭，萧道成率军拼力抵抗。叛军攻势越来越猛，萧道成的部队开始惊慌恐惧。

萧道成宣传鼓动说："贼寇虽然数量多，但是他们心不齐，我们一会儿就会把他们战败。"

刘休范身穿白巴便服，乘着两人抬着的轻便小轿，登上新亭南部的临沧观，仅带数十名侍从卫士。

屯骑校尉黄回与越骑校尉张敬儿商议，以诈降的办法袭击刘休范。

黄回对张敬儿说："你可以去诛杀刘休范，而我曾发誓不杀亲王。"

张敬儿又向萧道成提出上述设想，萧道成极表赞同，并许诺说："你如果能取得成功，就把本州（指张敬儿的故乡，即雍州）赏赐给你（即任州刺史）。"

于是，张敬儿与黄回来到建康南郊，放下兵器，大声呼喊，向刘休范请求归降。

刘休范喜出望外，立即把他俩唤到轿旁。黄回编造说萧道成打算前来投依，刘休范信以为真，派人把两个儿子刘德宣、刘德嗣送给萧道成，作为人质。结果，刘休范的两个儿子都被萧道成诛杀。

刘休范对张敬儿和黄回十分信重，把他们留在自己身边，毫无戒备。

张敬儿乘刘休范饮酒之机，抽出佩刀砍下他的头颅，然后骑马飞奔，送至

---

① 白虎幡：皇帝的符节，军将持以督战。是一种长条形的旗帜，上面绣有白虎。

新亭。

萧道成从新亭凯旋回城，百姓夹道观看，称赞说："保全国家的，就是这位将军！"

刘昱在刘休范叛乱被平定之后，认为天下无事，便毫无顾忌地专事享乐。

刘昱在即位之前，一向喜好玩耍，常常动手油漆篷帐和长竿，并能顺竿爬到离地面一丈有余的高处。他又喜怒无常，侍从官员也无法约束。

刘彧曾多次令刘昱生母陈太妃对他训斥和责打，但也无济于事。

刘昱即位初期，在宫内畏惧王太后、陈太妃，在朝廷害怕各位元老大臣，因此尚不敢过于放纵。可是，自从举行加冠礼以后①，宫内宫外对他都渐渐失去控制。

刘昱经常出宫游玩。最初，还有严整的仪仗队伍和侍卫人员随行。后来，他便抛弃随从车马，只带几个亲信侍从外出，有时跑到荒郊野外，有时闯入街头闹市。陈太妃常常乘车跟在后面，以便对他有所照顾和约束。可是，刘昱往往乘马飞奔，陈太妃追赶不上。

当初，刘彧曾经把陈太妃赏赐给亲信侍从李道儿为妻，后来又迎回宫中，生下刘昱。所以，刘昱每次外出，都自称"李将军"（意即自己为李道儿之子）。

刘昱经常身穿短衫短裤，随意穿行军营、官府、街巷和郊野。有时夜晚投宿客店，有时白天在路旁睡觉，有时则与一些地痞流氓在一起厮混。大凡裁制衣服、制作帽子一类的粗鄙之事，刘昱只要看过一遍，就能完全学会。他从来

---

① 古人加冠表示成人，一般在二十岁左右举行加冠仪式。刘昱加冠时年仅十四岁。

没有吹过篪（一种乐器，状如洞箫），可是拿起来就能吹出曲调。

刘昱在位期间，几乎没有一天不出宫。有时凌晨出去，晚上回来；有时晚上出去，清晨回来。每次外出，他的随从手中都持有兵器，路上只要碰上行人和牛马，立即诛杀，没有能够幸免的。百姓忧愁恐惧，商贩全都停业，家家户户白天也关闭大门，路上几乎见不到行人。

刘昱还随身携带着针、锥、凿、锯，见到身边侍从紧皱眉头，他就随手操起这些器具，当即把人杀死。一天不杀人，他就闷闷不乐。文武官员整天提心吊胆，寝食不安。

南豫州刺史阮佃夫与直阁将军申伯宗等人暗中谋划，打算趁刘昱外出时，宣称奉皇太后的密令，传唤仪仗队和侍卫人员回城，然后关闭城门，派人把他逮捕，予以废黜，拥立安成王刘准。结果，机密泄露，刘昱下令捕杀了阮佃夫等人。

王太后经常不断地教训刘昱，使他大为不满。端午节那天，太后赏赐刘昱一把羽毛扇，他嫌羽毛不华丽，遂命太医配制毒药，以毒杀太后。左右侍从进行劝阻，说："如果真做出这样的事情，陛下就要居丧三年，怎么还能出宫游玩了？"刘昱说："你们说的有道理。"遂打消此念。

有人告发散骑常侍杜幼文、司徒左长史沈勃、游击将军孙超之等人，曾经参与阮佃夫的阴谋活动。刘昱立即率领卫士包围他们的住宅，将其家里的所有人全部诛杀，并且把肢体一点点割下，连婴儿也未能幸免。

有一天，刘昱闯入领军府。由于当时天气炎热，萧道成正裸身躺在那里睡觉。

刘昱把萧道成叫起来，让他站在室内，在他的肚子上画一个箭靶。然后，刘昱拉起弓，对准萧道成肚子上的靶心就要射箭。

萧道成急忙用手版挡住腹部，说："老臣没有罪。"

刘昱的侍卫王天恩说："领军的肚子大，是最好的箭靶。一箭射死，以后就再也找不到这样的箭靶了，不如改用圆骨箭头，多射几次。"

刘昱改用圆骨箭头后，一箭射去，正中萧道成的肚脐。然后，他把弓扔到地上，大笑着说："这箭法如何！"

刘昱忌恨萧道成的威名，曾亲自磨刀，说："明天就杀萧道成。"

陈太妃骂他说："萧道成对国家建有大功，如果杀了他，谁还为你尽力！"刘昱遂未下手。

萧道成惶恐忧惧，暗中与尚书令袁粲、中书监褚渊商讨，废黜刘昱，另立新君。

袁粲说："主上年纪还小，有些轻微的过失，容易改正。伊尹、霍光的往事（商朝的伊尹曾废黜太甲，西汉的霍光曾废黜刘贺），不是近世应当效法的。即使取得成功，事后也会没有安身之地。"褚渊沉默不语。

领军功曹纪僧真对萧道成说："现在，皇上凶残疯狂，人人都不能自保，天下百姓的希望都寄托在你的身上，你怎么能坐以待毙！在此关系到生死存亡的关键时刻，希望再加考虑。"

有人建议萧道成回其兼任的南兖州治所广陵（今江苏省扬州市），在那里起兵。

萧道成的长子萧赜时任晋熙王刘燮的长史，兼郢州事，萧道成遂命萧赜率郢州（治所在夏口城，今湖北省武汉市武昌区）兵顺长江东下，约定在京口会师。

　　萧道成又派亲信刘僧副秘密通知堂兄，代理青、冀二州刺史刘善明，说："很多人劝我北上据守广陵，我想未必是最好的谋略。现在秋风将起，你如果能与垣荣祖挑动胡虏（指北魏）发动小规模进攻，我的计划即可得以实行。"

　　与此同时，萧道成也派人告知东海太守垣荣祖。

　　刘善明回话说："宋氏即将灭亡，谁都能看得十分清楚。北虏如果有军事行动，反倒对你不利。你的智慧和武略比世人都高，只要安静地等待，一旦时机成熟，一举可成大业。不能远离根本之地，自找祸患。"

　　垣荣祖也回信说："领军府距宫城不过百步远，你带领全家人离开京城，别人怎么会不知道。如果单枪匹马前往，广陵的官员万一关闭城门，拒绝接纳，那将怎么办？现在，你只要抬脚下床，恐怕就会有人敲宫城的城门，向朝廷告发。如此，则大事就没有任何成功的希望。"

　　纪僧真也劝阻萧道成说："主上（刘昱）虽然昏庸无道，可是国家的基础仍然坚固。你全家上百口人投奔广陵，这是绝对办不到的事情。即使能够入据广陵，天子居于深宫，立即宣告你为叛逆，用什么办法逃避这一罪名？这不是万全之策。"

　　萧道成的族弟、镇军将军府长史萧顺之和萧道成的次子、骠骑将军府从事中郎萧嶷都认为："皇上喜好单独出来活动，在这方面寻找机会下手，比较容易。到外地起兵，很少有成功的可能，只能白白地比别人先遭灾祸。"

　　萧道成遂改变原来的主意。

　　越骑校尉王敬则暗中结交萧道成。他每天夜晚都换上平民服装，隐伏在路旁，帮助萧道成侦察刘昱的行踪。

　　萧道成命王敬则秘密交结刘昱身边的侍从杨玉夫、杨万年和陈奉伯等人，在宫中寻找动手的机会。

刘昱在位的第五年（477）七月六日深夜，他身穿便服，走到领军府门前。左右侍从说："整个府中的人都已入睡，我们何不翻墙入内？"

刘昱说："我今天晚上想到别处游玩，等明天晚上再到这里来。"

员外散骑郎桓康等人在领军府的大门里面，听到了刘昱与侍从的对话。

第二天，刘昱乘敞篷车与侍从们前往台冈（宫城内的一个山冈），比赛跳高，随后又去青园尼姑庵，夜里到新安寺偷了几条狗，让县度道人煮吃狗肉。刘昱喝得醉醺醺地回到仁寿殿安寝。

杨玉夫一向深受刘昱的宠信，但刘昱这次在睡觉之前突然间对他无比憎恨，咬牙切齿地说："明天一定要杀你这小子，挖出肝肺！"然后命杨玉夫在夜里负责观察织女渡河（传说，七月七日夜间，织女踏鹊桥渡过银河，与牛郎相会），并且警告说："看到时马上叫醒我，看不见，就杀掉你！"

当天夜里，杨玉夫等到刘昱睡熟之后，与杨万年等人，一起拔出刘昱身上的佩刀，一下砍掉他的头颅，然后假传诏令，命外庭演奏音乐。

陈奉伯把刘昱的头颅藏在衣袖里面，与往常一样，宣称奉旨出宫，遂打开承明门，把人头交给在外面等候的王敬则。

王敬则飞马奔向领军府，一边大喊大叫，一边用力敲门。萧道成唯恐是刘昱派人诳骗，所以不敢开门。王敬则便把刘昱的头颅从墙上抛进去，萧道成用水洗净，经过辨认，这才相信大功告成。

次日清晨，萧道成全副武装，在宫廷院中大槐树下，以王太后的命令召集尚书令袁粲、中书监褚渊、中书令刘秉（皇族）等人入宫议事。

萧道成对刘秉说："这是你们刘家的事，你看应当如何决定？"

刘秉说："中书省的事务，可以交付给我，军队方面的事务，全由你处理。"

萧道成依着次序，把决定拥立新君的权力让给袁粲，袁粲推辞不敢接受。

这时，王敬则拔出佩刀，从座位上跳起来，说："天下大事全都应当由萧公裁决，谁敢开口反对，让他的鲜血染红我这把刀！"然后取出白纱帽，戴到萧道成的头上，请他登极称帝。

褚渊说："除了萧公，没有谁能够主持善后事宜。"并把需要皇帝审阅的奏章交给萧道成。

萧道成说："既然大家不肯接受，我怎么可以推辞？"于是，他提议迎立安成王刘准继承皇位。

当天，萧道成以王太后的名义，发布命令，说："我密令萧领军暗中运筹大计。安成王（刘）准，应君临万民。"然后追贬刘昱为苍梧王，史称后废帝。

刘准登极称帝，是为宋顺帝，时年十一岁。

刘准在位仅两年，被萧道成废黜，刘宋王朝结束。

萧道成称帝建齐，史称南齐或萧齐。此后，形成南齐与北魏南北对峙的局面。

北魏冯太后于萧道成称帝的当年（479）十一月，乘南朝政权更迭，统治未稳之机，决定出兵南伐。

冯太后派梁郡王拓跋嘉率兵进攻淮阴（今江苏省淮安市淮阴区），陇西公拓跋琛率兵进攻广陵（今江苏省扬州市），河东公薛虎子率兵进攻寿春（今安徽省寿县）。并令诸将陪奉以前投奔北魏的刘宋皇族刘昶一起南伐。许诺获胜之后，为刘昶重建宋国，作为魏国的附庸，让他在江南世代相传，永保帝业。

南齐的南兖州（治所在淮阴）刺史王敬则听到魏军将要渡过淮河南下的消

息，十分恐惧，遂弃城逃回建康。京城官民一片惊慌，纷纷准备逃亡。

第二年正月，萧道成派兵抵御北魏大军的进攻。魏军攻击钟离（今安徽省凤阳县东北），被南齐徐州刺史崔文仲击败。

崔文仲派军主崔孝伯北渡淮河，进攻北魏茌眉戍（今安徽省怀远县西北），败杀其守将龙得侯等人。

北魏梁郡王拓跋嘉与刘昶率兵直驱寿春，步骑号称二十万。

在将要攻城的时候，刘昶向全体将士叩拜，并泪流满面地说："但愿大家同心协力，帮助我雪除奇耻大辱！"

南齐豫州刺史桓崇祖召集文武官员商讨对策，他打算加强外城防御设施，并且修筑堤坝，堵截淝水，以固守城池。

大家都说："从前，佛狸（拓跋焘）车兵南下时，南平王（宋国的刘铄）镇守此城，拥有的军队十分强盛，数量是我们今天的数倍。但他仍然以为城池太大，难以保全，因而退守内城。况且，从来也没有人筑堤、截过淝水，恐怕徒劳无益。"

桓崇祖说："如果放弃外城，敌寇一定会占领，那时他们外筑楼橹（用以侦察和攻城的高台）、内修长墙，把我们紧紧包围在里面。那么我们只有坐以待毙，束手就擒。严守外城和兴筑水坝，是我已经确定而不能听从任何人劝阻的决策。"

于是，桓崇祖令将士们在城西北修筑堤坝，堵截淝水。又在堤坝北面另筑一个小城，挖掘一条很深的护城河，派数千人防守小城。

桓崇祖布置说："敌寇见此为小城，认为一举可以夺取，必定全力攻击，以求攻破小城之后再破坏水坝。我则掘堤放水冲击。这样，魏军将士都将变成死尸，顺水漂走。"

齐军修完小城和堤坝后，魏军果然像蚂蚁一样涌来，攻击小城。

这时，桓崇祖头戴白纱帽，乘坐轻便小轿，登上城楼观阵。他抓准时机下达决堤放水的命令。

北魏攻城大军顷刻间都被大水冲进护城河中，人马淹死者数以千计，余众纷纷逃走。

南齐徐州刺史崔文仲攻克茌眉戍之后，又派部将陈靖进攻北魏的竹邑（今安徽省宿州北），败杀其守将向仲都。

崔叔延攻破北魏睢陵（今江苏省睢宁县），败杀其守将梁恶。

这时，刘昶因为南方已进入雨季，上疏请求班师。冯太后准许。

当年八月，冯太后又派平南将军郎大檀等三个将领率兵进攻朐城（今江苏省连云港市西），将军白吐头等两个将领进攻海西（今江苏省灌云县东南），将军拓跋泰等两个将领进攻连口（今江苏省涟水县），将军封延等三个将领进攻角城（今江苏省淮安市清江浦区西南），镇南将军贺罗进攻下蔡（今安徽省寿县东北），五路大军同时向南齐发动攻击。

九月，梁郡王拓跋嘉率领十万大军围困朐山。南齐守将玄元度固守城池。青、冀二州刺史卢绍之派其子卢奂率兵增援，玄元度大败魏军。接着，南齐又派将领崔灵建等率领一万余人从淮水入海，在夜间高举火炬，冲向魏军营寨。魏军不知虚实，撤退逃走。

十月，冯太后又任命昌黎王冯熙为西道都督，与征南将军桓诞率军进攻义阳（今河南省信阳市），镇南将军贺罗率兵进攻钟离（今安徽省凤阳县东北），两路大军同时进发。

太和五年（481）正月，魏军进攻淮阴，包围南齐守将成买于角城。

萧道成任命镇军将军李安民为都督，与将军周盘龙等率兵前往救援。

魏军沿淮河北岸大肆抢掠，长江以北的百姓纷纷渡江南下。成买奋力抵抗魏军，战败被杀。

周盘龙之子周奉叔率领二百人攻入魏军阵中，魏军一万多骑兵分左右两翼把他们层层包围。

有人告知周盘龙，说："奉叔已经战死。"周盘龙立即跃马挺矛，杀入魏军阵地，横冲直撞，左右拼杀。

周奉叔冲出重围后，又返回阵中寻找其父，父子两人在魏军阵内大叫，拼力冲杀，魏军无人敢于抵挡。魏军遂败退，死伤将士数以千计。

与此同时，南齐游击将军桓康在淮阳也大败魏军，并攻克樊谐城（今江苏省宿迁市西北）。

桓崇祖在寿春击败魏军后，预料魏军可能在淮河北岸再次发动进攻，遂把下蔡的驻防军移师淮河以东。

不久，魏军果然前来，打算攻击下蔡，但得知守军已经转移，便准备拆毁城墙。这时，桓崇祖率兵渡过淮河，反击魏军，俘杀数以千计。

太和十一年（487）正月，南齐的桓天生自称是东晋权臣桓玄的宗族后代，与雍州（今湖北省北部）、司州（今河南省南部）境内的少数民族联合起兵，占据南阳（今河南省南阳市）故城，向北魏请求出兵，进攻南齐。

冯太后遂派兵增援桓天生。

萧道成命丹阳尹萧景先统率步骑兵直驱义阳（今河南省信阳市），派护军将军陈显达、征房将军戴僧静等率水军进抵宛城、叶县，共同征讨桓天生。

桓天生带领魏军一万余人进攻泌阳（今河南省泌阳县）。

陈显达派戴僧静等在深桥（泌阳之南）迎战魏军，俘杀魏军数以千计。

桓天生退保泌阳，戴僧静驱兵进围，不克而还。

桓天生又引魏军进攻舞阴（今河南省泌阳县西北），被南齐守将殷公愍击败，桓天生受伤逃走。

后来，北魏南部尚书公孙邃、上谷公张倏率兵与桓天生再次进攻舞阴，又被殷公愍击败。桓天生逃往蛮荒之地。

第二年四月，桓天生又一次引北魏大军占据隔城（今河南省桐柏县西北）。

萧道成命游击将军曹虎率领大军抵御，辅国将军朱公恩率前锋部队在途中与桓天生的游击部队相遇。双方交战，桓天生大败。朱公恩遂进围隔城。

桓天生引魏军步骑一万余人增援隔城，曹虎将其击败，俘杀二千余人。

曹虎与朱公恩联兵攻克隔城，败杀北魏襄阳太守帛乌祝，并俘杀魏军二千余人。桓天生逃走。

接着，陈显达率兵进击北魏。

冯太后派豫州刺史拓跋斤率兵迎敌。

魏军修筑醴阳（今河南省桐柏县西），被陈显达攻陷。陈显达乘胜进击沘阳，守城的魏军将士都要求出城迎战，镇将韦珍说："他们刚刚来到，锐气正盛，不能急于与之交锋。只要大家同心协力，坚决守住城池，等他们攻击得精疲力竭，我们再出城反击，可以一举成功。"

于是，魏军登城据守。十九天后，韦珍于夜间打开城门，出兵袭击，陈显达率兵退走。

此后，在一段时间内，北魏与南齐没有发生大规模战事，继续维持着对峙局面。

　　冯太后两度临朝称制期间，与南方的刘宋和南齐进行过多次攻战征伐。虽然由于各方面的条件所限，北魏未能取得重大战果，但它充分表明冯太后不仅具有杰出的处理内政的才干，而且在与敌对政权的军事斗争中，也显示出非凡的能力。

　　冯太后临朝称制时期，正处于北魏王朝发展进步的重要阶段。她使这个历史虽然悠久但发展比较缓慢的政权，走向兴旺发达。

第五章

拓跋部乱世称雄
代王国短命夭亡

冯太后入主后宫及其两度临朝称制的北魏是鲜卑拓跋部建立的政权。

在全面展示冯太后为北魏的发展进步所做出的努力和杰出贡献时，不能不回顾和追述一下拓跋鲜卑和北魏王朝的历史。

一　北魏先祖

鲜卑族源于久居我国东北地区的古老民族——东胡。

早在战国时期，东胡逐渐形成一个军事联盟。

秦朝初年，东胡一度比较强盛，与当地的匈奴、月氏并峙于北方草原地带。

秦二世胡亥在位时，匈奴冒顿单于灭掉东胡。东胡中的一支退保鲜卑山（今内蒙古自治区科尔沁右翼中旗西边的大罕山），另一支退居乌桓山（今内蒙古自治区西拉木伦河以北阿鲁科尔沁旗附近），分别形成鲜卑和乌桓两个民族。他们都在匈奴族的控制之下。至此，东胡便在历史上消失了。

西汉武帝时，霍去病击破东部匈奴，把乌桓迁移到上谷、渔阳、右北平、辽西、辽东五部塞外，即今老哈河、滦河上游以及大小凌河一带。鲜卑也跟着向西南推进，移居于乌桓先前所在的西拉木伦河流域。

后来，在西汉军事力量的沉重打击下，匈奴分裂为南、北两个部分。南匈奴入塞附汉，北匈奴远徙大漠以北。

匈奴势力衰落以后，活跃于大漠以南草原地区的只有鲜卑和乌桓了。

东汉初年，乌桓经光武帝刘秀准许，从塞外移居到辽东属国、辽西、右北平、渔阳、广阳、上谷、代郡、雁门、太原、朔方等缘边十郡塞内，鲜卑又跟着向南蔓延到原来乌桓占有的老哈河流域，在这里，鲜卑开始与东汉王朝保持着信使往来。

东汉明帝时，鲜卑在赤山（今内蒙古自治区赤峰市）一带击破乌桓，并全部占有了乌桓在塞外的故地。

汉和帝永元（89—104）中，北匈奴离开蒙古草原向西远迁，鲜卑在控制漠南东部地区的基础上，进而占据了北匈奴曾经长期盘踞的漠北地区。滞留在那里的匈奴人十余万部落，都自号鲜卑。鲜卑势力得到进一步发展壮大。

东汉桓、灵二帝时，鲜卑出了一个杰出的首领檀石槐。他以弹汗山（今河北省张北县附近）为中心，建立起一个强大的部落军事联盟。檀石槐对东汉北部边境不断发动进攻，给东汉造成严重的威胁。

檀石槐控制下的部落军事联盟中，以其原来依存的东部鲜卑为主体，同时包括鲜卑化的匈奴人以及后起的宇文部、慕容部等西部鲜卑，也包括从草原东北部远道迁来的拓跋鲜卑。

鲜卑拓跋部最初居住在蒙古草原的东北角，习惯上称为北部鲜卑。

史书中记载着这样的传说：拓跋部的先祖是黄帝的后裔。黄帝有子二十五人，其中一个名叫昌意。昌意的小儿子受封北土，那里有座大鲜卑山，遂以山名为号，称为鲜卑。因为黄帝以土德做天下王，北方俗称土为托，称后为跋，所以又以托（拓）跋为氏。以后世世代代做这里的首领。传到拓跋始均为首领的时候，由于他在舜帝的手下做过官，并且因为勤于政务，百姓安居乐业，受到了嘉奖，被任命为田祖。

经历了六十七代，极其聪明而又有武略的拓跋毛担任首领，拓跋部威震四方，远近各部落莫不宾服。

拓跋部的原始居住区，在北魏建国以后很久，也无人确知究竟在何处。

太武帝拓跋焘太平真君四年（443），远道而来的乌洛侯国使者到北魏朝贡时，带来了一个重大的信息。

这位使者声称在乌洛侯国西北有拓跋鲜卑先祖的石室废墟，并说石室里面有神灵，周围百姓经常到那里祈求保佑。

于是，拓跋焘立即派遣中书侍郎李敞前往石室，告祭先祖，并在石壁上刊刻祝文。

《魏书·礼志》中保存了李敞的祝文。

1980 年，考古工作者在大兴安岭北段东麓的嘎仙洞发现了太平真君四年的石刻祝文，内容与文献记载大体一致。

嘎仙洞位于内蒙古自治区呼伦贝尔市鄂伦春族自治县阿里河镇西北十公里处。

嘎仙洞是一个天然山洞。这一带峰峦叠嶂，林海苍茫。拓跋部的先祖在这里靠狩猎为业，过着与外界隔绝的生活。

在拓跋推寅做首领时，正值东汉前期东部鲜卑向南迁徙之际，拓跋部也由大兴安岭北段向西南方移动，迁居于今内蒙古自治区的呼伦贝尔大草原。

又过了六代，拓跋邻继位为首领。

相传，有神人对拓跋邻说："这里荒偏玄远，不适宜建立都邑，应当再向南迁移。"

当时，拓跋邻年事已高，无力率领部族完成大迁移的重任，便传位给儿子拓跋诘汾，并为其制定了迁移的方案，让拓跋诘汾领导实施这一计划。

拓跋诘汾遵照其父的命令，率众经过艰苦跋涉，走出高山深谷，克服了"九难八阻"，迁到了匈奴的故地，在云中（今内蒙古自治区托克托）一带游牧。拓跋部的这次迁移，正是檀石槐部落军事联盟雄踞塞外的时代。

相传，拓跋诘汾在迁徙途中遇到艰难险阻，打算停止前进的时候，出现一个形体似马、声音类牛的神兽，在前面引路。拓跋诘汾跟随神兽前行，终于完成了大迁移。

拓跋诘汾带领部众来到匈奴故地阴山一带。这里已与中原汉族地区直接毗邻，拓跋部从此进入一个新的发展时期。

拓跋诘汾死后，他的儿子拓跋力微继位为首领。

拓跋力微的出生有一段美好浪漫的传说。一天，拓跋诘汾带领数万部众在山泽中狩猎，忽然，看见一乘带着帷盖的华丽车子，从天上徐徐飘落下来。车子降落到地面之后，只见里面端坐着一位美艳绝伦的少女。

拓跋诘汾感到十分惊奇，遂上前询问。车中的美女回答说："我是天女，受天帝之命来到人间，与你相配为偶。"

回到驻地后，天女与拓跋诘汾挽手入帐，同室共寝。

第二天清晨，天女向拓跋诘汾辞行。

临分手时，天女依依不舍地对拓跋诘汾说："明年的今日，是我们相会的周年。到那时，我们在这里再次团聚。"

言毕，天女如同清风一般悄然逝去，刹那间便无影无踪。

到了第二年的约定日期，拓跋诘汾早早来到上次与天女相会的地方。果然如愿以偿，不仅见到了美丽无比的天女，而且惊喜地发现天女怀中抱着一个正在甜睡的婴儿。

天女把自己所生之子交给拓跋诘汾，并对他说："这个小孩就是你的儿子，你要好好抚养他。以后子子孙孙世代相承，一定能永为帝王。"

天女说完话之后，又如同上次一样，飘然而逝。

天女留给拓跋诘汾的这个男孩，就是后来被拓跋部尊追为始祖神元皇帝的拓跋力微。

拓跋力微继位首领之后，由于遭受西部鲜卑的攻击，拓跋部的部众离散。他只好投奔没鹿回部大人窦宾。

不久，拓跋力微与窦宾共同反击西部鲜卑，又遭到惨败。

窦宾失去了战马，拓跋力微命人把自己的坐骑送给窦宾。

窦宾脱险后，令部众寻找送马之人，并表示一定要厚加赏赐。

但是，拓跋力微对这件事一直秘而不宣，没有向任何人说起过。

窦宾查访了很久，终于得知在危难之中给自己送马的人原来就是拓跋力微，这使他十分惊喜。

窦宾为报答救护之恩，决定把国土分出一半赐予拓跋力微。拓跋力微坚决辞让，不肯接受。窦宾无奈，便改为把爱女嫁给他。

后来，窦宾仍然惦记着向拓跋力微报恩，一再问他有什么要求。

拓跋力微在盛情难却之下，请求准许他率领自己的部众北居长川（今内蒙古自治区察哈尔右翼前旗兴和县附近）。

窦宾未假思索，当即应允。

拓跋力微率众来到长川，在那里收容以前溃散的旧部，势力不断壮大。

窦宾临终前，再三嘱咐两个儿子，在他死后，要谨慎恭敬地侍奉拓跋力微。

可是，窦宾死后，他的儿子没有按照父亲的遗嘱去做，而是暗中谋划驱逐拓跋力微。

拓跋力微识破他们的阴谋，派人召而杀之，然后吞并了没鹿回部。

没鹿回部大人都归附了拓跋力微。

这一时期，拓跋部已拥有控弦骑士二十余万，势力进一步增强。

拓跋力微在位的第三十九年（258），率部众从长川迁居盛乐（今内蒙古自治区和林格尔县北）。

当年四月，拓跋力微举行祭天大典，诸部大人都前来助祭，只有段部鲜卑首领持观望态度而未来赴会。

拓跋力微命人把他召来，当众诛杀，以此警告四方，使各部全都畏服，远近肃然。

在这次祭天大会上，拓跋力微告诫诸部大人说："我历观前世的匈奴、蹋顿之辈，都贪得无厌，为获取财货，常常抄掠边民。他们这样做，虽然暂时有所收获，但是与残害百姓这两者相较，实在是得不偿失。长此以往，必然招致祸乱，使百姓处于极端困苦的境地，这决不是长久之计。"

其后，拓跋力微严格约束各部，并宣布通好南夏的邦交方略。

这一时期，中原处于魏、蜀、吴三国鼎立局面。

拓跋力微在位的第四十二年（261），把长子拓跋沙漠汗送往曹魏都城洛阳（今河南省洛阳市），让他在那里接受汉族先进文化的熏陶。

拓跋沙漠汗身材魁伟，英俊潇洒。他以拓跋太子的身份客居洛阳，在众多的宾客中，拓跋沙漠汗最为出类拔萃，十分引人注目。

拓跋沙漠汗在洛阳广泛交结中原王朝的王公贵族和文人学士，悉心学习和研究汉人的文化典籍，眼界大为开阔。

拓跋沙漠汗作为拓跋部通好南夏的第一个使者，加强了双方的联系。从此，拓跋部与曹魏聘问交市，往来不绝。曹魏每年都把大量的金、帛、绢、絮从洛阳运往盛乐。

拓跋沙漠汗客居洛阳过程中，中原王朝经历了一次重大变故。

265 年，司马炎废掉曹魏皇帝而自立，建立西晋王朝。但是，拓跋部与中原汉族封建政权的友好关系依然如故。

拓跋沙漠汗赴洛阳的第六年（267），以其父拓跋力微年迈体衰为由，请求归国。

晋武帝司马炎赠送许多礼物，派人护送拓跋沙漠汗北返。

过了八年（275），拓跋沙漠汗又一次来到洛阳，当年冬天返回。当拓跋沙漠汗归途行抵并州（今山西省太原市西南）时，西晋征北大将军卫瓘视其威武雄俊，相貌非凡，担心以后会成为祸患，遂秘密启奏朝廷，请求把拓跋沙漠汗暂留不放。

晋武帝司马炎有所顾忌，恐怕由此而失信于人，没有许诺。

卫瓘又提出建言，以金帛贿赂拓跋各部大人，使他们相互猜疑，以挑起内乱。

晋武帝听从卫瓘的意见，暂留拓跋沙漠汗不遣。

拓跋沙漠汗在并州留居两年后，才被放行北归。

拓跋力微闻讯大喜，立即派遣诸部大人前往阴馆（今山西省代县西北），迎接日夜思念的太子拓跋沙漠汗。

在接风洗尘的酒席宴上，拓跋沙漠汗侃侃而谈，十分高兴。

偶然间，拓跋沙漠汗抬头仰望晴空，发现远方飞来一只大鸟。他乘着酒兴对众人说："我能为诸位把这只飞鸟打下来。"

说话之间，拓跋沙漠汗引弓发弹，空中飞鸟应声而落。

长期与外界隔绝的拓跋部人从未曾听说引弹击鸟之术，诸部大人见拓跋沙漠汗竟有此绝技，无不感到惊奇。

当时，诸部大人耳目闭塞，见识浅陋，又接受过西晋卫瓘的大量贿赂，从而对拓跋沙漠汗的举动大为反感。

他们互相议论说："太子的言谈风采和服装打扮，都与南夏相差无几，再加上他又学到了晋人的绝世奇术，如果以后他继位为首领，必然要改变传统习俗，那对我们将是十分不利的。不如选择力微的其他儿子，一个个习性淳朴，适合做我们的首领。"

于是，诸部大人抢先驰返盛乐，向拓跋力微进谗言，以谋害拓跋沙漠汗。

拓跋力微见到从阴馆返回的诸部大人，急于得知拓跋沙漠汗的情况，问道："我的儿子长期留居南夏，你们看他有什么长进？"

诸部大人都心怀叵测，竞相进言："依我们所见，太子确实才艺非凡，竟能引弓击落空中飞鸟，似乎是从晋人那里学到了异法怪术。这实在是乱国害民的不祥之兆！"

自从拓跋沙漠汗离家而久居洛阳以后，他的弟弟们有了与父亲更多的接近机会，所以他们都受到拓跋力微的宠爱。

拓跋力微此时已经一百多岁，智力大为衰退，思维也有些迟钝。他听到诸部大人之言，一时心中不免犯疑。于是对大家说："如果太子确实不堪信任，那就把他除掉，然后择立新的太子。"

诸部大人得到拓跋力微的准许，立即飞骑来到塞南，把拓跋沙漠汗杀害于回归途中。

事过不久，拓跋力微对拓跋沙漠汗被杀深感后悔。由于老年丧子，精神受到沉重打击，拓跋力微一病不起。

在诸部大人中，乌桓王库贤一向被拓跋力微视为心腹亲信，因此他在拓跋部中颇有权势。

库贤以前也曾收受卫瓘的贿赂。他企图乘拓跋力微病重之机，策动诸部反叛。

当库贤在廷中磨砺斧钺时，诸部大人感到奇怪，问他为什么。

库贤回答说："力微怨恨你们进谗言杀害太子，现在打算把你们的长子一并杀光！"

诸部大人都相信了这耸人听闻的宣传鼓动，一时间纷纷逃走。

不久，拓跋力微病故。

拓跋部又历经拓跋悉鹿、拓跋绰、拓跋弗三任首领，到295年，拓跋力微之子拓跋禄官继位。

拓跋禄官为了发展壮大拓跋部的力量，模仿匈奴冒顿单于和鲜卑檀石槐的做法，把领地分为三部分，自领一部居东，统辖上谷（今河北省怀来县东南）以北，濡源（今河北省丰宁满族自治县境内滦河上游）以西；以拓跋沙漠汗长子拓跋猗㐌统领中部，居代郡参合陂（今内蒙古自治区凉城县东北）；以拓跋猗㐌的弟弟拓跋猗卢统领西部，居定襄盛乐故城。

在三部之中，拓跋猗卢因善于用兵，疆域不断扩大。他频繁率兵征讨，南入并州，西击匈奴、乌桓诸部，声威大振。

代郡人卫操，先前为西晋征北将军卫瓘牙将，曾多次出使过拓跋部。他看到晋室将衰，便带领儿子卫雄和宗族乡亲姬澹等十几人，投奔拓跋部。

卫操劝说拓跋首领招纳晋人，以立功业。于是，西晋北部边境地带的居民，大量逃往拓跋部，其中大部分是汉人。

卫操等人深受拓跋猗㐌的信任，成为他得力的政治辅佐。

拓跋禄官在位的第二年，由于拓跋猗㐌和拓跋猗卢二位首领都是拓跋沙漠汗正室封氏所生，遂为拓跋沙漠汗和封氏举行盛大的改葬仪式。

西晋成都王司马颖派遣从事中郎田思，河间王司马颙派遣司马靳利，并州刺史司马腾派遣主簿梁天，应邀参加会葬。届时，从远近各地赶来参加改葬仪式的，有二十万人，拓跋部的影响进一步扩大。

接着，拓跋猗㐌连续率兵远征。经过五年的征讨，降伏了三十余部落小国。

这一时期，西晋统治集团内部发生了一场大动乱——八王之乱。

早在拓跋禄官继位之前，290 年，晋武帝司马炎去世，其子司马衷继位，是为晋惠帝。

司马衷从小就是一个昏聩愚劣的白痴，九岁时被立为皇太子。

当时，朝中不少大臣认为司马衷将来如果当上皇帝，根本没有能力处理朝政，遂婉言劝说晋武帝司马炎，应尽快改立太子。

侍中和峤向晋武帝进言，他说："皇太子有古代的淳朴之风，然而衰微之世多有虚假奸诈之人，恐怕他承担不了陛下家事。"

一次，晋武帝在陵云台会宴群臣，老臣卫瓘假装酒醉，跪在晋武帝坐床前说："臣有要事启奏。"

晋武帝问他："你想要说的是什么事？"

卫瓘几次想说出建议废掉太子的话，可是最终也没有直言，而是用手摸着床沿说："此座可惜！"

晋武帝领会卫瓘的意思是不应该把这个皇帝座位传给司马衷，否则太可惜了。但他故意把话岔开，对卫瓘说："你真是喝醉了。"

晋武帝自己也担心司马衷愚昧懦弱，不堪大任。他曾经把太子东宫的官属全部召来，命司马衷在众人面前处理朝廷中的几件政事，以便对他进行实际考察。

司马衷根本不懂政务，无言以对。

后来，太子妃贾南风授意给事中张泓暗中拟好处理意见，让司马衷抄写下来，呈送父皇。

晋武帝览毕，误以为是太子的独立见解，大为高兴。这样，司马衷的太子地位才得以保住。

晋惠帝即位后，把朝廷大事一概交给亲信大臣去办，自己只管享乐。

一次，晋惠帝前往华林园游赏，听到蛤蟆叫声，便对左右侍从说："蛤蟆鸣叫，是为官鸣，还是为私鸣？"

侍从们不知他问的话是什么意思，只好回答说："在官地为官鸣，在私地为私鸣。"

又有一次，由于灾荒严重，百姓没有饭吃，很多人被饿死。

晋惠帝听说后，气愤地质问道："那为什么不吃肉粥！"

可想而知，晋惠帝是一个多么愚昧无知的皇帝，所以只能听从别人的摆布。

晋惠帝的皇后贾南风，是个性情十分善妒而又颇有权谋的女人。

贾南风在做太子妃时，不仅其他嫔妃不敢接近太子，就连太子司马衷也十分畏惧她的淫威。

贾南风曾亲手杀死不少违忤其旨意的宫女，甚至极其残暴地掷戟射杀怀孕的太子嫔妃，致使婴儿坠地而亡。

晋惠帝即位后，贾氏被立为皇后，更加专横跋扈。

晋武帝临终前，下诏由杨皇后之父杨骏和汝南王司马亮共同辅佐朝政。

可是，在晋武帝死后，杨皇后伪造遗诏，由杨骏独自辅政，从而排斥了司马亮。

杨骏以外戚身份和太傅官职专擅朝政，引起皇后贾南风的忌恨，司马氏宗室诸王也十分不满。

晋惠帝永平元年（291），贾后策动楚王司马玮，通过宫廷政变，除掉了杨骏。

随后，贾后又伪造诏书，密令司马玮杀掉司马亮，并以"擅杀"罪名处死司马玮，自己掌握了朝廷大权。

贾后擅杀大臣和专制朝政，激起司马氏宗室诸王的极端仇恨。

晋惠帝永康元年（300），赵王司马伦起兵入宫，诛杀贾后，迁惠帝为太上皇，自立为帝。

接着，齐王司马冏、成都王司马颖和河间王司马颙三王联兵，讨伐赵王司马伦。从此，西晋统治集团争权夺利斗争由京城洛阳波及北方广大地区，宫廷政变演化成武装混战。

直到晋惠帝光熙元年（306），东海王司马越毒杀晋惠帝司马衷，另立晋怀帝司马炽，长达十六年之久的西晋"八王之乱"才告结束。

在西晋司马氏宗室骨肉相残的时候，拓跋部密切注视着中原王朝动荡不安的政局。

匈奴首领刘渊乘战乱之机，自称汉王，起兵反晋之后，晋朝并州刺史、东瀛公司马腾向拓跋猗㐌乞师相助，抵御刘渊。

卫操劝说拓跋猗㐌出兵援助司马腾。

于是，拓跋猗㐌亲自统率十余万大军，与其弟拓跋猗卢合兵前往救援司马腾。他们在上党、西河（今河南省和山西省交界处）一带，大破刘渊。

其后，拓跋猗㐌又应司马腾之请，率领数千骑兵相助，击败刘渊。

司马腾奏请西晋朝廷，册封拓跋猗㐌为代理大单于，加授卫操为右将军。

不久，拓跋猗㐌和拓跋禄官相继去世，拓跋猗卢总摄三部。

拓跋猗卢以其所在地盛乐为中心，把原来划分的拓跋鲜卑三部统一起来。

拓跋猗卢统一三部之初，正值"永嘉之乱"，北方各少数民族纷起割据。

西晋派遣刘琨任并州刺史，继续抗击匈奴势力。

刘琨为了联合拓跋部做外援，遣使请求拓跋猗卢出兵，合击匈奴，并把儿子刘遵送去做人质。

310 年，拓跋猗卢遣其侄拓跋郁律率领骑兵南下，与刘琨大破匈奴铁弗部及白狼部。

刘琨对拓跋猗卢十分感激，与他结为异姓兄弟，并上表朝廷，为拓跋猗卢请功。

晋怀帝司马炽下诏，封拓跋猗卢为代公，赐代郡（今河北省蔚县西南）为其采邑。

拓跋猗卢以代郡距拓跋部的活动中心盛乐太远，遂率领部众一万余家从云中进入雁门（今山西省代县），要求改封陉北（雁门关以北）为采邑。

刘琨不仅无法阻拦拓跋猗卢，而且又要依靠他作为外援，遂将楼烦、马邑、阴馆、繁畤、崞县（均在今山西省境内）五县百姓全部撤离到陉南，而把五县辖地拨给拓跋猗卢。

晋愍帝建兴三年（315），颁发诏令，进封拓跋猗卢为代王，以代郡（今河北省蔚县西南）、常山郡（今河北省正定县）为采邑，并准许自置官属。

于是，拓跋猗卢模仿晋朝的各项制度，开始制定刑法，设立官府。

从此，拓跋部建立起政治中心. 并初步具备了国家规模。

拓跋猗卢向刘琨请求，聘用并州从事莫含前往代国，佐助他处理政务。

刘琨表示同意，可是莫含本人却不想去。

刘琨对莫含说："我们并州如此势单力弱，而我又缺乏才干，然而能够在匈奴和羯人的包围和威胁之中，获得生存，都是借助于代王的力量。我所以竭尽性命、资产，甚至以长子当作人质去侍奉他，目的只求为朝廷洗刷匈奴人给我们造成的奇耻大辱。你如果想当忠臣，怎么能只珍惜我们在一起共事这样的小节，忘记为国家而牺牲个人的大义？请你前去侍奉代王，做他的亲信心腹，这实在是我们一州的依赖！"

莫含于是前往拓跋部，拓跋猗卢对他十分信重。

拓跋猗卢一向执法严苛。有时部众中一人犯法，他甚至将其整个部落所有的人全部屠杀。道路上常常可以见到成群结队的行人，问他们往何处去，回答说："前去受刑送死。"没有一个人敢于逃亡或隐匿。

最初，拓跋猗卢在所有的子弟中，最喜爱少子拓跋比延，打算确立他为继承人。

拓跋猗卢让长子拓跋六修驻守远离盛乐的新平城（今山西省大同市），继而又废黜他生母。

招跋六修有一匹骏马，一天可以奔走五百里路。拓跋猗卢要他交出来，以赏赐拓跋比延。

拓跋六修回盛乐朝见父王时，拓跋猗卢命其拜见拓跋比延，拓跋六修坚决不肯。拓跋猗卢遂让拓跋比延乘坐自己的步辇出游，并令人在车前引导。拓跋六修远远望见，以为是父王，就在路旁参拜。

可是，辇车缓缓来到之后，拓跋六修发现车上坐的竟是拓跋比延。

对此，拓跋六修十分恼怒，他不辞而别，恨恨离去，返回平城。

拓跋猗卢召见拓跋六修到盛乐，他也拒而不来。

拓跋猗卢勃然大怒，遂率兵讨伐，结果又被拓跋六修击败。

拓跋猗卢换上平民服装，逃到民间躲藏。有一个贫贱的女人发现了他，遂被拓跋六修所杀。

当时，拓跋猗卢的另一个儿子拓跋普根先前在边界驻防，他得到兄长弑父的消息，前来兴师问罪，击斩了拓跋六修。

拓跋普根继位为代王，拓跋部内部大乱。新人（指拓跋猗卢的部众，其中有许多汉人和乌桓人）与旧人（指拓跋普根的部众，主要是拓跋鲜卑人）之间相互猜忌，不断自相残杀。

左将军左雄、信义将军箕澹长期辅佐拓跋猗卢，深受部众的信赖。他们打算率领拓跋部中的汉人和乌桓人投奔刘琨，对大家说："听说旧人对新人的勇敢善战，十分忌惮，想把新人全部杀掉，我们怎么办？"

汉人及乌桓人都非常震恐，说："无论是生是死，我们都愿意跟随二位将军。"

于是，左雄、箕澹便连同做人质的刘琨之子刘遵，率领汉人和乌桓人共三万余家，脱离拓跋代国，归附西晋并州刺史刘琨。

刘琨喜出望外，亲自到平城接纳安抚。刘琨的势力因此而重振。

拓跋普根即代王位只有一个月，便因病去世。

这时，他的儿子才刚刚出世，还在母亲的怀抱之中。

拓跋普根的生母（即拓跋猗卢的正室）惟氏扶持小孙子继承王位，并亲自执掌大权。

拓跋普根的儿子在继位的当年便天折了，部众又拥立拓跋普根的叔父拓跋郁律为代王。

拓跋郁律姿态雄壮，甚有武略。他即代王位之后，深得民心，受到部众的爱戴。

拓跋郁律即位不久，匈奴刘渊建立的汉国发生分裂。刘渊之侄刘曜建立前赵，羯人石勒建立后赵，前后二赵成为西晋灭亡之后北方两个强大的政权。

拓跋郁律击走占据朔方（今内蒙古自治区河套西北部及后套地区）的铁弗刘虎，其弟路孤率部众归附拓跋代国。

拓跋郁律连年征战，西兼乌孙故地（今新疆维吾尔自治区境内），东吞勿吉（今松花江、牡丹江及黑龙江中下游一带）以西，领地进一步扩大，拥有控弦之士将近百万。

拓跋郁律认为西晋灭亡之后，中原无主，遂对大臣们说："这是上天赐予我们大展宏图的良机。"

于是，他拒绝前赵遣使求和，斩杀后赵的使者，对东晋元帝司马睿派遣使臣韩畅前来加赏爵服，也拒不受纳。

拓跋郁律大力训练军队，准备征服中国南部。

可是，惟氏对拓跋郁律甚为忌惮，唯恐他在位日久，将对自己的子孙不利，遂将其杀害，另立拓跋贺傉为代王。

惟氏又诛杀拓跋郁律的亲信大臣数十人，并要谋害拓跋郁律诸子。

此时，拓跋郁律的次子拓跋什翼犍年龄幼小，尚在襁褓之中呱呱啼哭。母亲王氏把他藏在裤中，为儿子祷告说："上天如果让你活下去，你就千万不要哭。"拓跋什翼犍真的不哭了，从而逃过了这一劫难，保住了性命。

拓跋贺傉在位四年，因病去世。其弟拓跋纥那继代王位。

不久，拓跋代国发生内乱。贺兰部和拓跋部的各部大人共同拥立拓跋郁律之子拓跋翳槐为代王，拓跋纥那被迫投奔宇文部。

拓跋翳槐即位后，为了向后赵石勒请和，把他的弟弟拓跋什翼犍送往襄国（今河北省邢台市西南）充当人质。

拓跋翳槐后来身患重病，他在临终前叮嘱各部大人说："我死之后，一定要迎立什翼犍，只有这样，代国才能安稳。"

拓跋翳槐去世后，各部大人认为代国刚刚遭遇大丧，而拓跋什翼犍身在遥远的异国他乡，不知是否一定能够返回。即使可以返回，由于时间拖延过长，恐怕会发生变乱。于是，梁盖等人谋划另立拓跋郁律四子拓跋孤继位。

拓跋孤坚决不肯接受。他推辞说："父王故去，本应由兄长继位，我怎么可以超越次序而登大位呢？"

这时，后赵已迁都于邺（今河北省临漳县）。拓跋孤自行前往邺城，迎接拓跋什翼犍。

他来到邺城后，请求以自身留作人质，换回兄长。

后赵石虎敬佩拓跋孤的义气，便把他和拓跋什翼犍一起放回。

338年，拓跋什翼犍在繁畤（今山西省浑源县）即代王位，建立年号"建国"。

拓跋什翼犍把国土的一半分给四弟拓跋孤，以答谢迎立之功。

拓跋代国自拓跋猗卢去世后，内乱迭兴，部众离散，拓跋部遂衰败而不能复振。

拓跋什翼犍雄勇而有智略，把祖宗传下来的基业，逐渐复兴起来，离散的部众又纷纷归附。

拓跋什翼犍任用代郡汉族士人燕凤为左长史、许谦为郎中令兼掌书记。他在汉族士人的帮助下，建立国家机构，设置百官，分掌众务。又制定法律，规定叛乱、杀人、奸、盗等罪的各种刑罚。

拓跋什翼犍胸怀远大，富有统治经验，他理政号令严明，政事清简，所以得到广泛的拥护。

拓跋什翼犍在一次征服西部铁弗的战役中，一只眼睛被流矢射瞎。后来，射箭者被俘，拓跋什翼犍的部下手持锥刀，要把他屠割致死。

拓跋什翼犍对大家说："在战场上，将士们都各为其主。射箭者虽然伤害了我，但怎么能治罪呢？"遂下令释放了这个人。

当时，拓跋代国缺乏丝织品。

一次，许谦盗用官府二十匹绢帛，被看守人员告发。

拓跋什翼犍没有追查，而只告诫燕凤说："我不忍心当着许谦的面提起这件事，你也不要泄露出去，以免许谦羞愧自杀。因为一点财物而辱杀士人，实在不值得。"

拓跋什翼犍招聘燕凤，颇有传奇色彩。

燕凤是代郡人，学识渊博，精通经史，很有才华。

拓跋什翼犍素闻其名，遂派人以礼相聘。可是，燕凤拒不应聘。

拓跋什翼犍为此派兵包围代郡城，声称燕凤不来，便屠杀城内全部居民。

代郡城民被逼无奈，只好把燕凤送出。

拓跋什翼犍这种做法虽然蛮横无理，但能说明他求贤若渴的心情。

建国二年（339）五月，拓跋什翼犍在参合陂召集各部大人聚会，商议定都淫源川。

他的母亲王氏说："我们从先祖以来，一直都逐水草而居，迁徙不定。而今国家又多灾多难，如果在一个地方定居下来，一旦敌寇前来进攻，我们往哪里躲避？"

由于母亲的反对，拓跋什翼犍打消了定都的念头。

第二年，拓跋什翼犍迁都云中盛乐宫，又在盛乐旧城南八里处修建一座新城。从此，拓跋代国有了一个比较稳定的政治中心。

拓跋什翼犍在位时期，在加强拓跋代国内政建设的同时，又多次兴兵征讨。

建国二十六年（363），拓跋什翼犍率兵远征漠北的高车。

高车，即汉代的丁零。这时的北方鲜卑人称它为"敕勒"，北方的汉人叫它为"高车"，南方的汉人仍然沿用两汉习称，称它为"丁零"。

高车这个族名得之于其所乘的车辆车轮高大。

拓跋什翼犍大破高车，掳获一万余人，马、牛、羊一百余万头。

建国三十年（367）冬，拓跋什翼犍又率兵攻击黄河以西河套里面朔方郡的匈奴铁弗部。

当时刘卫辰为匈奴铁弗部首领，归附前秦。拓跋什翼犍曾把女儿嫁给他，以求友好相处，但是，刘卫辰仍不断进攻代国。

拓跋什翼犍的征讨大军进抵黄河时，河水虽已结冰，但尚未完全封冻，无法穿行。他命兵士用苇草搓成粗大的绳索，散布在河面上，使之冻结成冰桥，大军遂得以渡河。

刘卫辰意料不到拓跋代国大军突然出现在眼前，无力抵抗，便率宗族向西逃散。

拓跋什翼犍俘虏铁弗部落十分之六七。

拓跋代国在拓跋什翼犍的治理下，国势得到复兴。东自涉貊（东北地区的少数民族），西到破洛那（古西域国名，在葱岭以西中亚地区），南到阴山（黄河河套以北），北到大沙漠北部边缘，全部归服拓跋部。

后赵灭亡后，北方又兴起氐族苻氏建立的前秦政权，建都长安。

前秦在苻坚统治时期，任用汉族士人王猛，大力改革内政，迅速发展成为北方最强盛的国家。

前秦先后灭掉前燕、前凉等政权，北方就只剩拓跋代国。

建国三十九年（376），苻坚灭掉前凉之后，乘胜进军代国。

拓跋什翼犍命白部、独孤部出兵抵御，都被秦国击败。

拓跋什翼犍又派南部大人刘库仁统率十万骑兵出击秦军，再次惨遭失败。

这时，拓跋什翼犍身患重病，已经不能亲自领兵作战。他只好放弃盛乐，带领部众逃奔阴山以北，暂避前秦兵锋。

在这种危急的形势下，高车等部族一时间全部叛变，四散逃溃。

拓跋什翼犍率部众在漠北不得游牧，同时其内部又发生了变乱，他只好再度返回漠南。在前秦大军撤退之后，又返归云中。

当初，拓跋什翼犍把一半国土分给弟弟拓跋孤。拓跋孤早逝，其子拓跋斤由于未能继承父亲的权位而心怀不满。

拓跋什翼犍的太子拓跋寔及其弟拓跋翰也都很早去世。拓跋寔的儿子拓跋珪年纪还小。

拓跋什翼犍的王妃慕容氏所生之子拓跋阏婆、拓跋寿鸠、拓跋纥根、拓跋地干、拓跋力真、拓跋窟咄等都已长大。但是，拓跋什翼犍的继承人一直没有确定。

拓跋什翼犍回到云中之后，前秦大军仍屯驻在附近。拓跋什翼犍的子弟们每天夜晚都全副武装，守卫在他的寝宫周围。

拓跋斤乘机向拓跋什翼犍的庶长子拓跋寔君挑拨说：“君王准备选立慕容妃所生之子，并打算先把你杀掉，所以近些日子你的弟弟们每晚都全副武装，率兵在寝宫四周巡逻，为的是寻找机会杀你。”

拓跋寔君对拓跋斤这番话深信不疑，遂立即率兵发动突然袭击，把他所有的弟弟连同父王一并杀掉。

事情发生的当天夜里，拓跋什翼犍的儿媳们跟随部众逃奔前秦大军驻地，并告知拓跋代国事变的情形。

前秦将领李柔、张蚝等人率兵迅速赶往云中。

这时，拓跋代国的部众正纷纷逃散，一片混乱。

拓跋珪的母亲贺氏抱着他这个幼小的儿子，逃奔贺兰部，投依其兄长贺讷。

前秦王苻坚召见拓跋什翼犍先前派来的使者燕凤，询问代国内乱发生的原因。燕凤据实相告。

苻坚说："只要是罪恶，到天下任何地方，都一样是罪恶。"

于是，苻坚下令，逮捕拓跋寔君和拓跋斤，并把他们押解到长安，以车裂酷刑予以处死。

与此同时，苻坚打算把拓跋珪接到长安。

燕凤再三请求苻坚说："代王刚刚去世，部众纷纷叛逃，而他遗留下来的这个孙子年纪尚小（时年六岁），没有人能把代国部众统摄起来。代国的部落大人刘库仁勇武而有谋略，另一个部落大人刘卫辰则狡猾多端，反复无常，不可以把代国单独交给他们中的任何一个人。不如把代国一分为二，由刘库仁和刘卫辰分别统管。他们之间一向有着深仇大恨，可以互相牵制，谁也不敢图谋不轨。等到拓跋珪长大以后，再让他继承代王职位。陛下这样做，是对代国有存亡继绝的恩德，将使他们的子孙成为陛下的臣属，并且永远也不会背叛。这实在是安定边疆的良策。"

苻坚接受了燕凤的意见，遂把代国划分为两部分，黄河以东属刘库仁，黄河以西属刘卫辰，并指令他们各自设立官属，统辖自己的部众。

至此，拓跋代国被前秦灭掉，时当拓跋什翼犍建国三十九年（376）十二月。

二　北方分裂

分别统领代国的刘库仁和刘卫辰，都是东汉时南匈奴北部帅的后裔。在西晋初年其首领率部众叛逃塞外，归附鲜卑拓跋部，继为部落大人，并与拓跋部世通婚姻。当时鲜卑人以匈奴父者鲜卑母者称为铁弗。实际上，铁弗部是南匈奴与拓跋鲜卑混合而成的一个新的部族。

西晋末年，刘虎为铁弗首领，经常出兵攻击晋廷。当时，拓跋部首领郁律与西晋并州刺史刘琨共同抵御刘虎。

刘虎后来投靠匈奴汉国刘聪，刘聪以其为同宗，任命为安北将军、监鲜卑诸军事、丁零中郎将。

刘虎死后，其子刘务桓继为首领。刘务桓带领部众复归拓跋部。但不久，刘务桓又转而投依后赵，被石虎任为平北将军、左贤王。

刘务桓之子刘卫辰为首领时，再次归附拓跋部。拓跋什翼犍把女儿嫁给刘卫辰。

但是，刘卫辰暗中与前秦通好，被苻坚封为左贤王。

刘库仁与刘虎同宗，其母为拓跋郁律的女儿。拓跋什翼犍又把宗女嫁给他，任命他为南部大人。

刘库仁和刘卫辰受苻坚之命，各自统辖分属于自己的领地。

由于刘卫辰对拓跋代国叛服无常，而刘库仁则比较忠于职守，所以，代国

176

灭亡时逃奔贺兰部的拓跋珪母子又返回投靠刘库仁。

刘库仁对拓跋珪尽心侍奉，待之如初，不因兴废而改易臣节。

刘库仁时常对自己的儿子们说："拓跋珪这个小孩有远大志向，没有人能比得上。他一定可以兴复先祖的基业，你们要好好对待他。"

刘库仁在辖区内大力招集安抚离散的部众，广施恩信，声威大振。

前秦王苻坚为奖赏刘库仁的功劳，加授其为广武将军，赐给出行时仪仗队使用的旗帜和演奏鼓吹乐的乐队，规格比照诸侯。

刘卫辰对刘库仁的地位声望超过自己，感到极为愤慨。盛怒之下，他便诛杀前秦的五原（今内蒙古自治区包头市）太守，起兵发动叛乱，并进而攻击刘库仁。

刘库仁率兵击败刘卫辰，追击到阴山西北千余里，俘获刘卫辰的妻子儿女，全部据有他的部众。

刘库仁乘势西征库狄部，将其部众迁到桑干川（今山西省山阴县东南）。

苻坚把公孙氏之女赐予刘库仁为妻，并赏赐其大量金钱和财物。

刘库仁前往长安拜见苻坚，苻坚加授其为振威将军。

过了很久之后，苻坚又封刘卫辰为西单于，统领河西（今陕西省北部）各族部落，屯驻代来城（今内蒙古自治区伊金霍洛旗西北）。

这一时期，前秦对东晋发动了一场规模空前的军事进攻，史称淝水之战，结果前秦遭到惨败。这场大战对北方局势产生了重大影响。

苻坚素有一统天下之志，在统一北方之后，就急于出兵南下，企图灭掉东晋，实现夙愿。

前秦建元十八年（382）十月，苻坚在太极殿召集群臣，商议伐晋之事。

他说："我自从继承大业，将近三十年。四海之内，全部平定，但唯有东南一隅还没有归服，接受我的教化。如今，大略估算，可以调集九十七万大军，我打算亲自统兵前往讨伐，你们以为如何？"

秘书监朱彤首先发表意见说："陛下恭敬地代替上天，惩罚叛逆，必定一战而获全胜。晋国君主如果不到我们大军营门之前投降，则只有逃亡奔走，困死于江海。陛下让那些先前逃难到江南的中原百姓，重新返归他们的家乡故居。凯旋之后，再去东方巡察，在泰山祭祀天神地祇，告知已经完成统一天下的使命。这实在是千载难逢的一次机遇。"

苻坚异常兴奋，说："这正是我的志向。"

尚书左仆射权翼持有不同看法。他说："从前，商纣王暴虐无道，只因为还有三个仁人仍留在朝廷（指微子、箕子、比干），周武王在讨伐纣王时才下令回军。而今晋国虽然衰微，却并没有大的罪恶，其执政的谢安、桓冲都是江南的伟人，且君臣和睦，上下同心。以我之见，不可以谋取晋朝。"

苻坚听了权翼的话，沉默很久，说："诸君都可以发表自己的见解。"

太子左卫率石越接着说："今年以来，岁镇二星（即木星和土星）紧守斗星，福德正停留在吴地（即三国时东吴境内，此指东晋）上空①。如果出兵征讨，必定要遭受上天降下的大祸。而且，晋朝仗恃长江的险要，人民又听从朝廷的号令，恐怕不可以讨伐。"

苻坚驳斥石越的看法，说："过去周武王讨伐商纣王，也曾冒犯福星，违背卜卦所示，上天的指示幽深玄远，我们不容易知道。夫差（春秋时期的吴国

___
① 古代占星术以木星为主祥瑞的星，所在有福，故又称为福星、德星。

国君)、孙皓(三国时东吴的末帝)都依恃江湖作为屏障以自保,仍不免被灭亡。现在,我们的军队人数众多,投下马鞭,足可以阻断长江的流水,他们又有什么险要能够依仗呢?"

石越继续陈述己见,说:"那三个国家(指商朝、吴国、东吴)的君主全都荒淫无道,所以敌对之国消灭他们,好像弯腰拾取遗物那样容易。如今,晋国虽然缺少德政,但尚没有大罪。愿陛下息兵养民,积蓄粮草,等待有利时机。"

接着,群臣纷纷发表意见,陈述利害得失,导致苻坚很久不能作出决定。

苻坚最后说:"这正如在路边修筑房舍,不知何日可以完成。我将要自己作出决断!"

群臣离去之后,苻坚单独把他的弟弟、阳平公苻融留下来,对他说:"自古以来,参与决定重大事情的,不过一二个大臣而已。如今,众人议论纷纷,只能使人心烦意乱,我现在与你一起决定这件事。"

苻融说:"讨伐晋国,有三大困难:不顺从天意,此其一;晋国没有什么破绽可供我们利用,此其二;我们的将士多次征战,精疲力竭,百姓也有畏惧敌人的心理,此其三。群臣之中,凡是认为晋国不可以讨伐的,都是忠臣,请陛下听从他们的意见。"

苻坚脸色大变,说:"连你也是这样,我还能指望谁?我们强大的军队有百万之众,辎重和武器堆积起来,如同高山。我虽然算不上英明的君主,但也并非昏庸无能之辈。乘着历次征战取得胜利的威势,征讨将要灭亡之国,何用担心不能攻克?怎么可以留下这些残余的敌寇,使他们成为我们国家的后患!"

符融流着泪劝阻符坚，说："晋国之不可以灭，理由十分明显。我们率军大规模地发动进攻，恐怕很难有把握获取全胜。而我忧虑的，不止于此。陛下恩宠鲜卑人、羌人、羯人，把他们安置于都城周围。这些人是我们的仇敌。假如陛下亲率大军出征，由太子（符宏）单独与数万老弱残兵留守京师，我担心万一心腹之地发生变乱，后悔已来不及。我的浅陋见解固然不值得陛下采纳，可王猛（汉族士人，曾任前秦丞相）是一代杰出英才，陛下常常把他比作诸葛亮，难道不记得他临终遗言（王猛生前告诫符坚，千万不要进攻晋朝）？"

符坚不接受符融的劝告。

于是，朝中大臣上书进言，继续劝阻。

符坚对群臣说："以我们的力量进攻晋国，我对双方强弱形势相比较，觉得好像秋风扫落叶一样，然而朝廷内外都加以阻止，这实在使我无法理解。"

太子符宏说："现在，福星正笼罩东南方，晋国君主又没有罪过，如果大举伐晋，一旦不能取胜，恐怕威名在外受到损害，而内部又财力枯竭，这是大家所疑虑担忧的。"

符坚说："我以前消灭燕国（前燕），也曾冒犯福星，结果却获取大捷。上天的旨意，难以预知。秦始皇灭六国，难道六国君主全都暴虐无道？"

冠军将军、京兆尹慕容垂（前燕鲜卑慕容氏皇族）向符坚进言："弱被强吞并，小被大消灭，这是自然的道理，并不难理解。陛下神明英武，上应天心，声威远扬海外；强大的军队有百万之多，韩信、白起一样的良将，充满朝廷，而藐小的江南之地，独自违抗王命，怎么可以把它留给子孙去征服呢？

《诗经》上说：参与谋划的人太多，意见不容易集中，所以不能取得成功。陛下依据自己的远见卓识进行决断就足够了，何必广泛征求朝廷中众人的看法。从前，晋武帝征伐东吴，所依恃的只有张华、杜预等二三个人罢了。如果他听从多数人的意见，怎么能取得统一全国的不世之功呢？”

苻坚大为高兴，说：“与我共同平定天下的，只你一人而已。”遂赐给慕容垂五百匹帛。

苻坚锐意攻取东晋，整日思虑，夜晚休息都不能睡到天明。

前秦建元十九年（383）五月，苻坚下诏，令全国所有民户，每十个成年男子中，抽出一个当兵，年龄在二十岁以下的良家子弟，凡是勇武而有才干的，都任命为羽林郎。

诏令又说：“现在，任命晋朝君主司马昌明为尚书左仆射、谢安为吏部尚书、桓冲为侍中。克晋之期，近在旦夕，很快就可以班师凯旋，有关部门可先在京师给他们修建住宅。”

当年八月，苻坚命阳平公苻融带领张蚝、慕容垂等，率二十五万步骑兵充当前锋，任命兖州刺史姚苌（羌族人，原为后秦君主）为龙骧将军，督益、梁二州诸军事。

苻坚对姚苌说：“从前，我以龙骧将军的身份，建立大业。这一封号从不轻易授给别人，你要好自为之！”

左将军窦冲说：“君王无戏言，这话是不祥的征兆。”

苻坚感到一时失言，遂沉默不语。

慕容垂兄长之子慕容楷和慕容绍对慕容垂说：“主上（指苻坚）骄傲轻敌到了极点，叔父为燕国建立复兴大业，在此一举！”

慕容垂说：“正是这样。但如果没有你们，谁能与我共举大事！”

苻坚在指派先锋部队的同时，自己也从长安出发。前秦出动步兵六十万，骑兵二十七万，大军一路上旌旗招展，战鼓喧天，前后连绵千里。

九月，符坚进抵项城（今河南省项城市），而凉州（河西走廊）的参战部队才到咸阳（今陕西省咸阳市）；巴蜀（今四川省一带）的参战部队才刚刚集结到长江沿岸，顺流而下；幽、冀（今河北省一带）的参战部队，才到彭城（今江苏省徐州市）。各路大军，东西相距万里，分别由水陆两途，同时并进。为出征部队运送粮草的船只，多达一万余艘。

面对前秦强大攻势，东晋朝野上下一片惊慌，有人主张迁都以避其锐，有人声称非降即亡。而宰相谢安镇定自若，竭力主战。

东晋孝武帝司马昌明根据谢安的建言，任命尚书仆射谢石为征虏将军、征讨大都督，任命徐、兖二州刺史谢玄为前部都督，率领北府兵八万人，迎击前秦的百万大军。

谢玄临出发之前，向谢安请求面授退敌之策，谢安坦然回答说："我会另行下达旨意。"只此一句，别无他言。

谢玄不敢再问，便令部将张玄前去请旨，谢安仍不作答复，而是乘车前往郊外别墅，召集亲朋故友，聚在一起游玩。

谢安摆下围棋，以别墅做赌注，强使谢玄与他对弈，决出胜负。

谢安的棋艺不如谢玄，往日二人下棋，谢安很少有赢时。而此时谢玄由于忧惧不安，双方竟然下成平手，继而谢玄由平手转为失利。

下过棋，谢安便起身游山玩水，直到深夜才返回。

坐镇荆州的车骑将军桓冲担心朝廷处境危急，要求派遣精兵入卫京师，谢安坚决不肯接受，说："朝廷已有妥善的方略，部队和武器都不缺少。你的军队应当留下加强西方防务。"

桓冲对部下说："谢安有宰相度量，但是不懂军事。如今，大敌当前，他仍然游玩和清谈，而派一些没有经验的年轻人去指挥作战。况且我们的军队数量少、势力弱，最后的结局已完全可以预料，我们将要穿上左边开襟的衣服了（当时北方少数民族衣襟开在左边，与汉族不同，此指做前秦的俘虏）！"

前秦的前锋部队一路进军顺利，很快进抵寿春（今安徽省寿县），苻融立即派骑兵飞奔项城报告苻坚，说："敌兵人数不多，很容易擒获。只恐怕他们逃散，请你赶紧到这里来，否则将见不到我是如何俘获晋军统帅的。"

苻坚得此捷报，十分兴奋，遂把大军留在项城，只率八千轻骑，昼夜兼程，奔赴寿春。

苻坚到达寿春后，派遣先前的东晋降将而现任尚书的朱序前往晋营，向谢石劝降。要他对谢石说："应当清醒地认识到，双方强弱相差悬殊，不如早早归降。"

可是，朱序却暗中告知谢石："百万秦军如果全部到达，实在难以抵挡。现在，应当乘他们各路人马尚未集结之机，迅速出击。如若能打败前锋部队，则可挫伤他们的士气，进而将其完全击破。"

原来谢石听说苻坚已到项城，大为恐惧，打算不与秦军决战，以使其疲困而丧失斗志。听了朱序的密报后，遂决定对秦军发动进攻。

谢石派刘牢之于洛涧（今安徽省淮南市东淮河支流洛河）击败秦将梁成，俘杀将士达一万五千余人。

接着，谢石命令晋军，水陆并进，抵达淝水（流经今安徽省寿县境内的淮水支流）东岸。

苻坚与苻融登上寿春城楼眺望，看到晋军阵容严整，又北望八公山，以为山上的草木都是晋兵。

苻坚回头对苻融说："这是强敌，怎么能说他们势弱兵少！"说完怅然若失，面上露出畏惧神色。

前秦大军在淝水西岸，严阵以待，晋军无法渡过淝水交战。谢玄遂派人前去晋见苻融，说："你们孤军深入，却靠近河边安营扎寨，这是准备长久驻扎，不打算迅速交战的做法。如果将军队稍稍向后撤退，使我们渡过淝水，双方一决胜负，岂不是更好吗？"

前秦各位将领都不同意后撤，遂对苻坚说："我们兵多，而他们人少。与其让他们渡水交战，不如守住河防，防止其前进，我们就可以万分安全。"

苻坚说："只是把阵地稍向后撤，使晋军渡河。而等他们渡过水面一半时，我们派出铁骑冲杀，没有不获全胜的。"

苻融也以为苻坚说的有道理，遂指挥大军后撤。

可是，秦军一退而不可复止。

谢石等率领晋军迅速渡过淝水，登岸之后猛烈攻击。

苻融骑马巡阵，想要阻止兵士后退，以便与晋军交战。但是，由于乘骑倒地，苻融被晋军所杀。失去统帅的前秦大军随即土崩瓦解，四散逃亡。

谢玄等人乘胜追击，直追到青冈（今安徽省凤台县西北）。

前秦大军惨遭失败，自相践踏而死者的尸体满山遍野，阻塞河川。将士们在逃跑途中，听到风声鹤鸣，都以为是晋兵追来。于是，他们昼夜奔逃，不敢停息。而且专门在荒山野岭穿行，不敢走光明大路，只能露天而宿，不敢进入人家。加以饥饿、严寒，死亡的占十分之七八。

当初，秦军刚刚向后撤退时，朱序在阵地后面大声呼喊："秦军败了！秦军败了！"前秦大军才开始狂奔。

苻坚被流箭射中，单枪匹马落荒而逃。逃到淮河北岸，饥饿难熬，遂入民居讨饭。乡民送给他一壶泡饭和一盘猪腿肉，苻坚吃完，赏赐帛十匹、绵十斤。那位乡民推辞说："陛下不安于享乐，而使自身遭受困苦。我是陛下的子民，陛下是我的君父，哪有儿子奉养其父，却希望回报的！"

苻坚深感愧疚，对张夫人说："我如今还有什么面目治理天下？"一边说着，一边潸然泪下，十分凄惨。

这就是历史上著名的秦晋淝水之战。

淝水之战后，前秦实力大衰。原来投降苻坚的各少数民族贵族乘机纷纷摆脱前秦的控制，建立新的割据政权。这样，北方广大地区陷入更严重的分裂局面。

鲜卑慕容部在今河北、山东及山西地区先后建立后燕、西燕、南燕，汉人冯跋在辽西地区建立北燕，羌族豪帅姚苌在今陕西关中地区建立后秦，匈奴族赫连氏在今陕西北部和内蒙古鄂尔多斯市地区建立大夏。与此同时，在今青海东部和甘肃河西走廊一带，鲜卑乞伏部建立西秦，鲜卑秃发部建立南凉，氐人吕光建立后凉，卢水胡沮渠部建立北凉，汉人李暠建立西凉。

第六章

道武帝复前主政
魏王朝迭更崛起

淝水之战以后，前秦的统治迅速瓦解，也给拓跋部复国提供了有利条件。

拓跋珪在刘库仁败亡之后复称代王，不久改国号为魏。拓跋珪是冯太后夫君文成帝拓跋濬的高祖父，也是北魏王朝的实际缔造者。

一　拓跋复国

鲜卑慕容部首领慕容垂与苻坚从淝水前线逃返关中后不久，借故脱离前秦而自立，并率兵进攻苻坚之子苻丕镇守的邺城（今河北省临漳县西南）。

苻坚派姜让责备慕容垂，并且向他游说："有了过错而能够改正，现在还不算晚。"

慕容垂说："我蒙受主上（指苻坚）永世不忘的恩惠，所以才打算保全长乐公（苻丕封爵），使他率领部众返回京师。然后，我再恢复燕国（指前燕）的大业，与秦国结成永远友好的邻邦，但为什么你们不识上天授予的机运，从而把邺城归还给我？如果再继续执迷不悟，我当倾全部兵力发动进攻。到那时候，恐怕你们就是想单枪匹马逃命，也不可能得逞了。"

姜让声色俱厉地斥责说："当初，你在自己的国家之内，遭受排斥打击，不能容身立足，投奔我们圣明的大国。燕国的土地，哪有一尺一寸归你所有？主上（指苻坚）与你本来种族不同，风俗有异，但一见如故，推心置腹，亲如一家，对你的宠爱信任远远超过有功勋的老臣。自古以来，君臣之间的关系，有过比这更为密切的吗？

"可是，王师只遇到一次小小的挫败，你竟立即生发背叛的企图。长乐公是主上的长子，受命担负陕城（今河南省三门峡市陕州区）以东地区的防守重任，怎么能够坐以待毙，奉献城池和领土呢？你如果想撕破衣服，毁弃冠帽，不顾一切，尽可以施展你的兵力，我还能有什么可说的。只是，我怜惜你以七十岁的高龄，头颅被砍下后挂在大白旗上，盖世忠贞，竟变成叛逆之鬼。"

慕容垂听了姜让这番话，一时间沉默不语。

慕容垂的左右侍从请求杀掉姜让，慕容垂不准许，说："他效忠他的君主，有什么罪过？"遂以礼相送，把姜让放回去。

接着，慕容垂写信给苻丕，又上表苻坚，陈述利害得失，请求准许他护送苻丕返回长安。

苻坚和苻丕都极为愤怒，复信加以深切责备。

慕容垂指挥大军，奋力攻击邺城。与此同时，慕容垂派平朔将军平规进攻前秦的蓟城（今北京市西南）。

前秦幽州刺史王永向振武将军刘库仁求援。刘库仁自以受苻坚爵命，当尽臣节，遂派妻兄公孙希率领三千骑兵，前去援助王永，并在蓟城南郊大败平规。然后，公孙希乘胜长驱南下，进攻唐城（今河北省唐县）。

刘库仁得到公孙希击败秦军的捷报，打算调集大军南下援助苻丕。于是，他下令征发雁门（今山西省代县）、上谷（今河北省怀来县）、代郡（今河北省蔚县）的兵马，集结于繁畤（今山西省浑源县西南）。

当时，降附前秦的鲜卑慕容部的慕舆常、慕舆文正在刘库仁军营，时常打算东归，苦于一直没有机会。如今，他们了解到三郡的将士都不愿意远征参战，遂乘势发动反叛，于夜间率领从三郡征调来的军队攻击刘库仁。刘库仁躲藏在马厩里，被幕舆文抓住杀死，然后，幕舆文投奔慕容垂。

公孙希听到刘库仁被杀的消息，率众逃奔高车。

刘库仁死后，其弟刘眷继承兄长职位，统摄政事。

白部大人絜佛反叛，刘眷无力征讨，便请求前秦的并州刺史张蚝增援，把絜佛败杀。

刘眷又在善无（今山西省右玉县东南）击败贺兰部，在意亲山（今内蒙古自治区二连浩特市西南）击败柔然，获牛羊数十万头。

刘眷次子刘罗辰性情机敏，颇有智谋。他在对外征战取得节节胜利的形势下，担心内部发生变乱，遂对其父进言，说："最近以来，我们东征西讨，所向无敌。然而，心腹之患，应当早日铲除。"

刘眷问道："你指的是谁？"

刘罗辰回答说："我的堂兄刘显，是个凶狠残忍之人，迟早会作乱。"

刘眷听后，认为刘罗辰的话不可听信，遂没有把这件事放在心上。

不久，刘显果然谋杀了叔父刘眷而自立。

接着，刘显打算把先前投奔刘卫辰而来的拓跋珪也处死。

刘显的弟弟刘亢埿的妻子，是拓跋珪的姑母。她得知这一消息，秘密派人告知拓跋珪的母亲贺氏。

与此同时，刘显的谋主、拓跋什翼犍的外甥梁六眷也暗中派部人穆崇、奚牧通知拓跋珪。

梁六眷还把自己的爱妻、骏马托付给穆崇，说："事情万一泄露出去，请用此代为表明我的清白心迹。"

拓跋珪的母亲贺氏得到密报后，设下夜宴，请刘显饮酒，把他灌得烂醉如泥，人事不省。暗中命儿子拓跋珪与其祖父拓跋什翼犍的旧部长孙犍、元他、罗结乘快马逃走。

次日清晨，贺氏又命人故意惊动厩中群马，使其嘶鸣。

刘显在睡梦中被惊醒，急忙起身前往马厩察看。

贺氏大声哭泣着说："我的儿子昨天晚上还在这里，现在怎么连他的随从也都不见了？"

刘显一时搞不清到底发生了什么事情，因此没有派人追捕拓跋珪。

拓跋珪脱离刘显，逃奔贺兰部，投靠舅父贺讷。

贺讷又惊又喜，对拓跋珪说："你以后兴复大业，可别忘了老臣。"

拓跋珪满面笑容，回答说："如果真能复国，我一定不敢忘记舅父的恩德。"

不久，刘显就对梁六眷产生怀疑，认为是他把谋杀拓跋珪的秘密泄露出去，打算囚禁他。

穆崇得知后，对大家宣称："梁六眷忘恩负义，忠心侍奉刘显。我把他的妻子和乘骑都弄到手，足以解一点心头之恨。"

刘显这才解除了对梁六眷的疑心，打消囚禁他的念头。

贺氏的堂弟、原拓跋代国的外朝大人贺悦率领部众脱离刘显，投奔贺兰部，拥戴拓跋珪。

刘显在盛怒之下，声称要杀死拓跋珪的母亲贺氏。

贺氏逃到刘亢埿家，在神车中隐藏三天①，躲过了搜查。

刘亢埿全家请求刘显宽恕贺氏，贺氏这才得以幸免于难。

原拓跋代国的南部大人长孙嵩率领所统部众七百余家，叛离刘显，投奔五原（今内蒙古自治区包头市）。

当时，拓跋寔君之子拓跋渥也拥有一些部众而自立，长孙嵩打算前往投依。

部下于乌渥劝阻长孙嵩说："杀父凶手的儿子，不值得追随，不如归附拓跋珪。"

长孙嵩听从于乌渥的意见，率众来到贺兰部，拥戴拓跋珪。

后来，刘显部众发生变乱，原拓跋代国的中部大人庾和辰保护着拓跋珪的母亲贺氏投依贺兰部。

拓跋珪在贺兰部的声望日益显著。贺讷的弟弟贺染干因其深得部众的拥戴，十分嫉妒，遂命亲信党羽侯引七突谋害拓跋珪。

代国旧人尉古真得到这一消息，秘密告知拓跋珪。侯引七突因此而不敢贸然动手。

贺染干怀疑是尉古真泄露机密，便将他逮捕，进行审讯。并把他的头夹在两个转动的车轮中间，致使尉古真的一只眼睛受到损伤，而尉古真无论如何也不肯招认，才免一死。

贺染干率兵包围拓跋珪的住处，拓跋珪的母亲贺氏迅速赶来责问贺染干，说："你们如今打算把我置于何地，竟然要杀我的儿子？"

---

① 神车：当时匈奴人的习俗，把神像供奉在车上，以供祭祀，称神车。神车神圣不可侵犯。

贺染干深感惭愧，无言对答，遂撤兵解围而去。

拓跋珪的弟弟拓跋建及其从曾祖拓跋纥罗，连同诸部大人，请求贺兰部首领贺讷，拥戴拓跋珪为主，恢复代国。

386 年正月，拓跋珪在牛川（今内蒙古自治区乌兰察布市境内塔布河）召集部众大会，正式即代王位，改年号登国。

拓跋珪系代王拓跋什翼犍的孙子，是拓跋寔的遗腹子。

在传说中，拓跋珪的出生充满了神秘的色彩。

拓跋珪的母亲贺氏因到处迁徙，游于云泽，在一天夜里梦见室内出现一轮红日。第二天早晨，又见日光从窗口射向天空，贺氏随即突然腹内有感。

拓跋什翼犍建国三十四年（371）七月七日，拓跋珪生于参合陂（今内蒙古自治区凉城县东北）。在他降临人世的那天晚上，室内显现一片光明。

拓跋什翼犍见此情景，格外高兴。消息传出，群臣前来庆贺。

拓跋什翼犍为此特行大赦，祭告列祖列宗。

拓跋珪出生之后，由保母抚育照顾。可是，保母觉得拓跋珪的体重比平常的婴儿要重一倍，遂私下里暗自称奇。

拓跋珪出生的第二年，掩埋他胎衣的土堆上生出榆树。后来树木日见增多，竟发展成一大片树林。

拓跋珪在很小的时候就能说话，眼中有光曜，脑门开阔，耳轮宽大。人们都感到拓跋珪非同常人。

如同历史上众多的帝王将相一样，拓跋珪的出生与凡人有异，他的早年生活也历经磨难。不仅在孩提时代遭受到代国灭亡之灾，而且后来又经历了一次又一次严重危机。但他在祖父旧臣的护卫下，逢凶化吉，渡过重重难关，终于兴复代国，登上王位。

拓跋珪即位后，任命长孙嵩为南部大人、叔孙普洛为北部大人，分别统御部众。任命张衮为左长吏、许谦为右司马，拓跋建、和跋、叔孙建、庾岳为外部大人，奚牧为治民长，这些人全都执掌宿卫，参与军国大政的谋说。长孙道生、贺毗等为左右侍从，传达诏书命令。这样，拓跋珪建立起由鲜卑人为主体并与汉人共同组成的上层集团的新代国。

不久，拓跋珪重新定都定襄郡的盛乐城（今内蒙古自治区和林格尔县）。

与此同时，拓跋珪改称魏王，从此拓跋部以"魏"为国号。

但是，拓跋珪复国之后，新生的北魏内难外患又接踵而至。

一次，拓跋珪前往陵石（盛乐东）巡幸，护佛部首领侯辰、乙佛部首领代题一起叛变，率领部众逃走。

诸位将领请求拓跋珪出兵追击，拓跋珪对大家说："侯辰等人世世代代都臣服代国，如今犯罪，我们应当容忍。现在国家刚刚建立，人心还不安定，愚昧的人往往依违不定，叛服无常，不必追讨。"

拓跋珪从陵石返回盛乐后，代题率其部众归降，拓跋珪也不怪罪他。

可是，过了十几天，代题又投奔刘显，拓跋珪命代题之孙倍斥继领其众。

当初，前秦灭掉代国时，把拓跋什翼犍少子拓跋窟咄迁于长安。

淝水之战后，西燕的鲜卑贵族慕容永被鲜卑部族推为大单于、河东王，率领先前被苻坚迁到关中的鲜卑慕容部众东归。拓跋窟咄追随慕容永，脱离前秦。

慕容永行至长子（今山西省长治市西），自称皇帝，任命拓跋窟咄为新兴（今山西省忻县）太守。

这时，刘显派他的弟弟刘亢埿迎接拓跋窟咄，随后又派出大军帮助拓跋窟咄进扰北魏南部边境，企图夺取王位。

消息传入北魏，立即引起诸部的骚动不安。

拓跋珪左右侍从于桓等，与部众策划捉拿拓跋珪，以响应拓跋窟咄。

幢将莫题也联络七姓暗自与拓跋窟咄通好。形势十分严峻。

在这紧急关头，于桓的舅父穆崇将其阴谋向拓跋珪告发。

拓跋珪诛杀于桓等人，而对参与阴谋叛乱的莫题等七姓，一律赦免，不予追究。

事后，拓跋珪对接连发生的内乱，感到十分忧惧，遂放弃盛乐，向北迁移，越过阴山，又一次投靠贺兰部。

与此同时，拓跋珪派遣外朝大人安同与长孙贺前往后燕，请慕容垂出兵救援。

可是，长孙贺在途中逃奔拓跋窟咄。安同担心长孙贺向拓跋窟咄告密，落入其手，便抄小路到达后燕都城中山（今河北省定州市）。

慕容垂接受拓跋珪的请求，命其子慕容麟率步骑兵五千人救援北魏。

安同与慕容垂所派使者兰纥一起先行返回北魏，当行至牛川（今内蒙古自治区乌兰察布市境内塔布河）时，被拓跋窟咄兄长之子拓跋意烈率兵阻截，并抓走了兰纥。安同由于隐藏于商人装货的囊袋中，得以躲过搜查。天黑之后，他又藏于一口枯井之中，幸免于难，投奔慕容麟。

可是，慕容麟尚未抵达北魏，拓跋窟咄的大军继续向前推进，拓跋珪的处境更加危险。而贺兰部的贺染干又攻击北魏的北部边境，与拓跋窟咄遥相呼应。

北魏的臣民大为震骇，人心不稳。北部大人叔孙普洛又逃奔刘卫辰。

慕容麟在途中得到上述消息，立即派遣安同等人回国报信。

拓跋珪部众得知慕容垂所派救兵很快即将来到，心情才安定一些。

此时拓跋窟咄率兵进驻高柳（今山西省阳高县）。拓跋珪与慕容麟联兵进攻拓跋窟咄，一举将其击败。

拓跋窟咄逃奔刘显后，被刘显斩首。

拓跋珪将拓跋窟咄的部众全部接收，势力大增。

在拓跋珪复国后，刘显恐怕北魏出兵攻伐，便从善无（今山西省右玉县东南）南迁到马邑（今山西省朔州市朔城区）。

刘显同族的另一首领刘奴真，率领所统部众归附北魏。

刘奴真有个哥哥刘罴，一直留居贺兰部。刘奴真对拓跋珪提起此事，打算前去召回其兄，并将自己的部众让给他统领。拓跋珪准许。

可是，刘罴掌握部众之后，却派他的弟弟刘去斤给贺兰部首领贺讷送去许多黄金和马匹。

贺染干乘机对刘去斤说："我一向待你们兄弟不薄，你现在既然有了部众，应当归附我们。"刘去斤答应了他。

刘奴真大为恼怒，斥责说："自从我们祖父以来，世代都是代国的忠臣，所以我才把部众让给你们，就是要你们仗义行事。如今，你们却无善状，竟然阴谋叛国，大义何在？"遂诛杀刘罴及刘去斤。

贺染干得到消息，率兵攻击刘奴真。刘奴真投奔北魏。

拓跋珪派人谴责贺染干，贺染干才不得不停止攻杀刘奴真。

刘奴真对拓跋珪感恩戴德，请求把自己的妹妹送入后宫，拓跋珪欣然接纳。

刘显一直与北魏处于敌对状态。

刘显在马邑兵强地广，称雄北方，但其内部争权夺位斗争连续不断。

北魏建立后，不仅刘奴真投奔拓跋珪，而且他的弟弟刘肺泥也率领部众归降北魏。

北魏的长史张衮向拓跋珪建言，说："刘显的志向是要吞并我们，如果现在不利用其部众混乱的时机，把他消灭，必定后患无穷。然而我们又无法单独战胜他，应当请求燕国（后燕），共同出兵攻击。"

拓跋珪同意张衮的意见，再次派遣安同前往后燕，请求援军。

不久，刘卫辰向后燕进献马匹，途中被刘显劫获。

慕容垂大怒，派太原王慕容楷率兵协助赵王慕容麟，征讨刘显。

刘显遭到失败，退向马邑南边山区。

拓跋珪与慕容麟联兵击败刘显，追至马邑南方的弥泽，刘显走投无路，投依西燕慕容永。

慕容麟接收刘显的部众，俘获马、牛、羊以千万计。

刘卫辰在淝水之战后，乘前秦的统治土崩瓦解之机，大力扩充了自己的势力，兵强马壮。西燕慕容永任命刘卫辰为使持节、都督河西诸军事、大将军、朔方牧，居于朔方（今内蒙古自治区杭锦旗北）。

羌族首领姚苌建立后秦之后，也派使臣前往朔方，结好刘卫辰，封他为使持节、都督北朔杂夷诸军事、大将军、大单于、河西王、幽州牧。

登国五年（390）七月，刘卫辰派遣其子直力鞮率兵进攻贺兰部。

贺兰部首领贺讷无力抵御刘卫辰的攻击，请求归降北魏。

拓跋珪亲率大军援助贺兰部，击退直力鞮，然后把贺兰部迁到北魏东境。

不久，贺兰部发生内乱。贺染干阴谋杀害兄长贺讷，贺讷发觉后，举兵相攻。

拓跋珪命人告知后燕，请求派向导，帮助讨伐贺染干。

后燕慕容垂派遣赵王慕容麟统兵攻击贺讷，另派镇北将军兰汗率军进攻贺染干。

兰汗在牛都（今山西省大同市西北）大败贺染干。

慕容麟在赤城（今河北省赤城县）击破贺讷，将其擒获。

慕容垂命慕容麟将贺讷仍送还其部族，而把贺染干迁到都城中山（今河北省定州市）。

慕容麟返回后，对其父慕容垂进言，说："我观察拓跋珪的举动，将来定会成为我们国家的祸患，不如尽早设法迫使他前来京师，命其弟主持魏国政事。"

慕容垂没有接受慕容麟的建议。

不久，拓跋珪派他的弟弟拓跋觚前往后燕进贡。当时，慕容垂已经年迈体衰，难以执掌朝政。他的子弟们专权用事，竟扣留拓跋觚，并要求拓跋珪用良马将其赎回。

拓跋珪坚决拒绝，遂与后燕断绝往来。

随后，拓跋珪派长史张衮出使西燕，双方建立友好关系。

登国六年（391）十月，刘卫辰派其子直力鞮率领八九万人，侵扰北魏的南部边境。

拓跋珪亲统五六千人，前往抵御。由于众寡悬殊，拓跋珪陷入重围。但他沉着应战，命将士们把战车排成方营，且战且退，至铁岐山（今内蒙古自治区固阳县西北）南麓，把直力鞮击败。

直力鞮单枪匹马逃走。拓跋珪挥军乘胜追击，从五原郡的金津（今内蒙古自治区包头市西南）渡口渡过黄河，直入刘卫辰领地。

刘卫辰的部众大为惊骇，陷入混乱。拓跋珪驱兵进抵悦拔城（即代来城，今内蒙古自治区伊金霍洛旗西北）。刘卫辰父子仓皇逃走。

拓跋珪指派将领，分头追击。将军伊渭追到木根山（今内蒙古自治区鄂托克旗西南），擒获直力鞮，陈留公拓跋虔向南追到盐池（今内蒙古自治区乌拉特前旗境内），俘虏了刘卫辰的眷属。刘卫辰被其部众杀死，献于拓跋珪。

拓跋珪诛杀刘卫辰的宗党五千余人，把尸体全部抛入黄河。自此，黄河以南诸部，都降服于北魏。

拓跋珪获取马三十余万匹，牛羊四百余万头，国家财力大为充实。

刘卫辰少子刘勃勃逃奔薛干部，拓跋珪派人前去索要，薛干部首领太悉仗把刘勃勃领出来，当面对北魏使节说："刘勃勃国破家亡，穷途末路，前来投靠，我宁可和他一起逃亡，怎么忍心捉住他交给魏国？"

后来，太悉仗把刘勃勃送到没弈干处，没弈干把女儿嫁给刘勃勃为妻。

拓跋珪因太悉仗拒绝送交刘勃勃，出兵袭击薛干部。攻破城池后，诛灭城民，太悉仗投奔前秦。拓跋珪在消灭刘显、刘卫辰两大势力的同时及其以后，对周边其他一些部族发动了频繁的征战。

登国四年（389）正月，拓跋珪率兵袭击位于北部的高车，大破其各部。

第二年春天，拓跋珪又统军渡过弱洛水（今内蒙古自治区境内西拉木伦河），在鹿浑海（今蒙古国鄂尔浑河以东）西北再次大败高车，掠获部众和马、牛、羊二十余万。随后，拓跋珪命诸将分路追讨，又击破高车诸部三十余个。

高车势力大衰，各部震恐，纷纷降附北魏。

拓跋珪征伐高车时，大多数先前代国的旧属都服从调遣，唯独柔然拒不听命。

当初，柔然世代臣服拓跋代国，拓跋什翼犍时，柔然首领郁久闾地粟袁去世，部众分为东、西二部。郁久闾地粟袁的长子郁久闾匹候跋继承父位，统摄东部；其次子郁久闾缊纥提统摄西部。

前秦灭亡代国之后，柔然归附刘卫辰。

登国六年（391）十月，拓跋珪亲率大军出击柔然。

柔然无力抵抗，各部向北逃遁。拓跋珪驱兵追赶六百里。这时，各位将领请求长史张衮向拓跋珪进言："敌寇（指柔然）已经逃得很远，我们的粮饷快要用光，不如尽早班师。"

拓跋珪询问诸位将领："如果宰杀副马（当时北方各族骑马作战时，将士每人配备两匹战马，一马骑坐，一马备用，称副马）充作三日饭食，能否够用？"

大家都说："完全可以。"

于是，拓跋珪杀副马为食，驱兵兼程追赶，追到南床山（在大漠之西）下，大败柔然，俘虏其半数部众。

郁久闾匹候跋与另一首领屋击收集残余部众，分别逃走。

拓跋珪命长孙嵩、长孙肥继续追击，然后对其他各位将领说："你们知不知道我前几天问'三日粮'的意思？"

大家回答："不知是何用意。"

拓跋珪解释说："柔然驱赶着牲畜，在沙漠中已经奔走多时，遇到水草必定停留。我以轻骑追赶，计算路程，不过三天，即可追上。"

众将领都说："我们都没有想到这一点。"

后来，长孙嵩追赶到平望川，败杀屋击。长孙肥追赶到涿邪山（大约在今蒙古境内阿尔泰山脉东南部一带），追使郁久闾砰纥匹候跋举众投降。

长孙肥还俘获郁久闾砰纥提之子郁久闾曷多汗，兄子郁久闾社仑、郁久闾斛律等宗党数百人。

郁久闾砰纥提打算投奔刘卫辰，拓跋珪将其追获，并把柔然部众全部迁于云中（今内蒙古自治区托克托县）。

除高车、柔然之外，拓跋珪在登国三年（388）六月，于弱落水南大破宇文部首领库莫奚，获其部众和杂畜十余万。

第二年二月，拓跋珪又在女水（今内蒙古自治区武川县）大破吐突邻部，将其部众全部迁走。

第三年四月，拓跋珪与后燕赵王慕容麟联兵，在意亲山（今内蒙古自治区二连浩特市西南）击破贺兰部和高车的纥突邻、纥奚等三部。纥突邻、纥奚皆降于北魏。

拓跋珪征服塞北各族之后，即开始把军事进攻的矛头转向中原。

拓跋珪早有图谋后燕的志向。登国三年（388）八月，拓跋珪派九原公拓跋仪出使后燕。

拓跋仪到达后燕都城中山后，慕容垂盘问他说："魏王为什么不亲自前来？"

拓跋仪说："我们的先王与燕国的先祖曾经长期在晋朝共事，世世代代，情同兄弟。我如今奉命出使，在道理上没有过失。"

慕容垂接着说："我现在的威望，已传播四海，岂能与旧日相提并论！"

拓跋仪说："燕国如果不讲礼节，不积恩德，而仅凭武力强大树立威望，这是将帅们的事，非我这个使臣所能知晓的。"

拓跋仪回国后，对拓跋珪说："据我观察，燕国君主年事已高，智力衰竭，太子慕容宝愚昧软弱。范阳王慕容德才干出众，非常自负，不是继位的年轻君主的忠臣。慕容垂去世后，一定会发生内乱，到那时候，才可以谋取。现在，时机还不成熟。"

拓跋珪完全赞同拓跋仪的见解。

登国九年（394），后燕灭掉西燕后，乘势进攻北魏。

慕容垂于第二年五月，派太子慕容宝、辽西王慕容农、赵王慕容麟统率八万大军，直驱五原（今内蒙古自治区包头市），又派范阳王慕容德、陈留王慕容绍另率步骑一万余人为后继。

散骑常侍高湖劝阻说："魏国与燕国几个世代以来，一直联姻。当他们内部发生灾祸时，我们前往救助，使其免于灭国，恩德至为深厚。双方保持的友好关系，十分长久。其间出现过因逼其进贡马匹，未能得以实现而扣留魏王弟弟的事情，失理的是我们这一方，怎么可以突然兴兵攻击？"

"拓跋珪深沉勇武，又有谋略，自幼历尽磨难，如今兵强马壮，不可轻视。皇太子年富力强，意志坚定，锐气十足，现在把大军交付给他，专事征伐。他必定轻视魏国，以为容易攻取。万一结局不像设想的那样，恐怕会伤害威望，损失惨重，请陛下慎重思量。"

高湖这番话，言辞激切，触怒了慕容垂，被免除官职。

北魏长史张衮得知后燕大军即将来到的消息，向拓跋珪建言，说："燕国一直陶醉于滑台（今河南省滑县）、长子（今山西省长治市）两次军事胜利的骄傲之中[①]，现在倾全国的兵力前来交战，有轻视我们的心理。应当利用他们的这种心理，把我们的弱点全部暴露出来，令其更加骄傲，这样才可以战而胜之。"

拓跋珪同意张衮的意见，率部众带着牲畜和家产渡过黄河，向西迁移一千余里躲避后燕兵锋。

后燕大军抵达五原，降服北魏旁支部族三万余家，收取田地里的粮米上百万斛，兴筑黑城，并且攻占黄河北岸渡口，建造船只，准备渡河。

八月，拓跋珪在黄河南岸集结军队，与后燕征讨大军隔河相持。

慕容宝打算驱兵渡河，可是突然刮起暴风，将其数十艘战船刮到南岸，船上的三百余名将士全被魏军俘虏。后来，魏军又把他们释放回去。

慕容宝从中山出发时，其父慕容垂已经身患重病。慕容宝统领大军抵达五原，拓跋珪便派兵切断他与中山的交通联络，发现来往通信使者，全部擒获扣押。

慕容宝出兵数月，一直得不到有关其父慕容垂病情的消息。

拓跋珪把俘获的后燕使者押解到黄河岸边，令其告知慕容宝："你父已经去世，为何还不尽快回去？"

慕容宝忧虑恐惧，将士们也都震惊骚动。

拓跋珪命陈留公拓跋虔率五万骑兵，驻屯河东；东平公拓跋仪率十万骑兵，驻屯河西；略阳公拓跋遵率七万骑兵，截断燕军南下之路。

---

① 指后燕于 384 年攻入滑台，灭掉丁零人翟斌；394 年攻克长子，灭掉西燕。

这时，后燕的术士靳安向慕容宝进言，说："如今，天时不利，我们必定失败，赶紧撤兵，或许可以免除灾难。"慕容宝没有听从。

靳安退出，告诉别人说："我们大家都将被抛尸野外，不能回归家园了。"

后燕与北魏两国大军隔河对峙几十天后，慕容麟的部将慕容嵩等人以为慕容垂确实已经去世，遂谋划发动兵变，拥戴慕容麟为主。阴谋败露，慕容嵩等人全被处死。慕容宝与慕容麟兄弟之间，由此而开始互相猜忌。

十月底，慕容宝下令，焚烧战船，在夜间暗自撤军。

当时，黄河虽已结冰，但尚未完全封冻。

慕容宝以为魏军无法渡河，所以没有派人监视敌情。

十一月初，暴风骤起，气温急剧下降，黄河河面很快封冻。

拓跋珪决定率军渡河，留下辎重，只挑选二万精锐骑兵快速追击燕军。

后燕大军撤退到参合陂（今内蒙古自治区凉城县西北五十里石匣子沟）东，忽然刮起大风，一股黑气排山倒海般从后面涌来，覆盖在军营上空。

随军名僧支昙猛对慕容宝说："这股风云来得猛烈迅速，是敌兵即将赶到的征候，应当派兵防御。"

慕容宝觉得自己的大军已经与魏兵相距甚远，所以对支昙猛的话毫不在意，只是微微一笑，不置可否。

支昙猛再三请求，慕容麟怒气冲冲地说："以殿下（指慕容宝）的神武英明，军队又如此强大，足可以使我们在沙漠中横行无阻，索虏①怎么敢远道追来？而支昙猛竟然妖言惑众，扰乱军心，应当斩首示众！"

---

① 索虏：当时汉人和其他民族对拓跋部的蔑称。以其头发梳辫，故称。

支昙猛哭泣着说："苻坚以百万军队，在淝水惨遭失败，正是由于他仗恃自己强大而轻视敌人，不相信上天的旨意。"

慕容德劝告慕容宝，要他接受支昙猛的建议。

慕容宝这才决定派慕容麟率领三万骑兵，跟在大军后面，以防意外。

可是慕容麟认为支昙猛迂腐虚妄，所以率领部队一边行军，一边狩猎，而不认真防范魏军。

慕容宝派出骑兵侦察魏军动静，而这些骑兵向后走了十余里，就下马解鞍，相互依偎酣睡。

北魏大军昼夜兼程地追赶。十一月九日黄昏，抵达参合陂西。

后燕的军队正在参合陂东，把营盘扎在蟠羊山以南的河边上，对跟踪而至的魏军毫无察觉。

入夜，拓跋珪指派诸位将领，率兵偷袭燕军大营。士卒衔枚，束住马嘴，悄悄行进。

第二天清晨，魏军登上蟠羊山，居高临下，面对燕兵军营。

后燕军队正要起营东行，将士们猛然抬头，突然发现满山遍野的魏军，大为惊恐，乱成一团。

拓跋珪下令，全面攻击。燕军无心接战，纷纷涉水逃命，人马前后相继，溺压而死的成千上万。

北魏略阳公拓跋遵又率军截住燕兵归路。一时间，后燕军四五万人无路可退，遂放下武器，束手就擒，逃出性命的不过数千人。

慕容宝单骑逃走，仅以身免。

魏军临阵诛杀后燕右仆射、陈留王慕容绍，生擒鲁阳王慕容倭奴、桂林王慕容道成、济阴公慕容尹国等文武将吏数千人，兵器、铠甲、粮草、辎重数以亿万计。

拓跋珪在俘虏的后燕官员中，选择几个有才干的，包括代郡太守贾闰，贾闰的弟弟、骠骑府长史兼昌黎太守贾彝，太史郎晁崇等，留下加以任用。对其余的人打算发给衣粮，一律遣还，以此感化和招徕中原百姓。

中部大人王建劝阻拓跋珪，说："燕国兵众势盛，这次倾全国兵力前来与我们决战，但我们有幸获得胜利。不如把俘虏全部屠杀，造成其国内空虚，再进兵攻取，就比较容易了。擒获敌寇，又把他们放还，这样恐怕不合适。"于是，拓跋珪下令全部坑杀。

慕容宝逃归中山之后不久，耻于参合陂的惨痛失败，请求慕容垂再次出兵伐魏。

司徒慕容德向慕容垂建言："魏国因为在参合陂获胜，必定有轻视太子（指慕容宝）之心，应当运用陛下神奇的谋略，把他们征服。不然，将留下无穷的后患。"

慕容垂接受他的请求，遂命清河公慕容会留守朝廷，处理政务，兼领幽州刺史，代替高阳王慕容隆镇守龙城（今辽宁省朝阳市）。任命阳城王兰汗为北中郎将，代替长乐公慕容盛，镇守蓟城（今北京市西南）。同时，令慕容隆和慕容盛把他们的精锐部队全部撤回中山，并决定明年大举征伐北魏。

登国十一年（396）三月，慕容垂亲自统率大军秘密出发，逾越青岭（今河北省迁安市北），穿过天门（今河北省涞源县南），凿山通道，直指云中，大出北魏意料。

当时，北魏陈留公拓跋虔带领他的部众三万余家镇守平城。慕容垂大军进抵平城东部的猎岭，命慕容隆率领前锋攻击拓跋虔。

拓跋虔平素一向没有防备，仓促间率军迎战，迅即败亡，后燕军尽收其部众。

拓跋珪闻讯，大为震恐，遂率部众退保阴山。

慕容垂率军经过参合陂，目睹旧日战场，见到骨骸堆积如山，遂命人摆下香案，祭奠死难将士的忠魂。军士们都放声大哭，十分悲痛，哭声震撼山谷。慕容垂由于过分伤感，口吐鲜血，病势沉重，于是退到平城西北三十里处休息。

慕容宝得到消息，赶紧从前方撤军。

燕军中投奔北魏的士卒向拓跋珪报告，说："慕容垂已死，尸体放在军中车上。"

拓跋珪打算追击。可是，听说平城已经被燕军攻陷，便引兵返回阴山。

慕容垂在平城停留十天，病情加重，遂兴筑燕昌城，然后班师。行至沮阳（今河北省怀来县东南）病故。

七月，北魏文武官员一致劝说拓跋珪，应该改称更为尊崇的名号。

拓跋珪虽然没有接受这个意见，但开始使用只有皇帝才可以使用的旌旗，出入都有警卫开道，并且净街戒严，又改年号皇始。

参军事张恂建议拓跋珪应向中原发展势力，拓跋珪认为他的意见可取。

当年八月，拓跋珪征调步骑四十万大军，征伐后燕。他本人率领主力南出马邑（今山西省朔州市朔城区），越过句注（今山西省代县西北）。同时派左将军李栗率五万骑兵为前锋，将军封真等率兵从东道袭取后燕的蓟城（今北京市西南）。

九月，拓跋珪大军抵达晋阳（今山西省太原市），派出兵士绕城呐喊一阵，撤离而去。

后燕的辽西王慕容农出城追击魏军，败归晋阳。可是，其部下慕舆嵩关闭城门，拒绝慕容农入城。

慕容农只好带领妻子和数千名残余骑兵，向东逃走。

北魏中领将军长孙肥纵兵追击，俘虏慕容农的妻子。慕容农也身受重伤，骑兵全部丧失，他只带着三个卫士逃回中山。

拓跋珪攻取并州（今山西省全境），开始在那里设立官府，全部擢用儒生担任刺史、太守、尚书郎以下所有官职。士大夫前往军营大门谋求职位的，络绎不绝。拓跋珪不分老幼，全部迎入军营，予以安抚慰问，让他们每个人都能畅所欲言，只要是稍有才干，就加以录用。

拓跋珪又任命中书侍郎张恂等人为各郡太守，让他们招徕安抚流亡的百姓，并督促其致力于农桑生产。

慕容宝得知北魏大军将要来到，在太极殿东堂召集文武官员讨论对策。

中山尹苻谟说："如今，魏国军队人数多，力量强，不远千里，前来征战，一路进展顺利，其锐甚盛。如果放他们进入平原地带，势将无法抵挡。应当在险要之地，设防据守。"

中山令眭邃则提议说："魏军多是骑兵，往来驰骋，十分迅速。然而，他们马背上携带的粮草，只够十天之用。我们应该责令郡县长吏，把民户集中起来，每千家聚在一起，修筑坚固的堡寨，深挖壕沟，高建寨墙，坚壁清野。魏军来到之后，无所掠获，最多不过六十天，粮草用完，自会撤退。"

尚书封懿说："魏国出动的数十万大军，是当今天下的强劲敌寇。我们的百姓虽然兴筑堡寨，也不足以自恃固守，这样反倒把兵员及粮草聚集起来，拱手交给他们使用。而且，一旦下令坚壁清野，势必造成民心浮动，先向敌人暴露出我们的衰弱。因此，不如利用边关险要之地全力抵御，这是上策。"

赵王慕容麟也说："魏国大军乘胜向前推进，士气旺盛，锐不可当，最好的办法莫如固守中山，等待敌兵精疲力竭，我们乘机反击。"

慕容宝最后决定，修筑城池，囤积粮草，准备持久抗战。

十月下旬，拓跋珪率军攻克常山（今河北省正定县）。常山以东的郡守、县令纷纷归降或逃亡，各郡县的领地全被魏军控制。这样，后燕只剩下中山、邺城（今河北省临漳县）、信都（今河北省衡水市冀州区）三城，仍在坚守。

拓跋珪率主力部队进攻中山，命东平公拓跋仪率五万骑兵进攻邺城，冠军将军王建、左将军李栗率兵进攻信都。

后燕高阳王慕容隆防守中山南城，督促将士竭力抵抗魏军的攻击。从早晨一直苦战到下午，杀伤数千人，魏军才被迫后撤。

拓跋珪对诸位将领说："看来，中山城防十分坚固，慕容宝必定不肯出城交战。我们急于攻击，会造成惨重伤亡；而长期围困，又白白消耗粮草。不如集中兵力先行攻取邺城、信都，然后再来设法破敌入城。"

王建和李栗攻击信都，六十余日未下，将士伤亡甚众。

拓跋珪率兵助攻信都，后燕守城将领慕容凤无法抵敌，遂弃城逃回中山，其余将士不战而降。

拓跋珪攻占信都不久，军中发生内乱。

北魏旁支部族首领没根骁勇善战，拓跋珪一向对他十分厌恶。

没根担心迟早可能被拓跋珪处死，遂率领数十名亲兵叛投后燕。慕容宝任命他为镇东大将军，封雁门公。

没根请求率兵回攻魏军，慕容宝有所顾忌，没有拨给大批军队，只让他带领百余名骑兵。

没根仍用魏军号令，于夜间摸入北魏军营。直到闯进中军大帐时，拓跋珪才忽然发觉，惊恐之下，慌忙逃走。

没根因所带士卒太少，无法击溃北魏大军，在俘杀一些兵士之后赶紧撤退。

没根兄长之子丑提时任并州监军，听到叔父投降后燕，恐怕受到牵连，便率领自己的部众返回都城盛乐，打算阴谋叛乱。

在这种情况下，拓跋珪准备撤军回国，事先派国相拓跋涉延向后燕请求和解，而且把弟弟留下做人质。

慕容宝听说北魏发生内乱，拒绝接受和解，并派遣冗从仆射兰真前往魏军大营，指责拓跋珪忘恩负义。与此同时，出动步兵十二万、骑兵三万，屯驻魏军归途上，乘机截击。

结果，后燕伏兵在滹沱水北襄肆坞（今河北省襄城市北）被魏军击败。慕容宝撤退，魏军在后面追击。燕军丢弃辎重兵器，空手逃命。当时，又遇狂风暴雪，后燕将士冻死及降魏者不计其数。

慕容宝退守中山，北魏再次包围并攻城。由于围困日久，城内将士愤于以前的参合陂惨案，人心思战。

征北大将军慕容隆向慕容宝建言，说："拓跋珪虽然不断获得胜利，然而魏军长期征战，其凶猛的士气已经沮丧，兵士和战马也死伤过半，人人思念家乡，很多部众正在分崩离析，这正是可以把他们击败的有利时机。"

慕容宝同意他的意见，但是遭到慕容麟的反对。

不久，慕容麟率兵劫持左卫将军、北地王慕容精，令其率领禁卫军诛杀慕容宝。

慕容精拒不执行，慕容麟将他斩首，然后逃往西山（太行山一带），投依丁零部。

慕容宝率一万多骑兵出中山，投奔从龙城前来救援的清河王慕容会，所留军民仍坚守中山。

拓跋珪军中乏粮，遂撤离中山，前往河间（今河北省献县），在那里向民户督征田租，以解决军需。

在此期间，后燕开封公慕容详在中山称帝。他嗜酒如命，奢淫成性，不怜恤军民，刑杀无度，失去人心。

不久，慕容麟从丁零部返回，诛杀慕容详后，自立为帝。

皇始二年（397）十月，拓跋珪攻占中山，后燕的公卿、尚书、将帅、官吏、士卒降者二万余人。

拓跋珪得到后燕的御玺、图书、奇珍异宝等数以万计。

慕容宝与清河王慕容会在蓟城会合，然后迁往龙城（今辽宁省朝阳市）。

拓跋珪连年攻伐，终使后燕政权崩离瓦解，今河北地区尽入北魏。

二 太祖之死

拓跋珪在伐燕获胜的第二年（398）六月，命群臣讨论确定国家的名号。

大家一致认为："周王朝、秦王朝以前的天子，全是分封的诸侯国国君升任的，因此都用原来封国的国号作为天下的国号。自从西汉王朝以来，各朝的天子在创业时连寸土之封的凭借都没有，所以各自新立国号。我们国家的王位世代相传，已有百年之久，在古'代国'基础上建立大业，遂进入南夏，现在应当继续用'代'作为国号。"

黄门侍郎崔宏说："从前，商王朝的朝廷不设在一个固定的地方，经常迁徙，所以有时称'殷'，有时称'商'。'代'虽然是一个古老的国度，但它的国运早就更新。我们在颁布登国年号的时候，已改国号为'魏'。魏，是个美好伟大的名号，曾经是神州大地上的上等强国（指战国时的魏国和三国时的曹魏）。所以，我们应称魏国。"

拓跋珪采纳崔宏的意见，定国号仍为魏。

不久，拓跋珪为了适应夺得今山西、河北地区之后的统治需要，把都城迁到平城（今山西省大同市）。大规模营建宫殿，建立祭祀先祖的宗庙，设立奉祀土地神和农神的社稷坛。

拓跋珪命吏部郎邓渊厘定官制，整理音律，议曹郎董谧制定礼仪，三公郎王德修订法律，太史令晁崇考察天象，吏部尚书崔宏负总责，确定永久遵行的各项制度。

他还责成有关部门，划定京畿的范围，确定街道的名称，规定重量和长度的标准单位。

十二月，拓跋珪正式改称皇帝，改年号天兴。追尊拓跋毛以下二十七位远祖为皇帝。

拓跋珪下诏规定，无论朝廷官员，还是平民百姓，一律都把头发束成辫子，盘到头顶上，再戴冠帽。

拓跋珪又下令，设立五经博士，增加国子太学学生名额，太学学生达到三千人。他还接受博士李先的建议，命各郡县大力搜求图书，全部送到平城。

但是，拓跋珪到了晚年，却失去积极进取的精神，变得残暴，又怠于政事。

起初，北魏的奋武将军张衮以才干和谋略出众而深受拓跋珪的信任，并视为心腹。拓跋珪不仅对其本人予以重用，还向他询访中原的知名士人。

张衮推荐崔逞和卢溥。崔逞原为后燕官吏。慕容麟称帝后，他逃归北魏，被拓跋珪任为尚书，掌三十六曹事务。

拓跋珪率兵围攻中山，军粮发生困难时，向群臣问计。崔逞进言："桑葚（桑树的果实）可以充饥，猫头鹰因为吃桑葚，声音都变得好听。《诗经》上就有这方面的记载。"

拓跋珪虽然采纳了他的建议，允许百姓可以交纳桑葚，充当田租，以作军粮。却认为崔逞是有意侮辱自己（即比作猫头鹰），遂记恨在心。

不久，后秦出兵进攻东晋的襄阳（今湖北省襄阳市）。东晋的雍州刺史郗恢写信向北魏常山王拓跋遵求援，信上说："你贤明的兄长（指拓跋珪）虎步中原。"

拓跋珪认为郗恢没有遵循君臣之间的礼仪，命张衮和崔逞替拓跋遵写一封回信，务必贬低东晋皇帝。

可是，张衮、崔逞在回信上称晋安帝司马德宗为"贵主"。

拓跋珪大发雷霆，说："要你们贬低晋朝的司马德宗，你们却称他'贵主'，这比起郗恢叫我'贤兄'，要尊敬多了！"

崔逞当初归降北魏时，正值天下大乱。他深恐自己一旦遭难，使崔家受牵连而被灭族，所以，只带着小儿子崔颐前往平城，让其妻张氏与四个儿子留下来。后来，张氏领着儿子投奔南燕。

拓跋珪因崔逞妻子投靠南燕而谴责他，又联想起以前的几件事，遂令其自杀。

卢溥后来离开北魏，投奔后燕，被任为幽州刺史。卢溥不断率兵侵扰北魏沿边郡县。

拓跋珪认为张衮推荐的人都不忠于北魏，便以举非其人之罪把他贬为尚书令史。

张衮回到家里，紧闭大门，不与亲友往来，整天校对儒家经典，借以自慰，一年之后，忧愤而死。

过了不久，东晋的桓玄发动叛乱，专制朝政，大杀北府兵将领。北府旧将、荆州刺史司马休之等几十人打算投奔北魂。但后来改变主意，分别逃往南燕和后秦。

拓跋珪最初听说司马休之等人前来归附，十分高兴。但对他们迟迟未到，觉得非常奇怪，便命兖州刺史长孙肥查访这件事。

长孙肥捕获司马休之的随从，经询问，他们都说："魏国的威望和名声传播四方，所以司马休之等人都愿意归顺。可是，后来听到崔逞被杀的消息，才决定投奔其他两个国家。"为此，拓跋珪十分悔恨。

先前，拓跋珪派北部大人贺狄干出使后秦，进献上千匹良马以求婚。后秦天王姚兴得知拓跋珪已册立慕容氏为皇后，遂扣留贺狄干，拒绝联姻。双方因此而关系破裂，征战不已。

后来，拓跋珪主动把俘虏的后秦将领唐小方释放回国，姚兴则把贺狄干送归北魏。

贺狄干长期留居后秦都城长安，无事可做，于是他在这段时间里阅览了大量的儒家经典，举止言谈都像个儒者。回到北魏以后，拓跋珪见他的言语服饰竟然与后秦人一样，认为他这是由于仰慕进而效法秦人，不由得心中大怒，遂把贺狄干连同他的弟弟贺狄归一起杀掉。

天兴三年（400），太史令屡次上疏，指出天象发生错乱的现象。

拓跋珪亲自查阅占卜方面的图书，看到多数图书都说这是将要改换帝王、变更朝廷的征兆。于是，他发布诏令，告诫群臣要知晓帝王承受大业，都是出自上天旨意，不可以妄图随便干预。

拓跋珪又不断地改变官职的名称，希望以此能够抑制灾变怪异的发生。

拓跋珪对于后燕慕容垂以诸子分据各方要地，认为是导致朝廷权力分散和下移，从而迅速败亡的错误决策。

博士公孙表迎合拓跋珪的旨意，呈献《韩非子》一书，并建议采用严刑峻法统御臣民。

左将军李栗颇有才干，且武略超群，一向深受拓跋珪的喜爱。但他性情轻忽傲慢，平时对拓跋珪也不太恭敬，甚至在拓跋珪面前随意吐痰。

拓跋珪命人追查李栗以前的过失，借故下令把他斩首。群臣大为震恐，大家都慑于拓跋珪的淫威，对他十分谨慎恭敬。

天兴初年，议曹郎董谧呈献《服饵仙经》，拓跋珪特设仙人博士，修筑仙人坊，煮炼各种长生不死之药。并为此而封禁平城西山，以山上的林木供炼药之用。药成以后，先让死罪囚犯试服，多数人服食后都死掉了，证明这种药并不灵验。可是，拓跋珪仍然深信不疑，继续访求采炼不已。

拓跋珪还服食寒食散，这种药由钟乳、乌喙等配制而成，始于三国时曹魏的何晏。晋朝有许多士族人物服食，以求长生和放纵酒色，但食之不当，会使人狂躁不安。

拓跋珪长期服用后，药性发作，使他性情暴躁，喜怒无常。有时一连几天不进饮食，有时整夜不眠，并时常回顾以往的成败得失，口中还念念有词。他怀疑群臣和左右侍从，认为没有一个人可以信任。

文武官员前来奏事时，拓跋珪便回忆以前的怨恨，盛怒之下，就会立即把他杀掉。对那些实在找不出宿怨的人，一旦发现其脸色有点异常，或者呼吸不大匀称，或者走路时脚步不稳，或者言辞有点差错，都被拓跋珪认为是心中怀有恶意而流露于外的表现，往往将他们杀死，然后把尸体陈列于皇宫前面。

朝廷内外，人人自危，文武百官都因此而因循苟安，只求太平无事，谁也不肯认真负责。强盗小偷横行无忌，京师大街小巷上行人稀少。

拓跋珪也知道上述这种严重局面，并听到一些反映，但是他说："是我故意纵容他们这个样子，等灾难的年月过去之后，自当重新整治。"

天赐六年（409）十月，拓跋珪打算册立齐王拓跋嗣为太子，强迫他的生母刘贵人自杀。

拓跋珪把拓跋嗣召来，开导说："汉武帝在立太子时，杀掉了钩弋夫人，目的是为防范母后干预朝政和外戚擅权作乱。你以后要继承大统，我效法古人，是为了国家的长久大计。"

刘贵人是匈奴首领刘眷之女。刘氏初入宫时，宠冠后庭，生育拓跋嗣，更加受到拓跋珪的宠爱。

后来，拓跋珪攻克中山，又纳慕容宝之女入宫。

在册立皇后时，拓跋珪援引拓跋代国的旧制，令姬妾各自铸造金人，以成者为皇后。刘氏铸金人未成，而慕容氏有幸铸成金人，被立为皇后。

拓跋嗣性情至为孝顺，听父皇说要杀其母，十分悲愤，顿时放声大哭，不能自制。拓跋珪见状，大为恼怒。

拓跋嗣回到太子宫，日夜悲哭。拓跋珪得知后命他入宫。

拓跋嗣左右侍从提醒说："皇上正处于盛怒之中，你现在进宫，可能会遭到不可预测的大祸，不如暂时躲避一下，等皇上怒气稍稍平息之后，你再进宫。"拓跋嗣遂逃出京城。

当初，拓跋珪到母亲贺氏所在的贺兰部时，见到一位姨母美艳绝伦，就向母亲要求纳她为妾。母亲对他说："这不可以，女人长得漂亮，一定会给你带来意外的灾难。而且，你的这位姨母已经有了丈夫，不能强行占夺。"

可是，拓跋珪却瞒着母亲，秘密派人刺杀了姨夫，然后收纳姨母，生下一子，名拓跋绍，封清河王。

拓跋绍从小就凶暴无赖，喜好换上平民衣着，游逛于大街小巷，又常常抢劫路上行人，剥光他们的衣服，以此为乐。

拓跋珪曾命人把拓跋绍抓起来，倒悬在水井里，一直到快要断气时才拉出来。

拓跋嗣也屡次责备这位不务正业的弟弟，拓跋绍因此而怨恨拓跋嗣。

十月十三日，拓跋珪谴责贺夫人，并将她囚禁起来，准备杀掉。由于时值黄昏，没有处决。

贺夫人秘密派人告知其子拓跋绍，说："我已危在旦夕，你赶紧想办法救我。"

拓跋绍闻讯，立即与部下谋划，然后串通宦官和宫人，跳墙入宫，潜入拓跋珪的住所天安殿。

拓跋珪的侍从发现后，大声呼喊："有贼！"

拓跋珪被惊醒，从床上跳起来，寻找武器，却找不到。

拓跋绍遂将父皇拓跋珪刺杀。拓跋珪后来被追尊为太祖道武皇帝。

第二天，皇宫大门直到中午仍然未开。

拓跋绍声称，皇上有诏令下达，命文武百官集于端门（正南门）前，面向北方肃立。

拓跋绍从门缝里询问群臣，说："我有叔父，也有兄长，你们打算拥戴谁？"

官外众人听了这句话，不知何意，都大惊失色，没有一个人回答。

过了很长时间，南平公长孙嵩开口说："跟从大王。"

众人这才明白过来，意识到拓跋珪已死。可是又不清楚拓跋珪怎么会突然去世，所以仍然不敢出声，只有阳平公拓跋烈放声大哭，并转身离去。

于是，朝廷内外，一片混乱，谣言四起，人心惶惶。

拓跋绍听说人心不安，命人取出大量布帛，赏赐给王公以下官员。

拓跋嗣逃亡在外，得知发生事变的消息，立即动身返回京城，栖身郊外。白天藏匿于深山之中，晚上住在随同他一起外逃的侍从王洛儿家。王洛儿的邻居李道暗中供给拓跋嗣饮食和日常用品，民间知道的人都高兴地奔走相告。

拓跋绍得知后，命人把李道捕杀，又重金悬赏，募人寻找拓跋嗣，以斩草除根。

王洛儿秘密进入京城，与一些官员取得联系。大家听到拓跋嗣的消息，纷纷表示拥戴，争相出城迎接。

拓跋嗣抵达京城西门，皇宫里的卫士们把拓跋绍捉住，押送给拓跋嗣。拓跋嗣下令，诛杀拓跋绍及其母贺夫人，以及曾经充当内应的宦官、宫人等十余人。先前动手刺杀拓跋珪的人，被文武百官杀死。拓跋嗣诛杀拓跋绍之后，继承皇位，发布大赦诏令，改年号永兴。

第七章

承祖业文韬武略

灭诸国一统北方

北魏王朝在拓跋嗣及其以后的拓跋焘时期，灭掉十六国以来北方残存的政权，结束了长期的割据混战，完成了北方的统一。这一任务主要是由具有文韬武略的拓跋焘完成的。

一　世祖继位

拓跋嗣是冯太后夫君拓跋浚的曾祖父。

拓跋嗣继位之后立即下诏，对以前被拓跋绍免职归第者，不曾参与朝政的全部召回，加以任用。任命长孙嵩与北新侯安同、山阳侯奚斤、白马侯崔宏、元城侯拓跋屈等八人，在皇城止车门右侧，共同坐朝理政，时人称为"八公"。

燕凤由于侍奉过拓跋什翼犍，受命与都坐大官封懿等人，进宫给皇上讲解经书，出宫则参与议政。

拓跋嗣对随其潜逃、历经磨难的王洛儿、车路头，以及冒死佐助夺取帝位的叔孙俊、拓跋磨浑等人，都赐给郡公、县公爵位。

拓跋嗣询问旧日的臣属，父皇拓跋珪最亲信的有谁？王洛儿指称有李先。

于是，拓跋嗣召见李先，问道："你有什么才能和功劳，受到先帝的赏识？"

李先回答说："臣既没有才能，也没有功劳，只是以忠诚和正直，为先帝所深知。"

拓跋嗣下招，任命李先为安东将军，常在宫中留宿，以准备随时对答皇帝的询问。

永兴二年（410）正月，拓跋嗣因各郡县的豪强大族多为民患，下诏征调他们集中到京师。可是，这些人依恋故土，不愿意迁徙，地方长吏强行遣送。于是，一些少年无赖纷纷逃亡，到山林草泽中相聚为盗，扰害百姓。

拓跋嗣召见"八公"商议此事，他说："我的本意是想为百姓除去祸害，才下令把地方的豪右调离本乡。可是郡县长吏不善于安抚，致使发生混乱。现在犯法者如此之多，不可能全部诛杀。我打算发布大赦令，以安定他们，你们以为如何？"

元城侯拓跋屈说："百姓抗拒命令，逃亡为盗，不仅不治罪，还予以赦免，这等于在上者乞求于在下者。不如诛杀首恶，而只赦免其他的余党。"

崔宏说："圣王统御百姓，主要在于使他们安定，不是与其较量胜负。赦免罪犯虽然不能说是正常办法，但可以临时行使。拓跋屈提出先杀后赦，是诛杀和赦免两手都需使用，如要仅仅只赦免，未必就能使他们安定，但赦免之后他们仍不听命，再诛杀也不晚。"

拓跋嗣采纳了崔宏的意见。发布赦免令之后，派将军于栗磾率领一万骑兵讨伐那些拒不从命的人，所到之处，全部平定。

拓跋嗣重视生产，关心百姓疾苦。

永兴三年（411），拓跋嗣下诏："衣食充足，才能顾及荣辱。如果百姓身处受寒挨饿的境地，唯恐朝不保夕，他们所急迫追求的只是温饱而已，怎么还有心思考虑仁义之事呢？圣王的教化多半被违背，原因就在这里。除非男子耕

223

田，妇人纺织，家庭内外相辅相成，怎么能实现家家富足，人人饱暖？为此，把宫廷中不适合留用的宫人及工匠，全部放出。"

拓跋嗣还派遣使臣考察地方官吏，纠举不守法令、鱼肉百姓者，予以处罚。

北魏境内一连几年发生早霜和干旱等自然灾害，云中、代郡有很多人被饿死，王亮、苏坦向拓跋嗣建言，说："依照谶书所示 [①]，魏国应当把都城定于邺城（今河北省临漳县），才可以使天下富裕，百姓安乐。"

拓跋嗣征询群臣的意见。

博士祭酒崔浩和特进周澹说："把都城迁于邺城，虽然可以解救今年的饥荒，却不是长久之计。山东（潼关、函谷关以东）的人们，因为我们国家居于大漠以北，遂以为部众和畜产无数，号称'像牛毛那样多'。

"可是，一旦移住新都，势必要留下一些军队，镇守旧都，这样只能分出一部分人南迁。这部分人不可能布满诸州各地，只好分散到郡县，与汉人混居杂处，我们人少的实际情况就会立刻暴露，恐怕周围的国家都要产生轻视以至欺侮之心。而且，我们的百姓一直居于北方，向南迁移，水土不服，疾疫流行，会造成大量伤亡。

"同时，旧都留守军队既然很少，西部的大夏、北方的柔然将有侵扰之心。他们举兵前来攻击，云中、平城一定陷入危境。而朝廷远在南方千里之外，当中被恒山、代郡之间的险要（包括飞狐口、倒马关等）阻隔，难以派兵救援，这就使声势和实力都受到损害。目前定都北方，假设山东地区发生变乱，我们出动骑兵，迅速南下，穿插奔驰于山林荒野之间，谁能知道兵力有多少？百姓

---

① 谶书：古代一种记录谶语的书。谶是一种预言，即用隐语来预决吉凶。谶语就是迷信者以为将来会应验的话。

看到尘土飞扬，都会震恐畏服，这正是我们国家所以能控制汉人的办法。明年春天，草长畜壮，牛羊乳汁和奶酪充足，加上青菜、野果，足可以维持到秋季，庄稼收割后，灾荒就被度过了。"

拓跋嗣说："现在仓库已空，根本无法支持到明年秋季。如果来年又发生饥荒，我们将怎么办？"

崔浩、周澹回答说："可以挑选拓跋部民中特别贫苦饥寒的人家，先送他们到山东一带谋生，如果明年秋季仍然不能解除饥馑，到时再另想办法。无论如何，现在都不可迁都。"

拓跋嗣十分高兴，说："只有二位与我的见解相合。"

于是，拓跋嗣下令，选择部众中最为穷苦的民户，让他们到山东的定州（今河北省中部，治所在定州市）、相州（今河南省南部，治所在河北省临漳县）、冀州（今河北省北部，治所在衡水市冀州区）谋求生路。并派遣左部尚书周几率兵镇守鲁口（今河北省饶阳县），负责安抚照顾他们。

第二年春天，拓跋嗣亲自到农田，参加耕种。又命有关部门，劝勉百姓勤奋耕织。这一年的生产获得丰收，百姓遂富足安定。

拓跋嗣很早就服用寒食散。到了太常年间，药性时常发作，当时，灾祸和怪异现象又不断发生。

拓跋嗣深感忧虑，遂派中使秘密询问白马公崔浩说："近来，赵、代（今河北省一带）地区发生日食，而我的病多年不能痊愈，恐怕一旦去世，诸皇子年纪都比较小，将如何是好？希望为我考虑身后大计。"

当时，拓跋嗣有皇子七人，长子拓跋焘，为杜贵嫔所生；次子拓跋丕，为大慕容夫人所生。

乐平王拓跋丕自幼就表现出智力超群，很有才干，深受拓跋嗣喜爱。拓跋丕曾夜梦登上拓跋嗣于平城南郊所筑高二十余丈的白台，他向四周眺望，原野空旷，一无所见。醒后，拓跋丕询问长于占候卜筮的董道秀。董道秀即行占卜，说："大吉。"拓跋丕当时默然无语，面露喜色。

崔浩说："陛下正值壮年（时年三十一岁），身体很快就会康复。一定要听取我的意见，请允许我陈述可能是不适合的看法。自从圣明的先祖像龙一样兴起之后，一向不太注重确立储君。所以永兴初年发生宫廷事变（指409年拓跋绍杀父皇拓跋珪），政权几乎倾覆。

"现在应当抓紧确立太子，选择贤明的公卿做太子的师、傅，左右亲信的臣属当他的宾客朋友。同时，让太子在宫廷主持政务，离开京师则统率军队征战。只有这样，陛下就可以身心悠闲，不必操劳，颐养天年，延长寿命。万岁（即去世）之后，国家有既定的君主，臣民也有所归依。奸佞之徒打消非分之想，祸患无法产生。

"皇子（拓跋）焘即将年满十五岁，聪明智慧，性情温和，他又是长子。确立长子为合法继承人，是礼制最高的原则。如果一定等到皇子们都长大成人，再做选择，那就可能使人伦的次序颠倒，从而招致天下大乱。"

拓跋嗣又征求南平公长孙嵩的意见。

长孙嵩回答说："立长子为太子，名正言顺。确立贤能的太子，则人人信服。（拓跋）焘年纪最大而又贤能，这是上天的旨意。"

拓跋嗣尊重他们的意见，下诏册立南平王拓跋焘为太子，让他身居正殿，主持朝政，为国家的副主。

任命长孙嵩与山阳公奚斤、北新公安同为左辅官，坐于朝堂东侧，面向西方；崔浩与大尉穆观、散骑常侍丘堆为右弼官，坐于朝堂西侧，面向东方。文武百官全部听从太子的差遣。拓跋嗣隐退西官，时而从旁窥视，观察太子如何裁决政事。

经过一段时间的考察，拓跋嗣大为高兴，对亲信侍从说："长孙嵩是德高望重的老臣，曾经侍奉过四代君王，对国家建有特殊功勋；奚斤多谋善断，机智敏捷，远近闻名；安同通达民意，熟悉世情，办事干练；崔浩学识渊博，精于探究天地和人世的奥秘；穆观深明政治要领，善于领会我的旨意；丘堆虽然没有显著的专长，但他忠于职守，谨慎小心。由这六个人辅佐太子，我就可以放心地与你们巡视四方边境，讨伐叛逆，安抚百姓，足可以实现远大的志向，称雄天下了。"

拓跋嗣又命一向忠诚谨慎、恭顺勤奋的典东西部刘挈、门下奏事古弼、直郎卢鲁元入侍太子宫，分别执掌重要事务，传达和接受政令。

太子拓跋焘聪明大度，处事果断。群臣有时奏请拓跋嗣裁决难以解决的重大问题，拓跋嗣则说："这不是我所管的事，应当由你们的国主决定。"

泰常八年（423）十一月，拓跋嗣病故，谥明元皇帝，庙号太宗。

拓跋嗣死后，太子拓跋焘继位。

冯太后夫君拓跋浚的祖父拓跋焘，一名佛狸，天赐五年（408）生于平城。出生时体貌异常，其父皇拓跋嗣深感惊奇而喜悦，说："能成就我的大业的，必定是这个可爱的儿子。"

拓跋焘初封泰平王，后被立为太子，并奉诏监国摄政，已充分显示其杰出的才干。他在位时期，励精图治，完成统一北方大业，为北魏王朝的进一步发展奠定了基础。

拓跋焘继位时，南方是继东晋之后建立起来的刘宋，北方尚有大夏、北燕和柔然等。在这些毗邻的政权中，柔然与大夏的实力最强，对北魏威胁也最大。

始光元年（424）八月，柔然纥升盖可汗郁久闾大檀听到拓跋嗣去世的消息，率六万骑兵攻入云中（今内蒙古自治区和林格尔县西北土城子），屠杀掳掠城中官民，并攻陷盛乐旧宫。这使北魏都城处于严重威胁之下，朝廷上下为之震动。

拓跋焘立即亲率大军，前往征讨。他从平城出发，经三天两夜，即抵达云中。

郁久闾大檀引兵把魏军包围五十余重。柔然的骑兵逼近拓跋焘的马头，紧紧排列，如同一面大墙。

北魏的将士十分恐惧，而拓跋焘却神情自若，非常镇静，才使军心渐渐稳定下来。

郁久闾大檀命其弟之子郁久闾于陟斤为大将，指挥作战。

拓跋焘身先士卒，英勇拼杀，挥军迎战，将郁久闾于陟斤射杀。郁久闾大檀惊慌失措，下令撤退。

时任尚书令的刘絜对拓跋焘说："郁久闾大檀依仗自己兵多，退走之后，一定还会再来。我们应当在秋收之后，出动大军，分东西两路进攻，予以征伐。"拓跋焘表示同意。

当年十二月，拓跋焘派安集将军长孙翰、安北将军尉眷率兵北击柔然。

拓跋焘亲自率领主力进驻柞山（今山西省大同市西）。

柔然部众向北逃走，魏军跟踪追击，大胜而归。

第二年十月，拓跋焘第三次征伐柔然，兵分五路，同时并进。

北魏大军抵达漠南（今蒙古高原大沙漠以南地区），舍弃辎重，轻装骑兵各自携带着十五日军粮，深入沙漠腹地攻击柔然。

柔然部众惊慌失措，全部向北逃走，不见踪影。

神麚二年（429）四月，拓跋焘打算大规模进攻柔然，在都城南郊举行阅兵仪式，又祭拜天地，然后准备出征。

朝廷内外所有官员都不同意采取这次军事行动，保太后窦氏也一再劝阻[①]。可是，太常崔浩却极力赞成。

尚书令刘絜等人共同推举太史令张渊、徐辩，让他们向拓跋焘阐述大家反对北伐柔然的理由，说："今年是己巳年，是三个阴气聚集在一起的年份（指天干、地支中，奇数为阳，偶数为阴，十个天干中的己、十二个地支中的巳，与干支相合的己巳都是阴），木星突然遮住月亮，金星又出现于西方，这都预示地上不可以有军事行动。如果北伐，必定失败。即使获胜，也对皇上不利。"

群臣一致赞同这种意见，说："张渊等人年轻时曾经劝阻苻坚，不可以南伐，苻坚不肯听从，结果惨遭失败（指383年前秦进攻东晋的淝水之战）。他们所说的没有一件事不应验，实在不可以违背。"

拓跋焘心里十分不快，命崔浩与张渊等举行御前辩论。

崔浩反驳张渊、徐辩说："阳主恩德，阴主刑罚，所以日食时要施行恩德，月食时要施行刑罚。帝王运用刑罚，对犯小罪的人，则押赴刑场处决；对犯大罪的人，则出动军队到原野上消灭他。如今，出兵讨伐大罪之人，正是施行刑罚。

"就我对天象的观察，发现近年以来，月亮运行一直遮掩昴星（二十八宿

---

① 北魏自太祖道武帝拓跋珪时起，立太子先杀其母，由保母抚育太子。太子即位后，奉保母为太后，称保太后。

中白虎七宿的第四宿，有星七颗），到今天仍然如此。占卜的结果表明，三年之内，天子大破旄头之国（古人认为昴星，即旄头星，为主胡族之星）。蠕蠕（即柔然，此为蔑称，意即如虫爬行）、高车，都是旄头星的臣民，请陛下不必疑虑。"

张渊、徐辩申辩说："蠕蠕，是荒外无用的东西，得到他们的土地，不能耕地，生产粮食；得到他们的人口，不能当作臣民，以供驱使。而且，他们行动轻捷迅速，出没无常，难以制服。为何如此急于出动人马，前去征伐？"

崔浩说："张渊、徐辩如果谈论天文，还算是他们的职责，至于谈到人事和形势，则是他们所不熟悉的，二位所讲的道理，本是两汉王朝对匈奴态度的老生常谈。可是用在今天，完全不切合时宜。

"为什么这样说呢？蠕蠕原本是我们国家北方的藩属臣民，后来背叛离去。现在诛杀他们的头目，收回其控制的良民，为我们效力，并不是毫无用处。当世之人都称赞张渊、徐辩通晓天文的奥秘和观察气数命运之术，能够预知成败得失。那么，请允许我提出一个问题，向二位求教：最近，我们攻占了统万（大夏的都城），但在这之前他们那里有没有败亡的征兆？如果你们不知道，那是没有这种本事，如果你们知道而不说出来，则是对本国的君主不忠（张渊、徐辩原先任过大夏的太史令）。"

当时，大夏的亡国之君赫连昌也在座，张渊等人因为不曾说过，所以十分惭愧，无言以对。

对此，拓跋焘大为高兴。

御前辩论会议散后，各位公卿中有人抱怨崔浩说："如今，南方的敌寇（指刘宋政权），正在虎视眈眈地盯着我们，时时寻找破绽，以便进攻。而我们却把它抛在一边而不顾，要去北伐；如果蠕蠕远逃，我们的大军在前线一无所获，后面又有强大的敌寇前来攻击，那将怎么应付？"

崔浩说："事情不像大家想的那样，如果不先破蠕蠕，我们则不便于对付南方的敌寇。南方自从听到我们攻克统万的消息之后，一直十分恐惧，所以扬言要出兵保卫淮河以北的疆土。但等到我们击破蠕蠕，凯旋的时候，他们也一定不敢采取行动。

"而且，他们的部队是步兵，而我们的部队是骑兵。他们能北上，我们也能南下，他们已经疲惫不堪，我们却尚未觉得劳苦。况且南方和北方的风俗不同，地理条件也不一样。假设我们把黄河以南的疆土让给他们，他们也守不住。有什么可畏惧的？

"而蠕蠕依恃距离遥远，以为我们没有力量能够制服他们，防备久已松弛。所以，他们夏季把部众解散，到各处逐水草放牧，到了秋季再聚集起来。背后是寒冷的荒原，面向南方温暖地带，不时前来掳掠。现在乘他们毫无防备，出兵袭击，他们一定望见飞扬的尘沙，就会惊骇逃走。公马护着母马，母马护着小马，行动缓慢，难以控制，不能迅速找到水草，不过几天就会困顿疲敝，我们就可以一举将其歼灭。以短暂的劳苦，换来永久的安逸，此时正是良机，不可错过。最大的忧虑在于皇上没有这种意愿。如今，皇上既已有了决心，为什么还予以阻挠？"

道士寇谦之向崔浩说："果真能够击败蠕蠕吗？"

崔浩说："一定能够。只是恐怕诸位将领谨小慎微，瞻前顾后，不肯乘胜穷追，以致难以获得彻底胜利。"

在这之前，南方宋朝皇帝刘义隆借北魏使臣回国之机，让他对拓跋焘说：

"你赶快还我黄河以南的土地。不然，我将动用大军全力夺回。"

拓跋焘正在商讨征伐柔然，听到使臣捎回的这番话，放声大哭，对公卿们说："龟鳖小仔，自顾尚且不暇，能有什么作为？即使真的出兵攻击，如果不先消灭蠕蠕，那就等于坐在这里等待敌寇的到来，结果腹背受敌，这决非良策。我的北伐决心下定了！"

随后，拓跋焘即统率大军从平城出发，命北平王长孙嵩、广陵公楼伏连留守京师。他本人率主力从东路取道黑山（今内蒙古自治区巴林左旗北），派平阳王长孙翰率兵从西路直指大娥山，约定在柔然的王庭会师。

拓跋焘进抵漠南后，下令舍弃辎重，轻骑奔袭，抵达栗水（在今蒙古国西北部）。

柔然纥升盖可汗郁久闾大檀果然没有戒备，部众和牲畜布满田野，见到魏军，一时间惊恐逃散，无法收拢。郁久闾大檀只好焚烧庐舍，向西逃走，不知所终。其弟郁久闾匹黎先掌管东部疆土，听到魏军入境的消息，率部众西上救援，途中被长孙翰截击，大败而逃。

郁久闾大檀逃亡之后，其部众分崩瓦解，躲进荒山深谷，牲畜散布，无人看护。

拓跋焘派兵分头搜寻，在东西五千里、南北三千里范围内，俘杀大量柔然人。柔然原来控制的各部落，前后归降北魏的，有三十余万落。魏军俘获战马一百多万匹，牲畜、车辆帐篷等，堆满山旁水畔。

拓跋焘回师途中，又顺路袭击高车，降服数十万落，俘获马、牛、羊百余万。

拓跋焘把这些归附的部众迁于漠南，安置在东到濡源（今河北省东北部），西到五原（今内蒙古自治区包头市）阴山，相距三千里范围中，令其耕田放牧，向他们征收贡赋。从此以后，北魏民间的马、牛、羊和毡毛、皮革的价钱都跌落了。

经过这次重大打击，柔然再也无力南下进攻北魏。

战后，柔然的郁久闾大檀可汗忧郁而死，其子郁久闾吴提继位。他遣使向北魏朝贡。

延和三年（434）二月，拓跋焘把海西公主嫁给郁久闾吴提，同时他又纳郁久闾吴提的妹妹为夫人，后来册封为左昭仪。

二 纵横北疆

拓跋焘在击溃北方强敌柔然的同时，将进攻的矛头指向大夏。

大夏是匈奴刘卫辰之子刘勃勃建立的政权。

当初，北魏道武帝拓跋珪击杀刘卫辰后，刘勃勃亡归后秦。

刘勃勃身材魁梧，仪容俊美，聪明敏捷。后秦王姚兴见到刘勃勃，甚为惊奇，经常与其谈论军国大事，对他的宠爱超过旧日功臣。

姚兴的弟弟姚邕劝阻说："对刘勃勃这种人，不可以过于亲近。"

姚兴说："刘勃勃有成就大事的才干，我正要与他平定天下，为什么这样猜疑忌恨他？"

姚邕又说："刘勃勃一向对上傲慢无礼，对下残酷无情，又贪婪狡诈，不仁不义，叛服无常。如果对他宠爱信任过分，恐怕终将造成祸患。"

可是，姚兴仍然任命刘勃勃为安北将军，封五原公，令其率领部众镇守朔方（今内蒙古自治区河套西北部及后套地区），以对抗北魏。

后来，拓跋珪与姚兴互相交换俘虏，刘勃勃因后秦和北魏通好，遂起兵反叛。

刘勃勃自认为是夏朝国王的后裔，便自称大夏天王、大单于。他又以为自己的先祖姓刘[1]，不合乎礼制，鉴于古人的姓氏没有一定规矩，变化无常，于是改姓赫连氏，意思是刚强锐利，如同钢铁一样，攻击别人，无坚不摧。

赫连勃勃于418年，占有关中，在长安改称皇帝。

大夏政权的统治十分残暴，视人民如同草芥。

赫连勃勃征发十万人在朔方水之北、黑水之南修筑都城。

他说："我正要统一天下，君临万邦，应当为这座新建的都城取名为'统万'。"统万城在今陕西省横阵境内。四座城门分别命名为：东门叫招魏门，南门叫朝宋门，西门叫服凉门，北门叫平朔门。

负责监修都城的将作大匠叱干阿利性情乖张、凶暴残忍，他规定，筑城墙用的土，要先在笼中熏蒸。对筑起来的城墙，以铁锥加以查验，如果铁锥插入一寸，就诛杀那段城墙的修筑者，并把其尸体填入城墙之内。

赫连勃勃还命人制造兵器。制成之后，呈请验收时，工匠必定有人被杀，因为他令人用箭射击铠甲，射不穿则杀制造弓箭者；如果射穿则斩制造铠甲者。由此而被杀的工匠有数千人。所以制造的兵器，无不精致锋利。

赫连勃勃常常登上城楼，身旁放着刀剑和弓箭。每当对某人猜忌讨厌，或

---

[1] 自汉高祖刘邦以宗室女嫁给匈奴冒顿单于为阏氏后，其子孙后代即沿用刘姓。

者忽然愤怒时，便随手将其刺杀。

群臣中有人侧目看他，便被挖出眼珠；随便大笑的，便被豁开嘴唇，再砍下头颅。

始光二年（425），赫连勃勃去世，诸子争位，相互残杀，后来其三子赫连昌继位，大夏国势受到削弱。

第二年十月，拓跋焘发兵，分两路进攻大夏。他亲率一路直指统万，行抵君子津（今内蒙古自治区清水河西），正值天气突然降温，黄河封冻。

拓跋焘率轻骑二万人踏冰过河，攻击统万城。

当时，赫连昌正在大宴群臣。听说魏军突然来到，朝廷上下惊恐万状。

赫连昌出战，被魏军击败，退回城内，连城门都来不及关闭，依恃宫城据守。

拓跋焘对各位将领说："统万城现在尚不能攻克，等以后一定与诸位夺取它。"遂掠获十万余匹马，胁迫一万余户城民，班师回国。

始光四年（427）五月，拓跋焘从平城出发，再次进攻大夏。

拓跋焘率兵抵达拔邻山（今内蒙古自治区清水河东北），修筑堡寨，留下辎重，带领三万轻骑先行加速进军。

群臣劝阻说："统万城的城墙坚固，不是一早一晚可以攻克的。现在只用少量骑兵攻击，如果不能很快攻克，撤退的时候，又缺乏粮草，所以不如以骑兵与步兵及攻城战具的配合，同时并进。"

拓跋焘说："用兵之道，攻城最为下策。万不得已时，才可一用。假使现在我们集结步骑兵连同攻城战具大规模攻城，他们一定恐惧而拼死固守，如果不能迅速攻克，粮食用完，将士疲敝，城外又无处掠获，我们就陷入进退维谷的境地。

"这就不如用轻骑发动突袭，很快进抵城下，他们发现步兵尚未赶到，一定不大在意。我们再故意显示兵少势弱的样子，以引诱他们出击。他们如果不出城交战，就会被我们擒获。所以要这样做的原因，就在于我们的军队离家二千余里，又隔着黄河，正所谓'置之死地而后生'。以三万骑兵攻城固然力量不足，但用来决战，则绰绰有余。"

众人叹服拓跋焘的宏论高见，同意其率骑兵先行攻城。

拓跋焘抵达统万后，把大部分兵士埋伏在城外深山之中，只率少数部队进逼城下。

赫连昌率三万步骑兵出城交战，拓跋焘挥军撤退，引诱敌兵追赶，以使其疲敝。

大夏军队分两路追击魏兵，拓跋焘的坐骑突然仆倒，把他掀到地上。大夏的兵士一拥而至，几乎生擒拓跋焘。

拓跋齐挺身掩护，拼死力战，杀退夏兵。拓跋焘翻身上马，继续冲杀，身中流矢，仍奋战不已，直到把夏军击溃。

拓跋焘驱兵乘胜追击，斩杀夏国将士一万余人。赫连昌狼狈逃窜，奔往上邽（今甘肃省天水市）。

拓跋焘穿着普通士兵的军服，追杀四散逃亡的夏国士卒，竟闯入统万城。后来城内人发觉他，把所有城门关闭。拓跋焘急中生智，溜进宫中，抢到宫女的长裙，撕成细条，绑在铁槊上，借以爬上城墙，逃出城外。

第二天，拓跋焘率兵进入统万城，俘虏大夏国的王公百官、后妃、宫人数万人，马三十余万匹，牛、羊数十万头，库府中的珍宝、器物不可胜计。

当初，赫连勃勃修筑统万城的城墙高七十尺，墙基厚三十步，墙顶厚十步，官城城墙高三十五尺，坚硬得可以用来磨砺刀斧。城内亭台楼阁，十分雄伟壮丽，全部雕刻图画，用锦绣装饰，精致豪华，无以复加。

拓跋焘见此情景，对左右侍从官员说："巴掌大的小国，竟把民力滥用到如此地步，想要不亡国，怎么能办到！"

神䴥三年（430），拓跋焘第三次亲率大军征服大夏。

这时，大夏的赫连昌已被北魏俘获，其弟赫连定称帝，移都平凉（今甘肃省平凉市）。

拓跋焘抵达平凉，赫连定率兵抵抗，被击败而走，投奔上邽。

拓跋焘在平凉安抚原大夏国的臣民，免除他们七年的赋役负担。

第二年六月，赫连定在治城（今甘肃省临夏市西北）渡黄河，打算攻击北凉沮渠蒙逊，夺取其所占领地，结果兵败被俘，大夏灭亡。

拓跋焘从大夏灭亡的第二年起，连续五次出兵征讨北燕。终于在太延二年（436）五月，攻克龙城（今辽宁省朝阳市），北燕的末代君主、本传传主冯太后的祖父冯弘投奔高句丽，北魏灭掉北燕。

接着，拓跋焘把兵锋指向北方仅存的最后一个敌对势力——北凉。

北凉是卢水胡沮渠蒙逊于411年建立的政权，建都姑臧（今甘肃省武威市）。

北凉全盛时，拥有武威、张掖、酒泉、敦煌、西海、金城、乐都诸郡，成为控制整个河西走廊并影响西域的强大势力。

北魏明元帝拓跋嗣在位期间，北凉一直与北魏保持通好关系。

拓跋焘继位后，多次派遣使臣出访北凉。

沮渠蒙逊死后，其子沮渠牧犍继位，拓跋焘纳其妹妹兴平公主为右昭仪，并把自己的妹妹武威公主嫁给沮渠牧犍。

太延五年（439）三月，沮渠牧犍与其嫂李氏通奸，兄弟三人都宠幸李氏。李氏与沮渠牧犍的姐姐合谋，毒杀了拓跋焘的妹妹武威公主。

拓跋焘闻讯，立即派解毒医生迅速前往抢救，武威公主才保住了性命。拓跋焘要沮渠牧犍交出李氏，沮渠牧犍坚决不肯，而是给了李氏许多钱财，送她到酒泉居住。

拓跋焘打算征伐北凉，但在御前会议上，弘农王奚斤等三十余人异口同声地反对说："沮渠牧犍是西方边陲附庸，臣服的心理虽然不纯正，可是自继承王位以来，从未间断过进贡。我们朝廷也将他当作藩臣对待，并把公主嫁给他。而今，他的罪状并不明显，因此对他应当加以宽恕。

"我们刚刚征伐过蠕蠕，人马疲惫，不可以发动大规模军事进攻。而且听说他们那里的土地贫瘠，很难找到充足的水草。我们一旦抵达，他们必定固守城池，如不能尽快攻克，野地里又掠不到粮草，这实在是危险的用兵之道。"

曾经二十次出使北凉的尚书李顺，也支持奚斤等人的见解。

拓跋焘于是命崔浩与奚斤进行辩论。

崔浩说："沮渠牧犍的叛逆之心已经充分显露，不可不除。我们的大军前几年北伐柔然，虽然没有获得彻底胜利，但实力并未受到损失。出动战马三十万匹，在途中死伤的不足八千，每年正常病老而死的，也不少于上万匹。对此，远方的敌国（指北凉）并不了解，他们以为我们的国力受到严重损耗，短时间无法恢复。

"现在，我们出其不意，大军突然到达，他们必定惊恐慌乱，无计可施，只能束手就擒。至于说那里没有水草，《汉书·地理志》记载，'凉州的畜产是天下最多的'，如果没有水草，牲畜怎么能够如此繁盛？同时，汉朝的人毕竟不会在没有水草的地方兴筑城郭，建立郡县。积雪融化的水，只不过压压尘埃而已，怎么能够挖渠引水灌溉农田？可见，这种说法纯属欺人之谈。"拓跋焘接受了崔浩的意见，遂决定大举进攻北凉。

当年八月，拓跋焘率兵抵达姑臧城下，派人晓谕沮渠牧犍出城归降。

沮渠牧犍听说柔然打算进攻北魏的边塞，寄希望于拓跋焘撤军东归，于是决定固守都城。

后来，沮渠牧犍兄长之子沮渠祖、沮渠万年都率部众出降，姑臧城防陷于崩溃。沮渠牧犍遂率文武官员五千人请求投降。

北魏大军收取姑臧城内居民二十余万户和府库所藏的无数珍宝，北凉灭亡。

至此，拓跋焘以其卓绝的武功，完成北方的统一大业，从而结束了历时一百三十多年的十六国分裂割据局面。

北凉控制的凉州地区，自从西晋末年以来，聚集了大批汉族士人，使那里成为西北地区传播汉族传统文化的一个中心。

拓跋焘灭北凉后，对那里的汉族士人都给予礼遇，加以任用。不少人到北魏朝廷做官，或者教授儒学。索敞、常爽是其中最有名气的两位教授。

当时，北魏正大力开疆拓土，崇尚武功，贵族子弟不把读书当作一回事。

索敞担任博士十余年，用心诱导，态度严肃，贵族子弟都认真听从他的教诲。他的学生学有所成，担任尚书和州郡牧守的有数十人。

常爽在平城东北的温泉西侧兴建学馆，招收学生七百余人。他亲自订立赏罚的规则，学生们犹如侍奉严厉的君主那样敬重他。

从此以后，北魏的文化教育开始振兴。

北魏统一北方之后，形成与南朝的刘宋南北对峙的局面。

南方的宋朝是刘裕于420年取代东晋王朝建立起来的。

北魏与刘宋之间，在拓跋嗣时，曾经发生过一次大战。

泰常七年（422）九月，拓跋嗣乘刘裕去世，其子刘义符新立，大臣不附之机，出兵攻占了刘宋的洛阳、虎牢（今河南省荥阳市汜水镇）、滑台三镇及青、兖、豫（今河北省、山东省、河南省一带）三州的一些郡县。

拓跋焘在位期间，正是宋文帝刘义隆统治时期，也是刘宋王朝的兴盛之世，史称"元嘉之治"。

宋文帝刘义隆从即位以后，就有收复先前被北魏攻占的黄河以南领土之志。

北魏神麚三年（430），宋文帝刘义隆命长沙王刘义欣为统帅，坐镇彭城（今江苏省徐州市），以右将军到彦之为主将，率十万大军北伐。

发兵之前，刘义隆派殿中将军田奇出使北魏，告知拓跋焘说："黄河以南的土地，本来是宋国的疆域，后来被你们侵夺。现在我们只要求恢复旧日疆界，与黄河以北无关。"

拓跋焘勃然大怒，说："我生下来，头发还没干，就知道黄河以南的土地是我们的疆域。怎么可以让你们得到？如果你们一定要进军，因现在正是春天，我们将暂时撤军相避。等到冬天，天寒地冻，黄河结冰，我们会再夺回来。"

面对刘宋十万大军的进攻，拓跋焘因黄河北岸的守军太少，遂下令各路兵马全部撤回黄河以北。

刘宋的主将到彦之率军顺利地占领了滑台、虎牢、洛阳等军镇。

这时，大夏国赫连定派使者到宋朝，请求联兵攻魏，约定获胜之后，以太行山为界，其东之地属宋，其西之地属夏。

在这腹背受敌的严峻形势下，拓跋焘打算先征大夏。

群臣都加以劝阻，说："刘义隆的军队仍然停留在黄河中游，我们却放弃对南方的防御，而去西征。这样，前面的敌寇未必能够战胜，刘义隆却乘我们后方空虚，北渡黄河，则山东将会丧失。"

拓跋焘询问崔浩的意见。崔浩回答说："刘义隆与赫连定遥相勾结，虚张声势，共同窥视我们大国。刘义隆希望赫连定首先进军，而赫连定则等待刘义隆带头出兵，结果都不敢行动。这好比捆绑在一起的两只鸡，不能同飞，因此无法造成对我们的伤害。

"我当初认为，刘义隆派兵北进，应当屯于黄河中游，然后分为两路进发，东路指向冀州（治所在今河北省衡水市冀州区），西路指向邺城（今河北省临漳县）。如果这样，陛下应当亲自率军征伐，而且不能迟缓。现在的情形则完全不同，宋兵布防在黄河沿线，东西长达二千里，一处的守军不过数千，力量分散，防守薄弱。

"由此看来，刘义隆这个白痴小儿的打算是加强河防，以求自保，并没有沿河北上之意。赫连定则犹如树木的残根，很容易折断，只要一推，必定扑倒在地。平定赫连定之后，再东出潼关（今陕西省潼关县境内），全面推进，声威必将震撼南方最远的地方，长江、淮河以北，则不会再有一棵站立的野草。"

拓跋焘十分赞赏崔浩的精辟分析，遂决定委派冠军将军安颉等抵御宋军。他自己则率领大军征讨大夏，并获全胜。

抗击宋军的安颉乘到彦之从洛阳移驻东平（今山东省东平县西北）之机，渡河南下，先后收复洛阳、虎牢、滑台及青、兖地区的失土。

在此期间，宋文帝刘义隆曾派遣征南将军檀道济统兵救援滑台，以图挽回败局。

檀道济率兵在二十余日间与魏军先后会战三十余次，多次取胜。但后来由于缺乏粮草，无法继续推进。

檀道济军粮用尽，被迫从历城（今山东省济南市）撤兵。有兵士逃往北魏军中，把宋军撤退的消息泄露出去。北魏大军随后追击。宋军人心惶惶，行将瓦解。

檀道济在夜晚命人把沙土当作粮食，一斗一斗地称量，一面量一面高声报出数字，然后用仅存的少量粮米覆盖沙土上面。等到天亮，魏军望见沙堆上的粮米，以为宋军尚有余粮，遂斩降卒。

当时，宋兵人少，而魏军人多。檀道济命士卒全副武装，自己则身穿白色衣服，乘舆引兵缓缓出城。魏军以为必有埋伏，不敢进逼，而且稍稍向后撤退。

到彦之这次北伐，兵力武器和军用物资，都极为强盛。等到兵败撤退时，丢弃殆尽，以致朝廷府库的积蓄和武库的兵器都为之空虚。

北魏太平真君十一年（450）七月，宋文帝刘义隆准备派宁朔将军王玄谟率兵征伐北魏。

丹阳尹徐湛之、吏部尚书江湛等人表示赞成。

太子步兵校尉沈庆之劝阻说："我们用步兵，魏国用骑兵，显然我们不是对手。以前檀道济两次出征，都无功而返，到彦之北伐，也遭到失利。现在可以预料，王玄谟的能力超不过前面两位将领。我们军队也没有过去那样强盛，恐怕要再次遭受耻辱。"

刘义隆命徐湛之、江湛与沈庆之辩论。沈庆之说："治国好比治家。耕田种地，应当问耕奴；纺纱织布，应当问婢女。陛下如今打算讨伐敌国，却与白面书生谋划，事情怎能成功！"刘义隆听后大笑。但他仍坚持北伐。

拓跋焘听到刘宋大举进兵的消息，写信给刘义隆，说："我们两国友好相处，为时已经很久，而你却贪得无厌，竟引诱我国的沿边居民。今年春季我南下巡视，借机看望那些民户，驱赶之下便立即返归我国。

"现在，听说你打算亲自前来，假使能到中山、桑干河一带，就请随意而行，来时我不迎接，去时我也不相送。假如你在国内感到厌倦，可以到平城来居住，我也前往扬州（宋朝都城所在地），互相易地而居。

"你的年纪已过五十，尚未走出过家门，虽然你会自行走来，可是还如同三岁小孩，行动极其缓慢，与我们生长在马背上的鲜卑人相比，你该是多么幼稚可笑！我没有多余的东西可以给你，只送上猎马十二匹，以及毛毡、药材等。你远道而来，体力不足，可以乘我送的马，或许因水土不服而害病，吃我送的药，可以为你治疗。"

七月，宋文帝刘义隆下达北伐命令，以江夏王刘义恭出镇彭城，总统各军，派王玄谟等将领分率二十万大军进攻北魏。

九月，拓跋焘率兵南下，十月初抵达枋头（今河南省浚县西南），并迅即渡过黄河，援救被宋军围困的滑台，号称大军百万，战鼓如雷，惊天动地。

宋军统帅王玄谟惊恐万状，急令撤退，魏军随后追击，杀伤万人。王玄谟的部下逃亡殆尽，抛弃的军用物资，堆起来如同山丘。

接着，拓跋焘令诸将分道南进，展开全面攻击。

到十二月中旬，拓跋焘进抵瓜步（今江苏省南京市六合区东南），其他各路大军也相继兵临长江。

拓跋焘下令，拆毁民房，砍伐竹苇，编排成筏，扬言要横渡长江。建康（今江苏省南京市，时为刘宋都城）城内，一片惊慌。城民挑着担子站在家门前，只等魏军渡江，便立即逃亡。

宋文帝刘义隆登上石头城向北眺望，满面忧惧之情，回头对江湛说："这次决定北伐，赞同的人很少。现在，将士和百姓都劳苦埋怨，使我深感惭愧。给大家招来祸患，是我的过错。"

拓跋焘命令士卒开凿瓜步山，修筑盘山路，在山上设置毛毡篷帐。他不饮黄河以南的水，事先令人用骆驼驮着黄河以北的水，随军备饮。

拓跋焘派人向刘义隆送去骆驼、名马，要求和解，并请求缔结婚姻。

刘义隆派奉朝请田奇回赠珍稀果品。

拓跋焘看到黄澄澄的柑橘，拿起来就吃，并且狂饮味道香美的鄌酒。左右侍卫人员附耳提醒他，当心食物中有毒。

拓跋焘不予理会，而是举手指天，并把他的孙子叫到面前，对刘宋的使臣田奇说："我这次远道而来，并非为了猎取功名，实在是想继续维持友好关系，安定百姓，永远结成姻亲。如果宋国能把女儿嫁给我这个孙儿，我也愿把女儿嫁给武陵王（宋文帝刘义隆之子刘骏），自今以后，我们连一匹马也不会南下。"

田奇返回禀报上述情况后，刘义隆召集太子刘劭和文武官员商议这件事。大多数人认为可以答应。只有江湛反对，说："戎狄（指北魏）一向没有亲情，答应他毫无好处。"

刘劭大怒，声色俱厉地质问江湛说："现在，三位亲王正处在危险境地（江夏王刘义恭、武陵王刘骏被困在彭城，南平王刘铄被困在寿春），怎么你还坚持不同意见！"

刘劭又对父皇刘义隆说："北伐失败，蒙受耻辱，许多州郡陷入敌手，造成残破不堪，只有诛杀江湛、徐湛之，才可以向天下人谢罪。"

刘义隆说："此次北伐本是我的主张，江湛、徐湛之不过不反对而已。"

结果，北魏提出的两国皇家通婚建议，竟未能实现。

第二年正月，拓跋焘从瓜步撤军。临行前，沿江举火，焚烧民房，然后掳掠大批刘宋百姓，班师回国。

拓跋焘途经盱眙（今江苏省盱眙县），向刘宋守将臧质索要美酒。

臧质撒泡尿装在瓶子里，派人送过去。

拓跋焘见状大怒，立即下令兴筑长墙，一夜之间就把盱眙城全部包围。还把东山的泥土沙石运来，填平护城河，又在城外架起浮桥，切断盱眙水陆通道。

拓跋焘写信给臧质，劝说他归降北魏。

臧质复信，说："大礼拜读，从中可以看清你的阴险狡诈。你们仗恃四条腿（指骑兵），屡次侵犯我国边境。王玄谟在东部撤退，申坦在西部撤退，你知道什么原因吗？你难道没有听到有句童谣说：'虏马饮江水，佛狸死卯年？'只因还未到卯年，所以两路大军为你让开饮水长江之路。这是命中注定的，非为人力所能避免。

"我奉命来消灭你，预定要到白登山（今山西省大同市东北），可是刚走不远，你就自来送死，我怎能让你生还，再回到桑干河去坐享清福！你如果有幸当被乱兵诛杀，如果不幸则被生擒，我将用铁链套住你的脖子，用一头毛驴驮着，一直押回都城（建康）。

"至于我本人，并未打算保全尸体，如果天地不显神灵，被你击败，那么把我割碎，捣成粉末，都不足以报答我的国家。你的识见和兵力，怎么能够超过苻坚？现在，春雨已经开始降落，我们各路大军正在集中，你只管专心攻城，切勿逃走。粮草不够用，随时告知，我当开仓相赠。你送的刀剑，是否叫我用以斩断你的身躯？"

拓跋焘愤怒至极，令人制作一张铁床，上面布满尖端朝上的铁锥，说："攻克城池，捉住臧质，一定让他坐到上面。"

臧质又发布文告，向魏军将士宣传，说："佛狸（拓跋焘小名）给我的信上讲到，要我把你们杀光，以减少他的敌人。他竟如此对待你们。你们本是中原大国的臣民，为什么自取灭族之灾，怎么不知道可以转祸为福？"并在文告上书写朝廷的悬赏项目："砍下佛狸的头颅，封万户侯，赠给布、绢各一万匹。"

拓跋焘围攻盱眙整整三十天，也未能攻克。这时，魏军中疾疫流行，又听说刘宋派出水军前来增援，拓跋焘不得不焚烧攻城战具，引兵撤走。

北魏大军这次南下，先后攻破南兖、徐、兖、豫、青、冀六州，杀伤刘宋的兵民多得无法计算。魏军凡是遇到青壮年男子，一律诛杀，见到婴儿，则穿在铁矛上，旋转舞动，作为娱乐游戏。所经过的郡县，搜刮尽净，毫无剩余。春天时节，燕子飞回来，没有可供衔泥垒窝的房檐，只好在松林中栖息，往往一棵树枝上，连着十几个大大小小的燕窝。

从此，刘宋势力大衰，北魏的南部边疆更加巩固。南北朝对峙下的北强南弱局面开始形成。

三 高京继位

拓跋焘在位期间，不仅以其多谋善断，英勇奋战，力克群敌，开疆拓土，完成了北方统一大业，而且对北魏的政权建设和拓跋部的发展进步也有许多贡献。

拓跋焘一向崇尚节俭，服饰饮食，只要够用，就很满足。他不喜好奇瑰异宝，也不追求衣着华丽和山珍海味。后宫的嫔妃穿着也很朴素，没有多余的锦绣织品。

在灭掉大夏之后，群臣建议扩建都城，说："《易经》上记载：'王公设置险要，以保卫国家。'萧何也说过：'天子以四海为家，都城不壮丽，便不能显示威严。'"

拓跋焘说："古人也有这样一句话，叫作'只在恩德，不在险要'。大家都已见到屈丐（即赫连勃勃，拓跋焘以此称之，表示轻蔑）用蒸过的土修筑城墙，而我把他消灭了，哪里在于都城坚固不坚固？如今，天下尚未全部平定，正是需要民力的时候，大兴土木一类的事情，我实在不愿意做。萧何的话，并不完全正确。"

拓跋焘一向认为，财富是立国的基础，不可以轻易花费。用于赏赐的，都是给那些为国殉难而建立功勋的人家，皇亲国戚和受宠信的官员，从来没有破例得到过。

司空长孙道生为官勤俭清廉，一个用熊皮制作的护马甲的遮泥障用了数十年，都不更换。拓跋焘令乐工用赞歌称颂文武官员："智如崔浩，廉如道生。"

拓跋焘能够礼贤下士，多次诏令群臣荐举贤才。

神麚四年（431）九月，拓跋焘下诏："如今，两个敌寇（指刘宋和大夏）分别被击败和消灭，我们将停止征伐。发展文化教育，兴复以前荒废的事业，选拔隐居不仕的人才出来做官，成为当务之急。

"我昼思夜想，希望得到贤才。虽然商王武丁梦中遇见有才能的板筑工匠傅说，也无法和我的急切心情相比。我通过查访，有关部门都盛赞范阳人卢玄、博陵人崔绰、赵郡人李灵、河间人邢颖、勃海人高允、广平人游雅、太原人张伟等，说他们是贤人的后代，才干闻名于州郡。

"《易经》上说：'我有美好的酒具，大家共饮同醉。'今后，凡是能与卢玄相比的人才，各州郡应当把他们以礼相聘，送往京师。"于是，对于卢玄等人和各州郡所推荐并送到京师的数百人，都依照才能授予相应的官职。

北方有名的汉族士大夫崔浩从拓跋珪时入仕北魏，他对儒家经典及治国之道，极有研究，对各项典章制度颇为熟悉。北魏朝廷的礼仪制度、军国诏令，他都参与谋划和执掌。

崔浩不喜好《老子》《庄子》等道家学派的著作，还尤其不信佛教。

拓跋焘在位时，朝廷上下有很多人诋毁崔浩。拓跋焘迫不得已，命崔浩保留白马公爵位，暂时辞去左光禄大夫的职务。但是，拓跋焘一向了解崔浩才干出众，所以每当遇有重大疑难问题，就召见并听取他的意见。

后来，拓跋焘加授崔浩为侍中、特进、抚军大将军，作为对他谋划军国大政所立功劳的奖赏。

崔浩善于观察天象的变化并以此预测未来，拓跋焘经常到他家询问灾变怪异现象。因拓跋焘有时来得突然，崔浩连官服的腰带都来不及束上，呈献的饮食，由于没有充裕的时间进行烹制也很简略粗淡，但拓跋焘总要举起筷子多少吃一点，或者就站在那里，尝上一口再回宫。

拓跋焘曾经召崔浩到他的寝宫，从容地对他说：“你的才能和智慧超群，学识渊博，侍奉我的祖父、父亲直到现在，已历三世，一直以忠诚著称，所以我把你当作最亲信的近臣。

“你应该竭忠尽智，直言规谏，不要有所隐瞒。我虽然有时可能会生气发怒，不听从你的话，然而最终我仍会认真思考你的意见。”

拓跋焘曾经在归降的高车首领面前，指着崔浩介绍说：“你们看他这个人，身体短小瘦弱，既不会弯弓射箭，又拿不动长枪铁矛，可是他胸中蕴藏的智慧，却胜过百万大军。我虽然有征伐四方的志向，却不能自己决断，之所以先后建立大功，都是这位先生指导的结果。”

拓跋焘还对尚书下达诏令，说：“所有的军国大事，你们不能决定的，都应当请崔浩提出意见，然后施行。”

鲜卑人古弼，为人忠厚谨慎，朴实正直。拓跋嗣曾亲切地称其为“笔公”，意即直而有用。

拓跋焘擢升古弼为侍中、吏部尚书。古弼认为上谷（今河北省怀来县）的皇家苑囿占地范围过大，打算请求朝廷削减一半，颁赐给贫民，于是，他入宫晋见拓跋焘。

可是，拓跋焘当时正与给事中刘树下围棋，没有注意到古弼。古弼坐在一旁很久，没有机会开口。忽然间，古弼跳起来，抓住刘树的头发，一下把他拉到坐床下，又揪住他的耳朵，捶打他的脊背，怒气冲冲地说：“朝廷所以治理不好，都是你的罪过。"

拓跋焘大惊失色，推开围棋说："不听取奏事，是我的过错，与刘树无关，赶紧放开他。"

古弼把来意说明，拓跋焘表示接受他的建议。

接着，古弼说："为人臣属，竟如此无礼，我的罪过实在太大。"说完来到公车司马门，摘下冠帽，脱掉鞋袜，请求处罚。

拓跋焘命人召古弼入宫，对他说："我曾经听说，修筑神坛时，颠脚跛足地运土都可以，只要在侍奉神灵时，穿戴整齐，照样可以得到恩赐。如此说来，你有什么罪过？赶快戴帽穿鞋，履行你的职责。只要有利于国家，又方便百姓的事，你可以竭心尽力地去做，不要有什么顾虑。"

不久，拓跋焘外出狩猎，古弼留守京师。

拓跋焘下令，把肥壮的马匹送给狩猎部队，以供乘骑。可是，古弼却派人专门挑选弱马送去。

拓跋焘见状大怒，说："笔头奴（古弼的头，形状似笔，拓跋焘常称古弼为笔头），竟敢违抗我的命令。我回去以后，一定先把他杀掉！"

古弼的属官十分恐惧，担心受到牵连而一起被杀。古弼安慰大家说："我为人臣属，不使君主迷恋于游猎，其罪甚小。而不考虑加强防务，使国家军备物资挪作他用，其罪至大。如今，北方的蠕蠕势力正盛，南方的敌寇（指刘宋）还没有消灭，我把肥马留给军队，而以弱马供狩猎使用，是为维护国家长远利益，虽然因此而被处死，又有什么关系？况且，我是自作主张，你们用不着忧虑。"

拓跋焘得知这一情况，深有感慨地说："有这样的臣属，实在是国家之宝。"

遂赏赐古弼一套礼服，二匹马，十头鹿。

后来又有一天，拓跋焘再次外出狩猎，猎取麋鹿数千头。

拓跋焘命尚书派五百辆车前去运载猎物，派出的使者出发不久，拓跋焘对左右侍从说："笔头公一定不肯为我们派车，你们不如尽早用马驮运猎物返回。"

狩猎队伍在归途中，得到古弼的奏章，上面说："今年秋季庄稼长势良好，谷穗低垂，颜色金黄，桑麻、大豆，布满四野。山猪野鹿，前来偷吃，鸟雀大雁，飞落啄食，加上风吹雨淋，损耗甚多。早上收割，比晚上收割，能多出三倍。我请求暂缓派车运鹿，以便用来运载粮食。"

拓跋焘阅毕大悦，说："果然如我所料，笔公真可谓国家栋梁！"

拓跋焘一向信奉道教。当初，嵩山道士寇谦之修炼道教法师张陵的法术，自称曾经见过从天上降临人间的老子（李耳），并受其命继承张陵的法统，担任天师。老子又传授给他辟谷（不进饮食）、轻身（飞腾升空）的法术以及《科戒》二十卷，命他重振道教。

寇谦之说他又遇到神仙李谱文，据说是老子的玄孙，传授给他《图录真经》六十余卷，让他辅佐"北方太平真君"。又交给寇谦之《天宫静轮之法》，其中数篇是李谱文亲自撰写的。

寇谦之把这部书呈献给拓跋焘，朝廷上下大都不肯相信。只有崔浩独自把寇谦之当作老师予以尊奉，追随他学习道术，并且上疏拓跋焘，称赞寇谦之说："我曾听说，圣明的君主接受天命，必定有征兆。《河图》《洛书》都没有文字，由虫兽背上的纹络显现（河图、洛书：据《易·系辞》：'河出图，洛出书。'古代儒家迷信传说，伏羲氏时有龙马从黄河出现，背负'河图'；有神龟从洛水出现，背负'洛书'。二者都是天授神物。有人认为'河图'即'八卦'，'洛书'即《尚书》中的《洪范》）。不像今天这样人与神当面以手书写文字，十分清晰明白，而且辞意深奥奇妙，自古以来无与伦比。怎么可以因世俗的顾虑而忽略天神的旨意？我自己感到敬畏。"

拓跋焘大为高兴，立即派人携带玉、帛、猪、牛、羊去祭祀嵩山，并把在山上修炼的寇谦之的弟子都迎到平城，以崇拜天师，弘扬道法，宣布于天下。又在平城东南建起天师道场，兴筑五层道坛，供给一百二十名道士的衣服饮食，每月设厨会，供与会者膳食，常有数千人之多。

拓跋焘和崔浩都十分尊崇寇谦之，信奉他的道法。

崔浩一向厌恶佛教，经常在拓跋焘面前抨击佛教的虚无怪诞，指斥佛教浪费大量的资源和财产，应该予以铲除。

卢水胡盖吴领导的起义爆发后，拓跋焘亲自率兵镇压，来到长安，顺便视察佛教寺院。寺院的僧侣请拓跋焘的侍从到住室饮酒，侍从发现里面存放相当多的兵器。

拓跋焘得知这一情况，勃然大怒，说："这本不是和尚用的东西，他们一定和盖吴相勾结，准备参加暴乱。"

于是，拓跋焘命令有关部门，逮捕寺内所有僧侣，全部诛杀。当没收寺院财产时，又发现酿酒的器具和州郡牧守及豪强大族所委托寄存的财物，数以万计。更为意外的是，竟发现在一间密室中藏有许多年轻貌美的女子。

崔浩借机建议拓跋焘诛杀天下所有的佛教僧侣，并焚毁佛经佛像。

拓跋焘接受崔浩的意见，先下令在长安城内诛杀僧侣，焚毁佛经佛像，然后下诏给留守平城的官员，通令全国，仿照长安做法。诏令说："从前，后汉（即东汉）王朝的皇帝昏庸，迷惑于佛教，破坏世俗间的伦常。自古以来九州之内，未曾有过这种事情。

"佛教所宣扬的都是荒诞无稽之谈，不合乎人情常理。在乱世之中，使人们不辨黑白，受到迷惑。由此造成政治教化不能推行，礼乐仁义遭到严重破坏，整个天下全都成为废墟。我们继承天命，打算去伪存真，恢复伏羲氏、神农氏时的太平盛世，把佛教一律铲除，不留任何痕迹。从今以后，胆敢侍奉胡人神祇以及塑造佛像的，全家诛杀。

"有非常之人，才能做非常之事。除了我，有谁能够除去这个历代留下来的假神！有关部门应通告全国各地的征镇诸军、刺史，把辖区内所有的佛寺、佛像及佛经，全部拆毁焚烧掉；所有和尚，无论老少，一律坑杀！"

太子拓跋晃素来笃信佛教，曾多次劝阻父皇不要铲除佛教，但拓跋焘不听。现在，拓跋晃留守京师，接到诏书后，只好尽量拖延颁布的时间，使远近的僧侣能事先得到消息，以便各自逃生。因此，很多僧侣早早躲避起来，或者把佛像佛经收藏起来，从而免于灾难。只是北魏境内的寺院和佛塔全被毁掉，一座都没有留下。

拓跋焘生性残暴，果于杀戮。最后竟怒及太子，引发宗族之变，死于内乱。

拓跋焘于延和元年（432）正月，册立长子拓跋晃为皇太子。

后来，拓跋焘西征南伐，命太子监国，留守京师，综理朝廷政务。

拓跋晃在主持朝政期间，过分信任和重用自己的侍从。他又私自营造园田，从中取利。

中书侍郎高允劝告说："天地因为没有偏私，所以天无所不覆，地无所不载。帝王因没有偏私，所以能够容纳养育万民。现在，殿下是国家的储君，天下的榜样，却经营私人田产，畜养鸡狗，甚至派人到街市上充当商贩，做生意赚钱，与民争利，致使诽谤之言四处流传，无法制止和遮掩。国家是殿下的国家，四海之大，都是你的财富，要什么有什么，何需与贩夫贩妇竞争尺寸之利！

"从前，虢国快要灭亡的时候，神灵赐给田地；汉灵帝刘宏在位时，于宫中设立府库，储藏私人钱财，都招来覆亡的灾祸。前车之鉴，如此明显，特别使人畏惧。周武王宠信周公、召公、姜尚、姬高，所以能统一天下。而商纣王宠信蜚廉、恶来，所以丧失政权。

"如今，东宫的杰出人才不少，可是近来侍奉在你左右的人，恐怕不都是合适的人选。愿殿下斥退奸邪之徒，亲近忠良；所有的田园，分配给平民百姓；贩卖的各种货物，要以时收散。这样，美好的声誉自会日增，诽谤的议论可以消除。"可是，拓跋晃未予接受。

拓跋晃为人做事，十分精明，善于洞察细微。而中常侍宗爱性情阴险凶暴，行为多半不遵守法纪。拓跋晃对他极为厌恶。

给事中仇尼道盛、给事黄门侍郎任平城都深受拓跋晃的宠信。宗爱与他俩关系不好，唯恐被其检举揭发，遂罗织罪名，进行诬陷。

拓跋焘盛怒之下，下令把仇尼道盛和任平城绑赴街市上斩首示众，东宫许多官员受牵连而被处死。

不久，拓跋晃由于忧惧过度，一病而亡。拓跋濬即位之后，追尊其父拓跋晃为景穆皇帝，庙号恭宗。

拓跋晃死后，秦王拓跋翰为长，拓跋焘有意立他为皇太子，但又觉得拓跋晃的长子拓跋濬聪明过人，甚为喜爱，所以一时犹豫不决。

后来，拓跋焘决定，封拓跋濬为高阳王。过了不久，又感到嫡皇孙不应该只封藩王，遂撤销。改封秦王拓跋翰为乐平王，吴王拓跋余为南安王。

拓跋焘打算立拓跋浚为皇太孙，可是他没有料到，一场宫廷之变正在酝酿之中。

由于拓跋焘对忧惧而死的太子拓跋晃思念不已，时常提起这件事，引起中常侍宗爱的恐惧不安。宗爱担心随时会被拓跋焘处死，便于正平元年（451）二月先下毒手，杀死了拓跋焘。后来，拓跋焘的谥号为太武皇帝，庙号世祖。

拓跋焘去世后，尚书左仆射兰延、侍中和正、薛提等人秘不发丧，封锁消息。他们因嫡皇孙拓跋浚年纪尚小（时年十三岁），意欲拥立拓跋焘子孙当中年长者继位，遂召拓跋翰入宫，安置于密室。但是，薛提坚持认为，拓跋浚是嫡皇孙，不可以废黜。几个人反复议论，很久不能决定。

宗爱得知上述情况，自以为以前得罪了死去的太子拓跋晃，又一向讨厌拓跋翰，而平时与南安王拓跋余感情亲密，于是他便把拓跋余从便门秘密迎入宫中，然后假传赫连皇后的懿旨，召兰延等人。

兰延等人因为宗爱身为宦官，地位低贱，所以对他传旨毫不怀疑，全都随其入宫。

宗爱事先布置三十个宦官，手执兵器，埋伏于宫中。兰延等人进宫后，被一个个逮捕斩首。宗爱又把拓跋翰押送到宫廷监狱，予以处死，然后拥立拓跋余继承帝位。

拓跋余为拓跋焘的庶子。他即位后，自以为不符合长幼次序，名不正言不顺，所以对群臣大加赏赐，想以此收买人心。不到一个月的时间，府库为之一空。

拓跋余又喜好酒色和游猎，而不过问政事。宗爱被擢升为大司马、大将军、太师、都督中外诸军事、领中秘书，封冯翊王，以宰相身份主管三省（尚书省、中书省、门下省）事务，又掌握禁军和宫廷及皇帝的宿卫，可以坐召公卿大臣，专权擅政，为所欲为，而且日甚一日。

拓跋余渐渐觉得宗爱成为心腹之患，遂谋划削夺他的权力。宗爱得知拓跋余的企图，十分愤恨。于是，他乘陪同拓跋余到东庙祭祀太祖拓跋珪之机，命亲信宦官贾周刺杀了拓跋余。时当永平元年（452）十月。

这件事只有羽林郎刘尼知道。刘尼劝说宗爱拥立嫡皇孙拓跋浚继位，宗爱吃惊地说："你简直是个大傻瓜！皇孙如果继位，怎能忘记他的父亲（拓跋晃）是怎么死的呢？"

刘尼说："假如不立他，那应该拥立谁继位？"宗爱说："等回宫之后，选立各位亲王中的贤能者。"

刘尼担心宗爱改变主意，便把上述情况秘密告知殿中尚书源贺。

源贺当时与宗爱共同掌管禁军和宫中宿卫，遂与南部尚书陆丽商议，说："宗爱既然拥戴南安王（拓跋余），而又把他杀掉，现在却不肯拥立皇孙（拓跋浚），势将做出不利于国家的事来。"遂和陆丽定策，一起尊奉皇孙拓跋浚。

源贺与尚书长孙渴侯率兵严密守卫宫廷，而让刘尼、陆丽到上鹿苑迎接拓跋浚。

陆丽把拓跋浚扶到马上，返回都城。源贺、长孙渴侯打开城门接入宫中。

刘尼乘马奔向东庙，大声呼喊说："宗爱谋杀南安王（拓跋余），大逆不道，皇孙（拓跋浚）已经登极，现在颁下诏书，令禁卫军将士快速回宫！"

众人齐呼万岁，立即逮捕宗爱、贾周等，然后返回都城，奉皇孙拓跋浚继位。冯太后的夫君拓跋浚登极之后，改年号兴安。

第八章

拓跋氏欲脱危机

倡改革一代英主

冯太后两次临朝称制及其与拓跋弘、拓跋宏父子共同执掌北魏朝政，达二十余年之久。

北魏王朝在这一时期，推行了一系列的社会改革措施，使北魏政权和拓跋鲜卑实现了汉化、封建化。

北魏社会改革的全过程及其各项政策措施的实施，是冯太后执掌朝政及其与拓跋宏共同执政时期和冯太后去世以后先后进行的。因为都发生在孝文帝拓跋宏在位期间，所以习惯上称为孝文改制或孝文帝改革。由于改革措施基本上是在太和（477—499）年间制定和推行的，因而也称为"太和改制"。

北魏社会改革的整个过程，可以分为两个阶段。第一阶段开始于太和八年（484），主要是变革政治、经济制度，改革的实施主持者是冯太后；第二阶段是在太和十八年（494）迁都洛阳之后进行的，主要以汉化为中心，着重变革拓跋鲜卑的社会生活习俗，是孝文帝继承冯太后的遗志主持进行的。

这次改革涉及经济基础和上层建筑以及意识形态各个领域，是一次全方位的改革，内容十分丰富。

一　统防危机

冯太后主持进行的社会改革，有着深刻的社会历史背景。它是北魏各种矛盾交织后的必然产物，而冯太后能够以敏锐的政治眼光洞悉各种矛盾中反映出来的主要社会问题，顺应历史发展趋势，不失时机、大刀阔斧地实行改革。

拓跋部在兴起的初期，生活在深山密林之中，以狩猎和游牧为业，与外界隔绝，长期处于原始社会阶段。后来几经迁徙，逐渐南移，受到汉族先进文化的影响，其内部滋生了奴隶制的社会形态。但是，拓跋部从建立北魏政权后，直到拓跋焘统一北方，在军事上是胜利的征服者，而在文明程度上却是个后进者，即在军事力量不断增强的过程中，其自身的发展比较缓慢，始终处于不发达的奴隶制阶段。

拓跋部统一中国北方，作为中国历史上又一个入主中原的少数民族，同其后相继入主中原的其他少数民族一样，是远远落后于汉族封建经济、文化发展水平的中原地区统治者。在进入中原之后，其原有的不发达的奴隶制是不可能很快地自然地完全让位于先进的封建制的。因此，北魏在冯太后执政以前的长期统治中，给中原带来了落后的生产关系，即奴隶占有制的经济形态。

在北魏的社会经济中，畜牧业仍占有相当大的比重。朝廷设有专门机构"龙牧曹"，掌管畜牧业生产。狩猎也颇受重视，朝廷设有主管机构"羽猎曹"。

北魏政权如此重视畜牧业和狩猎，是为了保证马匹和其他军用物资以及生活的需要，也是由其社会生产力发展的落后水平所决定的。

与这种落后的社会生产和生活相适应，落后的奴隶占有制也顽固地保存着。这突出地表现在北魏频繁发动的战争，无不带有鲜明的掠夺性质。每次征伐取胜，都掠获大量的人口和数以十万、百万计的牧畜以及其他各种财物。

拓跋焘在始光三年（426）六月，下诏询问群臣："现在出兵征伐，在赫连（指大夏）、蠕蠕两国中，先征伐哪一国？"

长孙嵩、长孙翰、奚斤等人都建议："赫连在本国故土，尚未对我们形成严重威胁。不如首先征伐蠕蠕，如果能够追到，获取他们的牲畜，足可以使我们国家富足；假如追不到，则到阴山进行一次狩猎，可以猎取大批禽兽的毛皮骨角，用以充实军用物资，也超过灭掉一个小国。"

直到拓跋焘时，对南朝刘宋发动的战争，也仍然如此。

刘宋的沈瑾曾说："虏（指北魏）的残暴，自古以来，从未有过。他们屠杀劫掠造成的苦难，谁都能看到，其中最幸运的，也不过是被驱赶到北方，充当奴隶。"

北魏在征伐取得胜利后，每次都把俘获的汉人和其他少数民族充作隶户或杂户，供官府做杂役，或从事某种技作。同时还把他们赏给文武官吏，做家内奴隶。拓跋珪时曾明确规定，赐大郡王二百人，次郡王、上郡公一百人，次郡公五十人，侯二十五人，子十二人。

这些隶户、杂户身份地位十分低下，而且世代承袭，不准迁徙改业，不得读书做官。拓跋焘时曾明令普通百姓士民之家，不得与这些人户通婚。因此，拓跋鲜卑王公贵族和汉族官僚地主以及寺院僧侣地主都拥有许多奴隶。这些奴隶除从事家务劳动外，相当一部分也从事各种生产。

与奴隶占有制经济形态相适应，北魏的政治制度和统治政策也表现出特殊的形式。

北魏政权虽然是胡汉贵族地主的联合专权，但仍以拓跋贵族为主体。在统治方式上，实行着"胡汉分治"和军事统治。

在政权建设上，拓跋部内部在以游牧经济为基础的奴隶制占主导的条件下，还保留着浓厚的军事民主色彩的贵族政治。各部落首领即所谓的各部大人具有很大的决策权。在进入中原建立起胡汉统治者联合专政的政权之后，拓跋贵族在政权中仍占有优势地位。

在"胡汉分治"的统治政策下，对拓跋部民与其他少数民族保持着原有的一些统治形式，尽量抬高拓跋部民的社会地位和待遇，将其称为"国人"。"国人"享有种种特权，他们可以在经济和政治上得到国家的特殊保障。

神瑞二年（415），云中、代郡发生严重自然灾害。在许多部民因饥饿而死的情况下，拓跋嗣下诏，挑选特别贫困的"国人"，送到经济比较发达的山东地区谋生。

北魏在军事统治上，依赖的是由"国人"为主体组成的军队。为维护军事统治和对军事力量的控制，北魏统治者力求保持胡人当兵，汉人耕田，从而进一步养成了拓跋部那种剽悍粗犷、精于骑射的民族习性和崇尚武功的传统心理。

北魏的统治带有强烈的军事统治性质，除了频繁的征伐，还表现在大规模地进行武装移民。拓跋珪在攻取后燕的中山、信都等地之后，把当地的徒何（辽西鲜卑）、高句丽及其他少数民族十余万人，迁到京城附近，以便控制。拓跋焘时，又先后把辽西、河北、山东、关中等地的五六十万人迁到沿边一带从事农耕。

此外，北魏还设置大量的军镇，加强对地方的军事控制力量。在建都平城之后，为了防范柔然的进攻，于北部西起五原（今内蒙古自治区包头市西北），东到今张家口的数千里边境线上，设置沃野、怀朔、武川、抚冥、柔玄、怀荒六大军镇。后来，随着统治区域的扩大，在内地也设立一些军镇。

这些军镇由拓跋贵族出身的军事将领担任镇将予以统辖，镇兵则由"国人"充当。镇民除当地原有的居民外，多是因罪徙配实边的非拓跋部人。镇民身份低下，实际处于半奴隶地位。

在经济剥削方面，北魏在冯太后执政以前，尚未建立起常规的定额制度，赋税征收带有很大的随意性和掠夺性，百姓的负担十分沉重。

拓跋贵族对汉族和其他少数民族的民族压迫非常残暴。汉人和其他各族人不仅担负沉重的赋税徭役，遭受残酷的刑罚，还被强迫编入军队，冒死参加征战。

在作战时，汉族和各少数民族出身的士卒要在前面冲锋，拓跋部骑兵在后面督阵，往往有许多人不是丧命于交战对方的杀戮，而是被拓跋部将士处死。

北魏统治者担心汉人与南方政权相勾结，在南伐时，竟然大肆屠杀边境一带的汉族居民。

拓跋焘在太平真君十一年（450）率兵进攻刘宋的盱眙（今江苏省盱眙县）时，给守将臧质写信，说："我现在派出的军队，都不是'国人'，城东北的是丁零人与匈奴人，城南的是氐人和羌人。假如丁零人伤亡，正可以减少常山、赵郡（今河北省正定县、赵县）的贼寇，匈奴人伤亡，正可以减少并州（今山西省一带）的赋寇，氐人、羌人伤亡，正可以减少关中（今陕西省一带）的贼寇。你们把他们杀光，对我们来说，也没有什么不利。"从这里可以看出，北魏统治者对非拓跋部的各族人民的压迫和歧视是何等严重，同时也反映出各族人民的反抗斗争对北魏统治者形成的极大威胁。

在阶级和民族的双重压迫下，北魏统治下的各族人民不断掀起反抗斗争。在冯太后执政之前，各族人民的起义发生的地域遍及整个北方，参加起义的成员来自各个被压迫阶级和阶层，几乎包括拓跋部以外的北方所有民族。

太平真君六年（445）九月，北魏民间流传着"灭魏者吴"的谣言。于是，卢水胡人（居于卢水一带的匈奴人）盖吴在杏城（今陕西省黄陵县西南）聚众起义，立即得到屠各、氐、羌等各部族的响应，起义队伍很快发展到十万余人。

拓跋焘派长安镇副将拓跋纥率兵征讨，拓跋纥战败被杀。

盖吴的势力越来越大，拓跋焘征调高平（今宁夏回族自治区固原市）敕勒骑兵部队，前往长安，又派将军叔孙拔统率并州、秦州、雍州的军队，进驻渭水北岸，合击盖吴。

盖吴派遣部将白广平进攻西部的新平（今陕西省彬州市）、安定（今甘肃省泾川县）。各地的匈奴人及其他少数民族都纷纷参加盖吴的义军队伍。

盖吴又分兵东击临晋（今陕西省大荔县东南）以东地区，西攻长安。

这时，河东蜀（来自居于巴蜀一带的汉人）薛永宗聚众，响应盖吴起义，并进攻闻喜（今山西省闻喜县）。

拓跋焘派殿中尚书拓跋处直等率领二万骑兵征讨薛永宗，殿中尚书乙拔率领三万骑兵征讨盖吴，平西公寇提率领一万骑兵征讨白广平。但三路大军都被义军击败。

十一月，盖吴自称天台王，设立文武百官。

第二年正月，拓跋焘亲率大军，征讨薛永宗。当他抵达雍州（治所在今山西省新绛县），逼近义军驻地时，崔浩提出建议，说："薛永宗不知道陛下亲自率兵前来，他们一定斗志松弛。现在，趁北风强劲，应当立即发动进攻。"

拓跋焘接受了崔浩的意见，驱兵包围薛永宗的军营。薛永宗奉兵迎击，战败后与家人投汾水而死。

拓跋焘又率领大军前往汾阴（今山西省万荣县西南），渡过黄河，进抵洛水桥（今陕西省大荔县西南）。他听说盖吴义军正在长安以北，打算南渡渭河，再沿河向西进发。崔浩劝阻说："打蛇要先打它的头，头破则尾巴不能摆。如今，盖吴的军营距我们只有六十里远，率领轻骑前去袭击，一天即可到达，一到就肯定会把他击破。盖吴败亡之后，再南下长安，也不过一日行程，如果到渭河南岸而西行，盖吴就可以从容不迫地进入北部山区，我们在短时间之内很难把他平定。"

拓跋焘没有听从崔浩的意见，遂沿着渭河南岸向长安进发。结果，盖吴得知消息，把部众分散开，都躲入北山。拓跋焘一无所获，大为后悔。

拓跋焘抵达长安后，又历经盩厔（今陕西省周至县）、陈仓（今陕西省宝鸡市）、雍城（今陕西省宝鸡市凤翔区）等地，一路上对于与盖吴义军有联系的汉人和其他少数民族，大肆诛杀。

盖吴在魏军的残酷镇压下，向南朝刘宋上表，请求派军援助。

宋文帝刘义隆下诏，任命盖吴为都督关陇（今陕西省和甘肃省一带）诸军事、雍州刺史，封北地公，并命雍、梁二州出兵，驻防边境，声援盖吴。刘义隆又派使臣给盖吴送去印玺一百二十一颗，让他代表朝廷任官封爵。

在盖吴起兵反魏的高潮中，金城人边固、天水人梁会，与秦州、益州境内各少数民族一万余户举事，占据上邽（今甘肃省天水市）东城，并攻击西城，被秦、益二州刺史封敕文率兵击败。

氐族和羌族一万余人，匈奴族休官部众和屠各族二万余人，都响应边固、梁会，起兵反魏。

封敕文败杀边固，其部众投奔梁会，共同抗击封敕文。

不久，仇池人李洪也聚众起事，声称自己应当为王。

拓跋焘派遣安丰公拓跋闾根率骑兵进击上邦，尚未抵达，梁会已弃城向东撤走。

封敕文事先在城外挖掘几重壕沟，派兵严密防守。梁会率兵出城后，与封敕文发生激战。

封敕文对部下说："盗贼（指梁会的义军）知道没有活路，所以与我们以死相拼，杀伤我们许多将士，实在不容易消灭。"

后来，封敕文打出白虎幡（一种代表皇帝行使权力的军旗），向梁会部众宣告，投降的一律予以赦免。这样，梁会的部众一时间崩溃瓦解。

四月，盖吴把各路兵马集中到杏城，改称秦地王，势力更加浩大。

拓跋焘派永昌王拓跋仁、高凉王拓跋那统率北方各地的军队，前往镇压盖吴。

接着，拓跋焘调集冀州、相州、定州的军队二万人，驻守长安城南各个山谷，以防备盖吴义军失败后逃走。又调发司州、幽州、定州、冀州之兵十万人，在京城附近修筑防御设施，东起上谷（今河北省怀来县），西到黄河，长达一千余里，以防起义军进攻。

八月，高凉王拓跋那等击败盖吴，擒获盖吴的两个叔父。诸位将领想把他们送往都城，长安镇将陆俟说："长安地势险要，百姓强悍，平时尚不可以疏忽，何况战乱之际？现在，如果不把盖吴彻底消灭，长安的动乱就不能停息。盖吴一个人无论逃亡或隐藏到哪里，非其亲属谁也无法确知他的下落。我们把十万大军停在这里，去追寻盖吴一个人，又不是长久之策。不如私下许诺盖吴的叔父，赦免他们及其妻子、儿女，让他们亲自去找盖吴，一定可以擒获。"

诸位将领都说："如今，贼党（指义军）已经溃散，只有盖吴一个人逃亡，他的叔父哪里能够找到他？"

陆俟说："各位不是都见到过毒蛇吗？不砍断它的头，它就能继续害人。盖吴生性凶恶狡猾，现在得以逃脱，一定自我宣称'王者不死'，以便迷惑愚昧的百姓，为害会更大。"

诸位将领又说："你的话是有道理，可是捉到盗贼不杀，反而把他放走，如果他们一去不返，以后谁来承担罪责？"

陆俟说："这个罪过，由我替大家承担。"

高凉王拓跋那也同意陆俟的策略，遂放出盖吴的两个叔父，并与他们约定返回的日期。

结果，到了期限，盖吴的叔父没有返回。诸位将领都归罪于陆俟。

陆俟对大家说："可能是他们没有找到盖吴，一定不会辜负我们。"

过了几天，盖吴的二位叔父果然把盖吴的头颅带了回来，陆俟命人急速送往京城。

永昌王拓跋仁征讨盖吴的部将白广平、路那罗，将其全部击败。

盖吴起义失败后，安定（今甘肃省泾川县）的卢水胡刘超等人聚集一万余人，起兵反魏。

拓跋焘加授陆俟为都督秦、雍二州诸军事，令其镇守长安，并对他说："关中地区接受我们的教化为时尚短，朝廷的恩德和信誉还没有普及，所以百姓屡次发动叛乱。现在，我如果给你一支重兵，则刘超等人听到消息，必定会同心协力，占据险要，拼命抵抗，那反而不容易击败。可是交给你的兵力过少，又无法战胜盗贼。希望你自己想办法，获取胜利。"

于是，陆俟便单枪匹马前往长安赴任。刘超等人得到消息，非常高兴，认为陆俟是无能之辈。

陆俟到达长安后，立即派人向刘超晓谕成败利害，并以纳刘超女儿为妻，与他结成姻亲作引诱，招其归降。

刘超自恃势力强盛，没有归降的意愿。

陆俟遂率其左右将领亲自前往安定，与刘超会面。

刘超派人迎接，并对陆俟说："跟随你的人如果超过三百人，我们以刀枪、弓箭相待；不到三百人，我们则以酒宴相待。"

陆俟只带领二百名骑兵跟随，拜访刘超。

刘超戒备森严，陆俟纵情豪饮，大醉而归。

不久，陆俟挑选勇武士卒五百人，出去狩猎，顺便转到刘超军营。陆俟对大家说："在我醉酒时动手！"

陆俟在刘超的军营中，假装饮醉，跑出去骑马大叫，回身一刀砍下刘超头颅。他带领的士卒应声而起，拼力攻击，杀伤义军数千人，刘超起义被平定。

各族人民的起义斗争，说明社会矛盾的深刻性和普遍性，也体现出各族人民反阶级压迫和民族压迫的双重性质。

在冯太后临朝称制以前，拓跋部对农业生产的重要性缺乏认识，往往听任土地荒芜，以便放牧。这就严重破坏了中原地区的农业生产，造成北方人口减少，经济衰退，使许多地方呈现出一片荒凉景象。

拓跋贵族与汉族地主之间也存在着矛盾。拓跋部在进入中原地区以后，虽然极力拉拢汉族地主阶级，以巩固自己的统治，许多汉族士大夫也受到重用。但是，在北魏政权中，汉族地主的传统地位毕竟比过去有明显的下降，因此他们总是企图恢复失去的地位和特权，而这又必然触犯拓跋贵族及其皇权的利益。这种矛盾尖锐化的结果，使一些汉族大族代表人物遭到排斥打击，甚至被无情地杀害。

北方有名的汉族大族崔浩，入仕北魏长达五十多年，是身经拓跋珪、拓跋嗣和拓跋焘的三朝元老，一直深受拓跋部的赏识和重用。但后来被拓跋焘借故诛杀。

关于崔浩之死，史书中的记载如下。

司徒崔浩自恃才华和谋略以及深受拓跋焘的信任，在朝廷中独揽大权。他曾经推荐冀州、定州、相州、幽州的士人数十人，开始任官就担任郡守。

太子拓跋晃提出责难，说："从前征召的士人，也都是州郡的才学之士。这些人担任现在的职务已经很久没有升迁，其辛劳还未得到报答，应当先让他们出任郡守、县令长，而以刚刚推荐的新人接替空出的职位。郡县官员是直接治理百姓的，应由长期任官而有经验的人担任。"

崔浩坚持自己的意见，与拓跋晃发生争执，最后仍然把他推荐的人分派到各郡任职。

中书侍郎兼著作郎高允得知这件事，对东宫博士管恬说："崔公恐怕要遭受大祸！他为了维护自己的权势，竟然与太子对抗，这怎么可以呢？"

后来，拓跋焘令崔浩兼任秘书监，让他与高允等人共同撰写《国史》，并告诫说："务必据实而写。"

著作令史闵湛、郗标性情乖巧，惯于谄媚，深受崔浩宠信。崔浩曾经注释《易经》《论语》《诗经》《尚书》，闵湛、郗标上疏朝廷说："马融、郑玄、王肃、贾逵等人以前所作的注解，都没有崔浩的精确深刻。请陛下把国内流传的前人所注各书都予以封禁，而颁发崔浩的注本，供天下人学习之用。并请陛下命崔浩继续注释《礼记》《左传》，使后学之士能够学到正确的见解。"

崔浩也推荐闵湛、郗标，说他们有著书立说的才能。他俩又建议崔浩把他所撰写的《国史》刻在石碑上，用以显示作者秉笔直书的精神。

高允听到这个消息，对著作郎宗钦说："闵湛、郗标提出公开刻写《国史》，只要出现一点差错，恐怕就会给崔家带来万世的灾祸，我们这些人也不能有一个幸免的。"

崔浩竟然采纳闵湛、郗标的意见，把《国史》刻到石碑上，竖立在平城南郊的祭天神坛东侧，方一百步。由于工程浩大，动用三百万劳动力才完成。

崔浩记载拓跋部先祖的身世，非常详尽真实。石碑排列在交通要道的路口。来往行人见到后，纷纷议论，拓跋鲜卑人无不气愤憎恨，不断向拓跋焘诋毁崔浩，认为他有意暴露皇家祖先的丑恶。

拓跋焘勃然大怒，命主管部门调查核实崔浩和秘书省其他官员的罪状。

崔浩被逮捕以后，太子拓跋晃召高允到东宫，然后与他一起入朝。走到宫门时，拓跋晃对高允说："入宫晋见至尊（指拓跋焘），我自会引导你，假如至尊提出什么问题，只管依照我说的意思回答。"

高允问道："不知道出了什么事情？"

拓跋晃说："进宫后自然会晓得。"

拓跋晃见到父皇，说："高允做事一向小心谨慎，而且身份地位卑微，《国史》都是崔浩所写，请赦免他的死罪。"

拓跋焘召见高允，问他："《国史》都是崔浩写的吗？"

高允回答说："《太祖记》是前任著作郎邓渊所写，《先帝记》和《今记》

是我与崔浩共同写的。可是，由于崔浩兼管的事务太多，所以对《国史》的撰写，他只不过总揽大纲而已，至于具体写作，我比崔浩做的要多。"

拓跋焘大怒，说："高允的罪行比崔浩严重，怎么可以免死！"拓跋晃十分恐惧，极力为高允开脱，说："在父皇盛怒之下，高允一个小臣，心慌意乱，言语差错。我以前曾问过他，他说全是崔浩所作。"

拓跋焘又问高允："果然像太子所说的这样吗？"

高允回答说："我的罪过应当灭族，不敢说假话。殿下（指拓跋晃）因为我长期以来为其讲授经学，同情怜悯我的处境，想为我求得一条生路。实际上从未问过我，我也没有说过那种话，不敢随便乱讲。"

拓跋焘对太子拓跋晃说："如此正直，这是一般人难以做到的，而高允却能够做到。死到临头，不改变态度，是诚实；作为臣属，不欺骗君主，是忠贞。应当特别赦免他的罪行，以示褒扬。"遂对高允免于处罚。

接着拓跋焘召见崔浩，亲自审问。崔浩惊慌失措，不能回答拓跋焘的问话。

拓跋焘命高允起草诏书，内容是诛杀崔浩和下属宗钦、段承根等及其奴仆，共计一百二十八人，全都屠灭五族。高允持有异议，迟迟不写。

拓跋焘多次派人催促，高允请求再见一次皇上，然后起草诏书。

拓跋焘把高允叫到面前，高允说："崔浩犯法，如果还有其他罪状，我不敢多问。假如仅是为了直书国史而冒犯皇家，其罪不至于被处死。"

拓跋焘十分气愤，命武士逮捕高允。太子拓跋晃替高允求情，拓跋焘的怒气才逐渐平息，说："无此人，当有数千口人被处以死刑。"

后来，拓跋焘下诏，诛杀清河郡（今河北省清河县）崔氏家族中与崔浩同宗者，无论血缘关系远近，以及和崔浩有姻亲关系的范阳郡（今河北省涿州市）卢氏、太原郡（今山西省太原市）郭氏、河东郡（今山西省夏县）柳氏，一律屠杀全族，其他人只诛杀当事者一人。当把崔浩装在囚车上押往平城南郊行刑时，押送的数十名兵士都向崔浩身上撒尿。崔浩大声呼号，过路人很远都能听清楚。

综合上述，北魏王朝在冯太后掌握朝政以前，社会各方面都存在着错综复杂的矛盾和斗争，充分反映出拓跋部的统治面临着严重的政治、经济危机。

这种危机的实质是拓跋部落后的奴隶制生产关系与中原地区先进的社会生产力之间的矛盾，是民族压迫政策与民族融合趋势之间的矛盾，也是拓跋贵族的传统特权和旧的民族习俗与汉化、封建化之间的矛盾。

这种危机和矛盾的存在和不断发展，表明北魏政权继续采用原有的制度和办法已经难以维持统治，而必须改弦更张，实行改革，即对落后的经济、政治制度和拓跋鲜卑的风俗习惯做相应的改变。将政治、经济、社会生活全面纳入封建轨道，以缓和阶级矛盾、民族矛盾与统治阶级内部矛盾，达到长治久安。

二 女改革家

冯太后主持的改革，主要是实行俸禄制、三长制、均田制和租调制等项措施。

俸禄，是中国古代历朝政府给予官吏的经济报酬，用以保证他们的生活，并使其致力于公事。

俸禄，又称俸给、禄食、禄养、禄润。大体上是钱帛为俸，米粟为禄，以实物、土地、金钱支付给百官。各个历史时期和每个朝代俸禄制的内容和形式有所不同，它的发展演变不仅与职官制度的变化相适应，同时也受着社会经济形态及其发展状况的制约。

中国古代的俸禄制形成于春秋战国时期。当时，随着社会大变革，封建制代替奴隶制，世卿世禄制瓦解，各诸侯国任用官吏，不再像以前采用分封土地，官吏享用封地采邑一部分收入作为报酬的做法，而是按照官职高低，给予多少不等的实物作为俸禄。

汉代的俸禄制进一步发展完善。官吏的俸禄以粮食为主，按月发给。俸禄以"斛"为单位，按照官品秩次"石"分级发给。万石官月俸三百五十斛，中二千石一百八十斛，二千石一百二十斛，比二千石一百斛；从千石到四百石，每级相差十斛；比四百石四十五斛，三百石四十斛，比三百石三十七斛，二百石三十斛，比二百石二十七斛，一百石十六斛。

三国两晋时期，已经出现九品十八级的官品制，因此官俸依照官员品级发给数量不等的粟、帛、土地和钱。晋代俸禄标准以日计算，春秋两季另发绢绵。一品官日俸五斛，春季给绢一百匹，秋季给绢二百匹及绵二百斤。同时，官吏可以按品占田，一品五十顷，以五顷为差，递减到九品为十顷。

北魏在冯太后实行改革以前，一直未确立俸禄制，文武百官都没有俸禄。在战争频繁的年代里，朝廷按照官吏军功的大小和爵位的高低，分赐战利品，以解决文武官员的酬劳待遇，称为"班赏"。班赏的内容包括金银、布帛、牲畜、生口（以战俘供作奴隶）等。

这种以班赏形式分配财富的做法与中原封建王朝的俸禄制相比，显然是极为落后的。而在战争减少，掳掠财富不多的情况下，百官只能以"截获官物"和搜刮百姓为谋生手段，因此官吏侵吞国家财产和贪污索贿成风。

拓跋焘时，曾任军司马的公孙轨参加征讨大夏，立有军功。拓跋焘令各位将领进入大夏的府库，任意索取金玉。别人都满载而出，唯独公孙轨站在那里不动手。拓跋焘便亲自把大量金银送给他，并说："你看到钱财不苟且求得，我所以多赏赐给你，是想在众人面前表彰你的廉洁。"

后来，拓跋焘为北征柔然，下令向百姓征驴运送军粮，并派遣号称清廉自守的公孙轨负责押往雍州。

公孙轨令驴主全都加绢一匹，才接受驴。百姓们说："驴不分强弱，只要背上有绢。"大家一起嘲笑公孙轨。

公孙轨死后，拓跋焘对崔浩说："我出行路过上党（今山西省长治市），当地父老都说公孙轨在这里一向受贿纵贼，至今余奸仍未清除，是公孙轨的罪过。他刚来赴任的时候，单身一人执鞭乘马，别无所有，可是离去时，却用上百辆大车满载财物而走。丁零酋长曾登山大骂公孙轨，公孙轨发怒，把骂者之母捉来，用长矛刺其下身而死，并狠狠骂道：'你怎么生出这个孽子？'然后从下倒劈，把丁零酋长母亲的尸体分裂成几块，挂到山顶树上。他竟残忍到这种地步。幸亏公孙轨死得早，如果他活到今天，我一定把他与其宗族一起诛杀。"

北魏朝廷对官吏的贪婪残暴、搜刮民财的状况也曾加以整饬，并严厉处罚。

拓跋浚在位时曾诏令地方官，不准侵吞百姓财物，以经营自己的家业。更不准截留地方向朝廷上贡的赋税，据为己有。并且明确规定贪污十匹绢以上的，全部处死。后来又进一步规定受贿一只羊、一斛酒的就处死。

虽然朝廷对贪占官私财物的官吏的处罚越来越严厉，可是由于没有采取切实可行的办法解决官吏的酬劳待遇，各级官吏尤其是地方官的贪污索贿之风不仅禁而不止，反倒愈演愈烈。

官吏侵吞贪占和巧取豪夺的不法行为，不仅影响国家的财政收入，同时也加深了阶级矛盾。

冯太后深知这种腐败现象对北魏政权的严重危害性。为了有效地扭转这种局面，冯太后于太和八年（484）六月下诏："设置官吏，颁发俸禄很早就已经实行。自从中原战乱，这种办法中断了。我遵循古代传承下来的典章制度，改变现在的状况，开始恢复俸禄。"

九月，又下诏规定："俸禄制度，从十月正式实行。朝廷官员的俸禄，依照品级和爵位分别确定标准，每季发放一次。"

第二年十一月，规定地方官员依照他们辖区户口的多少，作为俸禄的标准。

为解决官俸开支，增收民户交纳的租调，规定每户加收帛三匹、谷二斛九斗，专门用作官员的俸禄。

与颁行俸禄制的同时，开始规定官吏贪赃一匹布帛的，予以处死。后来，又改为收受馈赠以贪赃论处，侵吞官府财物和盘剥百姓按枉法论处。贪赃一匹布帛者，处以死刑；枉法的无论多少，一律处死。

俸禄制实行以后，冯太后派出使者到各地巡视，纠察弹劾地方官的贪污行为。

秦、益二州（治所在今甘肃省天水市）刺史李洪之以其身为外戚（拓跋宏已故母亲李夫人的家族成员），为官残暴，一向贪赃枉法。从发放俸禄以后，他是第一个因贪污受贿罪被处罚。

冯太后下令，把李洪之押送到平城，并召集文武官员全都到场，观看她亲自审讯案犯。冯太后一条条宣布李洪之的罪状，最后以他是国家的重臣，准许他在家自尽。

与此同时，还有郡守县令四十余人，都因贪污罪而被处死。

怀朔镇将、汝阴灵王拓跋天赐，长安镇都大将、雍州刺史、南安惠王拓跋桢都犯有贪污罪，按规定应当处死。

冯太后与拓跋宏亲临皇信堂，召集王公大臣前来商议。

冯太后问道："你们认为应该顾念亲情，废弃法令，还是应该抛开亲情，以维护法纪？"

群臣回答说："两位亲王都是景穆皇帝（拓跋晃）之子，应当予以宽恕。"

冯太后没有发表意见。

于是，拓跋宏下诏说："二王所犯罪行严重，难以宽恕，但太皇太后追念高宗（拓跋濬）的兄弟情谊。而且，南安王（拓跋桢）侍奉母亲一向十分孝顺，朝廷上下都知道。所以，免除二人死刑，撤销他们所有的官职和爵位，贬作平民，终身不得做官。"

当初，朝廷得知拓跋桢犯有贪污罪行，曾派中散大夫闾文祖前往长安，进行调查核实。闾文祖由于接受贿赂，回京后向朝廷隐瞒了拓跋桢的犯罪事实。拓跋桢被处罚时，闾文祖也以同等罪受到惩处。

事后，冯太后对文武官员说："闾文祖以前一直自称清廉，如今竟然贪赃枉法。由此看来，人心实在难测。"

拓跋宏接着说："古时候有一种允许官吏辞去职务而退养的做法。在座各位如果有人觉得无法克制自己的贪婪欲望而有可能触犯法令的，准许辞职回家。"

宰官、中散大夫慕容契说："普通人的心理，一般不能永久不发生变化，而国家的法令却是不能改变的。以常变之心去适应不变的法令，肯定难以做到。因此，我请求辞职。"

拓跋宏说："慕容契知道人心无常，则一定懂得贪赃枉法的可憎，何必辞职！"遂擢升他为宰官令。

冯太后在颁行俸禄制以后，严厉惩处贪赃枉法，其他所有享受俸禄的官员，无不震惊恐慌。从此以后，贪污受贿的现象，大为减少。

但是，实行俸禄制这项改革措施，并非一帆风顺，而是在同保守势力的斗争中坚持推行的。

就在冯太后的颁俸诏令下达不久，淮南王拓跋他上疏，奏请恢复过去的做法，停止给官员发放俸禄。

冯太后召集群臣讨论这件事情。

中书监高闾发表意见，说："实行俸禄制度以来，贪官污吏的奸邪之心不再滋生，朝廷上下没有怨言。以此观之，怎么可以改变呢？另外，江河洪水日夜奔腾，则修筑的堤防应该又高又厚；奸佞邪恶势力过多，则禁令就必须严厉。饥寒交迫之下，慈母保不住自己的儿女；人人饱暖，家家富裕，讲究礼义谦让的现象，就能够得到发扬。清廉自守的人，不一定都是因其富有；财产丰厚的人，不一定全都道德良好。

"如今发给俸禄，清廉的官员有了生活保障，滋生不贪污心理；贪婪的官员有了生活来源，可以悔过自新，不再贪污。假如不再给俸禄，那么有贪污劣迹的官员将更加大肆贪污，清廉的官员则连自己的生活都无法维持。以此说来，淮南王的建议，岂不荒谬！"

冯太后下诏，采纳高闾的意见，继续实行俸禄制度。

三长制是冯太后对地方基层组织实行改革的一项措施。

北魏自建国以来，地方上县以下一直没有普遍建立起基层组织，而只有宗主督护。这是特定历史条件下的产物。

十六国时期，北方战乱不息，政权更迭频繁，旧有的一套乡、里制度受到严重破坏。为了防止少数民族的骚扰和抵御农民的反抗斗争，中原地区许多乡村中的豪强大族按血缘和区域关系，把人们集聚到一起，筑坞作壁，以保障他们的生命财产安全。

这些"坞壁"成为一股较强的社会势力，活跃在动乱中的北方各地。南燕慕容德时，形成百家合为一户，千人共立一个户籍的严重局面。北魏统一北方后，各州郡的一些豪强大族甚至控制上万户人家。这些坞壁主的宗族、佃客、部曲和荫户数量众多，在地方上拥有强大的政治势力，其内部又有自己的一套政治、经济、文化诸方面的独立建制。

上述这种坞壁林立的局面，必然与中央集权统治发生矛盾。所以，北魏在拓跋嗣时想把坞壁主强迁于平城周围地区，以削弱他们的力量，并且便于控制，但因遭到坞壁主的武装反抗而作罢。

北魏政权在没有足够力量将坞壁彻底摧毁的情况下，只好采取妥协的办法来安抚这些强宗大族，在地方上实行一种颇为独特的制度——宗主督护制。以坞壁主为宗主，承认他们对本乡的统治权力，并将其作为北魏政权的基层组织，各自督护所统属的民户，负责维持地方治安和赋役的征发。

北魏实行这种宗主督护制，使拓跋贵族与汉族地主取得合作，减少了地方上的对抗力量。但是，这项制度造成许多民户不在官府登记户籍，而被宗主荫庇起来。户籍上只有宗主一人，而这一户之内，往往有三五十家之多。这就严重影响了国家的赋役征发。

为了克服宗主通过荫庇人口而与国家争夺劳动人手和赋税收入的种种弊端，改变地方基层组织的形式，势在必行。

中国古代的地方基层组织，在秦汉时期已形成了基本模式，即在县以下设立乡、亭、里，大致十里为一亭，十亭为一乡。乡设三老，掌管对百姓的教化；啬夫，掌管争讼与赋税征收；游缴，掌管巡捕盗贼。三国时期，设立乡、亭，两晋设乡、里。

北魏的地方基层组织的改革，就是仿照上述中国古代长期实行的制度进行的。

太和十年（486）二月，冯太后采纳内秘书令李冲的建议，改革地方机构，实行三长制。

李冲上疏说："应当革旧从新，确立乡党之法。以古代的制度作为参考，五家为一邻，设一个邻长；五邻为一里，设一个里长；五里为一党，设一个党长。选择乡民中势力强大又有办事能力的人担任三长，担任邻长的民户免除一人的差役，担任里长的民户免除二人的差役，担任党长的民户免除三人的差役。三年之内，如果没有过失，则升迁一级。"

冯太后审阅李冲的奏章之后，大加称赞，认为很好，并召集文武官员进行讨论。

中书令郑羲、秘书令高祐等人说："李冲提出确立三长的建议，是想统一全国基层组织的办法。看起来似乎可以采用，但实际上难以行通。"

太尉拓跋丕说："我认为，这个办法如果实行，于公于私都有益处。可是，现在正是征收赋税的月份，官府却为实行这项制度而去核实校正户籍，百姓一定因劳苦而有埋怨。请过了今年秋季，等到冬天再派使者分赴各地办理，这样比较适宜。"

郑羲又补充说："不听我的意见，尽管推行，事情失败之后，才会知道我说的话不错。"

李冲反驳说："普通百姓，愚昧无知。对于平民百姓，只可以使他们做事，不必让他们懂得其中的道理。如果不趁征收赋税的季节办理，百姓只看到核查户籍的麻烦，却看不到减免差役赋税后的利益，必然会产生怨气。所以，应该利用征收赋税的月份，使人们很快了解赋税的公平，既能认识到朝廷的用意，又得到好处，推行起来才比较容易。"

冯太后最后说："设立邻长、里长、党长，使田赋捐税，都有一定的标准，被荫庇的户口可以清理出来，投机取巧的人也可以得到制止。有这些好处，为什么不实行！"

冯太后在改革派重要成员李冲等人的支持下，克服了守旧势力的阻挠和干扰，作出决定，废除宗主督护制，实行三长制。在地方设立邻长、里长、党长，并规定三长的职责是核定田亩、户口，收取赋税，征发徭役，维持治安。

开始实行三长制时，百姓都感到愁苦，豪强大族尤其反对。可是，过了一段时间之后，百姓都感受到征收赋税竟然省下许多费用，上下才都安定下来。

冯太后实行三长制，虽然只是略有改变地恢复汉族传统的封建统治办法，但对北魏来说，具有重要的意义。它不仅为解决宗主督护制下户口不实的弊端，提供了有利条件，从而健全了封建户籍管理制度；而且随着户籍的清理整顿，为均田制和新的租调制的实施奠定了基础，并且可以进一步解决赋役不均的问题。这种健全、完善后的邻里乡党制度在中国封建社会的地方基层组织机构中被长期沿用。

均田制是冯太后进行的社会改革中一项极为重要的措施。它作为中国古代一种比较完备的土地制度，从北魏开始历经北齐、北周、隋唐，推行近三百年，影响所及十分深远。

均田制的出现，既有过去历史上的田制渊源和历代土地政策的经验借鉴和参考，更与北魏现实存在的土地、劳动人手等社会问题密切相关。

中国古代早在商周时期，就将土地划成方块田，称为"井田"，也称"公田"。当时的土地都属于天子所有，不准买卖。天子把土地层层分封给各级奴隶主贵族，由他们役使劳动者无偿地耕种，收获物全部交给土地拥有者。劳动者另外耕种并不为自己所有的一小块土地，以维持生计。

春秋时期，奴隶主贵族又驱使劳动者在公田之外，开垦大量私有土地，即"私田"。战国时期，商鞅变法废除了井田制，在法律上承认土地私有，土地可以买卖。秦始皇统一天下后，在全国推行土地私有制，使土地私有制取得合法地位。但这时封建国家仍掌握大量的国有土地，并在这些国有土地上实行一种授田制，把土地授给无地、少地的农民，国家收取赋税。

汉代把国有土地租给贫民耕种，或租与豪强地主，再由他们转租给农民，农民向地主交纳田租，地主向国家交纳赋税。

三国时期，在国有土地上推行过屯田制，屯田民耕种国有土地，向国家交纳田租。西晋则实行占田课田制，规定民户可以占有一定数量的土地，向国家交纳租调。

自春秋战国以后，自耕农民一夫治田百亩，成为通常现象。以丁男为户主拥有百亩之田的个体农户，就是一个生产单位，同时也是一个纳税单位。

上述历代的土地制度和民户占有耕地数量的规定，都对北魏均田制产生直接影响。

北魏在推行均田制以前，由于各种因素尤其是汉族封建制度的影响，其自身的经济形态也不断发生变化。这种变化表现在把战争中俘获的大批人口强迫为奴的同时，开始对本族成员及其统治下的各族人民，逐步采用封建制剥削方式去组织生产。最初，拓跋部族以及先后归附的其他少数民族，大都保持着原有的部落组织。但在北魏建国不久，拓跋珪即下令解散部落，部众分居于一定的土地上，不允许任意迁徙。这样，他们的部落组织相继被解散，部众逐渐走上定居的农耕生活。这些隶属于国家的编户为官府纳贡服役，其身份与封建制下的个体农民相近，但地位比较低下。

与此同时，北魏政权还把大量被征服的中原地区的汉族和其他各族人民迁徙到其统治中心平城一带，称为"新民"，并给他们耕牛，按照人口授给土地。这些"新民"，类似三国时期屯田制下的屯田客，虽然他们的人身依附性很强，但国家对他们剥削的方式基本上是属于封建制的。

在土地占有形态上，大致是国有制和私有制并存。国有制主要包括皇家和官府所有的苑囿、牧地和耕地。私有制主要包括大地主和大牧主的耕牧地，个体农民和牧民的小块耕牧地，以及寺院僧侣地主的田产等。其中，个体小农所占耕地极为有限。

由于农业生产领域封建化程度逐渐加深，伴随着土地私有制的迅速发展，拓跋贵族和汉族地主对土地的兼并也越来越严重，致使个体农户纷纷破产流亡。这对于已从游牧社会转入农耕社会，发展农业生产越来越成为当务之急的北魏王朝来说，无疑是十分不利的。它不仅影响国家对农民的直接控制，从而减少赋税收入，同时也造成各族人民的贫困化，容易激化阶级矛盾和民族矛盾，动摇统治基础。因而必须设法对土地高度集中的现象加以限制，维持小农经济不至于崩溃，以保证租调的征收。在这种形势下，均田制便应运而生。

太和九年（485）十月，给事中李安世上疏说："建国以来，许多百姓投靠豪强之家，以求得到庇护。他们不为朝廷服役。可是，豪强大族对他们的征敛，比朝廷的赋役要重得多。每当遇到荒年，百姓不得不出卖田宅，到处流亡，这样，很多土地又被豪强大族霸占。我认为，虽然古代的井田制度难以恢复，但应当把土地平均一下，使农夫耕种的田亩与一家人的生产能力相适应。

"另外，逃亡百姓的子孙年长之后，返回故居时，村庄和房屋荒芜破败，田产改易主人。时间隔得久远，容易产生纠纷。因此，对发生争执的田产，应当断定年限，以确定主人。凡是时间太久难以搞清楚的，一律归现在使用的人，以便杜绝欺诈。"

冯太后对李安世的建议大为赞赏，并研究制定了均田方案。

冯太后派使者分别到各地巡察，并与州郡牧守一起推行均田制度。

均田法令的内容如下。

第一，关于受田种类、对象和数量。规定民户所受土地包括露田、桑田、麻田及园宅田。①

露田受田数量为：十五岁以上的男子每人四十亩，妇女二十亩；如果是二年休耕一次的，则加倍受田，即男子八十亩，妇女四十亩；三年休耕的加两倍受田，男子一百二十亩，妇女六十亩。

桑田受田数量为：男子二十亩，桑田种桑五十株、枣五株、榆三株。新受桑田必须在三年内种毕。否则，收回不种之地。不宜种桑的地方，男子受麻田十亩，妇女五亩。

奴婢与平民一样受露田，奴四十亩，婢二十亩。耕牛一头受露田三十亩，限四牛，余者不再受给。

此外，还规定老小残疾者受给男子受田数量的一半。寡妇受田与一般妇女相同。新迁到一地之家，三口给一亩房基地。

第二，关于土地的还受、买卖和继承。规定所受露田，在受田者年七十失去劳动能力或本人死亡之后，需把所受露田交还官府，并且不准买卖。

桑田不再交还，可以世代相传，也可以买卖，但有条件限制，即受田数量超过规定的部分可以出卖；受田数量不足的，可以买到规定的数量。规定的受田数内的桑田则不得出卖，已经受给足数的人户也不准再买桑田。土地的受给与交还时间确定在每年正月。

第三，关于土地不够分配的规定。凡是居住在地狭人多地方的民户，不愿迁到土广人稀之处，如果受田不足，可以用桑田充露田之数，仍然不足时，不给倍田，如再不足，则减少应该受田的数量。

---

① 露田：原意为没有庐舍草木的光田，此指种植谷物的土地。桑田：种植桑、枣、榆的土地。

而土广人稀的地方，可以随意耕垦，不受数量限制。

第四，关于地方官吏的受田。规定各随任职地受给公田，数量为刺史十五顷，太守十顷，治中、别驾八顷，县令、郡丞六顷。新旧任相交接，不得出卖。

北魏的均田制是在私有制基础上以国有或名义上国有的方式所实行的一种土地制度。属于有受有还的土地，受田者只有使用权而无所有权。由于奴婢和耕牛也受田，而且奴婢受田人数没有限制，这就并未损害占有大量土地的拓跋贵族和汉族地主的利益。因此所谓均田，实为不均，它并不是真的平均分配土地。

对于占有大量土地的官僚贵族和地主来说，实际上等于承认其对土地的合法占有。同时，由于桑田可以买卖，虽然有一定的条件限制，但实际上给土地兼并打开了方便之门，所以在均田以后，土地兼并的情况依然不同程度地存在。

尽管均田制有着上述的种种局限，但这项改革措施的实行，仍有一定的积极意义。由于它是北魏政权以法律形式体现出来的一种土地所有制，所以颁行之后，虽然贵族官僚地主的大地产依然存在，豪强大族侵夺官民土地的现象也不断发生，但它对土地兼并还是起到了限制作用。

均田制实行按劳动力受田，使无地、少地的贫民能够依照法令规定获得一定数量的土地，即便受田不足，毕竟使农民与土地结合起来，并以法律的形式确认受田者对所受土地享有占有权和使用权，从而可以大大调动生产积极性，有利于恢复和发展农业生产，安定人民生活，缓和阶级矛盾和民族矛盾。

均田制的实施，促进了社会经济的繁荣，也增加了北魏政权的赋税收入。

通过均田，各族人民都成为统一田制下的均田民，可以有力地加速拓跋鲜卑的封建化进程，使封建生产关系进一步确立起来。均田制将拓跋部、汉族及其他各族人民统一编制到土地上，从事农业生产，在生产过程中相互接触和交往，也有力地促进了各族人民的大融合。

冯太后在改革土地制度的同时，接受李冲的建议，实行新的租调制，以与均田制相配合。

北魏在施行均田制以前，长期没有确立定额的赋税制度。拓跋焘时，一般民户的负担，仅在杂调项目之下就有十五种之多。即使有了租调征收的数额规定之后，普通民户的负担也仍然十分沉重。

延兴三年（473）征收的户调，每户交纳帛二匹、絮二斤、丝一斤、粟二十石。此外，每户还要交帛一匹二丈，储存在各州府库，以供特殊需要。

实行俸禄制时，规定每户增收帛三匹、粟二石九斗，以后还增加帛二匹。这样，总合起来，每户农民缴纳的调绢已在五匹以上，租米二十石九斗以上。除此之外，还有临时征收的杂调等，因此赋税征敛仍然非常苛重。

在租调制改革之前，北魏征收田租户调的办法，是实行按照贫富把民户分为三等，每等再分三级，然后确定九个户等承担绢米的比差，统一征收。后来，又实行以输送租米的距离远近体现户等的差别，规定上三级运送到都城平城，中三级运送到其他各州，下三级则运送到本州官府所在地。

此外，在实际征收租调时，负责评定户等的地方官吏往往与豪强地主相勾结，在评定户等时尽量降低他们的户等，从而把大部分负担转嫁给一般民户。同时，官府又利用大斗、长尺、重秤交相加重盘剥。结果造成拥有大量土地的贵族地主与占地很少的贫苦农民负担相差无几的租调，致使出现许多农民因无力承担租调负担而卖掉田宅、流徙他乡的严重局面。

这样，就使得北魏政府直接管辖的民户大为减少，财政收入也受到影响。

因此，太和十年（486）二月，冯太后下诏，实行新的租调制。规定家中有一对夫妇的，缴纳帛一匹、粟二石。年龄在十五岁以上尚未娶妻成家的，四人所交纳的相当于一对夫妇的数量，奴婢八人交纳的相当于未成家者的数量，有耕牛二十头的，其主人交纳的相当于八个奴婢的数量。产麻的地方，一对夫妇之家交纳麻布一匹。

新的租调制与均田制相适应，因均田以成年男女为受田单位，所以租调征收也由过去以户改为以一对夫妇为单位。同时，在通过均定赋税而尽量减轻贫苦百姓负担的原则下，对租调征收的办法和数量都有所调整。所以，一般民户所交租调比以前相对减轻，而地主的负担则有所加重。

新的租调制与三长制、均田制配合起来实施，使大量隐漏的户籍被检括出来，纳税单位增多，因而尽管租调征收标准有所降低，但是北魏政权的实际财政收入仍然大为增加。这种新的定额租调制的实行，不仅改变了过去赋税征收的混乱现象，而且比较适应当时的生产力水平，从而有利于促进农业生产的发展。

冯太后主持的社会改革，取得了显著的成效。

这次改革对于促进北方社会经济的恢复和发展，加速北魏政权和拓跋部的汉化与封建化进程，推动拓跋鲜卑和其他少数民族与汉族的民族大融合，都起到了积极作用。

冯太后不仅主持制定了各项改革措施，而且大力排除改革的阻力和障碍，坚决贯彻执行改革措施。她为北魏王朝的改革事业作出了卓越贡献，不愧为名垂千古的杰出改革家。

第九章

念祖母守孝至诚
兴国威承继大业

北魏太和十四年（490）九月十八日，冯太后因长期操持政务，积劳成疾，于平城病逝，终年四十九岁。死后，孝文帝为其上谥号"文明太皇太后"。

一　女杰去世

冯太后生前，倡导节俭，对死后也主张薄葬。有一次与拓跋宏到平城之北的方山游览时，冯太后前瞻后顾山川地势和周围景物，感到十分壮观，遂萌生死后葬于此地的念头。因此，她对群臣说："虞舜葬于苍梧，两个妃子没有与他合葬。为什么一定要送到遥远的地方去合葬，才算作尊贵？我百年之后，把神灵安放在这里就很好。"

于是，拓跋宏命有关部门在方山营建寿陵（为活着的人修建的坟墓），并兴筑永固石室，做冯太后死后祭庙。从太和五年（481）开始动工，三年后完工。然后刻石立碑，称颂冯太后的功德。

拓跋宏对冯太后极为孝顺。冯太后病逝之后，他一连五天不饮一口汤水，由于过度悲痛，使身体受到损害，也超过丧葬的礼俗。

中部曹杨椿劝阻说："陛下承受祖宗交付的大业，担负君临万民的重任，怎么可以如同平民百姓那样，为了讲求礼节而使身体损害到倒地不起的严重程度！文武百官都惶恐焦虑，不知道如何向陛下进言。而且，圣人制定的礼仪，要人们不能因失去亲人带来的哀痛而伤害活着的人。即或陛下想以此表现至孝，从而使自己超过历代帝王，那么又如何对待皇家宗庙呢？"

拓跋宏深为杨椿的劝说所感动，因此吃了一次粥。

于是，王公大臣都前往宫门上疏："请求确定太皇太后的安葬时间、地点，以及依照汉朝和曹魏安葬皇太后的前例，并遵循太皇太后的临终遗旨，安葬之后即时公除①。"

拓跋宏下诏，说："自从遭受灾祸的惩罚（指冯太后去世），我一直精神恍惚，好像事情就发生在昨天。我侍奉太皇太后的灵柩，仿佛太皇太后仍在人世。说到按时安葬，我不忍闻。"

十月四日，王公大臣再次上表请求。拓跋宏下诏："安葬的日期，可以依照前例确定，至于公除，我仍于心不忍。"

十月九日，把冯太后的尸体安葬于方山水固陵。第二天，群臣又一再请求公除，拓跋宏仍未表示同意。

十月十六日，拓跋宏前往平城思贤门（即南门）西侧，与文武官员相见，互相安慰勉励。

太尉拓跋丕等人提出建议，说："我们都已年老衰朽，侍奉历代圣明君主，对于国家过去的事情，都十分清楚。回想先祖大讳（去世）时，只有侍从灵柩的人才穿丧服，其他的人一律仍穿平常衣服。从四祖三宗（高祖拓跋什翼犍、太祖拓跋珪、世祖拓跋焘、显祖拓跋弘，太宗拓跋嗣、恭宗拓跋晃、高宗拓跋浚），一直到今天，从来没有更改。陛下天性至孝，悲哀过度，伤害了身

_____

① 公除：除，即除去孝服。古时帝王，官吏因公务在身而提前除孝，称公除。

体，也超过礼制的要求。听说陛下一日三餐还吃不到半碗粥，昼夜都不解除经带①，我们都捶胸闭气，坐立不安。愿陛下能克制极为爱慕的感情，遵行先朝的典制。"

拓跋宏说："因哀痛伤害了身体，这是很平常的事情，哪里值得特别关注？我早晚都吃一些粥，身体还可以支撑，诸公不必忧虑恐惧。我们的先祖专心致力于武力征伐，没有时间顾及礼乐教化。我如今接受圣贤的教诲，学习古代的规制，时代与先世大不相同了。太尉（拓跋丕）等人都是国家的元老重臣，朝廷政务所寄，然而对文献典籍和古代丧礼仪式，或许有些并不熟悉，现在可以对我的做法有所了解。有关古今丧葬的各项礼仪，我准备将所想到的问题，提出来与尚书游明根、高闾等人讨论，诸公可以聆听。"

拓跋宏遂对游明根等人说："古代圣人制定'卒哭'之礼，其后随着哀痛的情感逐渐恢复正常而减少哭泣和除服（按照古代丧礼，为父母服丧，在百日祭后，改无时间限制的恸哭为早晚各哭一次，称卒哭。三年丧期，但一年以后可除去丧服，二年三个月可停止居丧，恢复正常生活）。如今，十天之内就提出要除服，严重违背情理。"

游明根回答说："我们遵照太皇太后的遗旨，去世后一个月内就安葬，安葬后立即除服，所以，在刚刚安葬完的时候，奏请除服之事。"

拓跋宏说："我觉得汉代以来，所以不再实行三年服丧制度，都是由于前一代君主去世，新的君主继位，其恩德没有广为传播，臣下的情义还不深厚，所以不得不身穿衮服，头戴冕旒，举行登极典礼。我确实缺乏德望，但在位已

---

① 绖带：古代丧服中的麻带，在头上的为首绖，在腰上的为腰绖。

经超过一纪（十二年），足以让全国亿万臣民知道早已有了君主。在这种情况下，如果不能尽儿孙的哀思和仰慕之情，而使亲情和礼教全都丧失，实在是深切的痛苦和遗憾！"

高闾说："杜预是晋朝的大学问家，他曾经说过，自古以来天子没有守三年丧的，认为汉文帝定下的制度与古代礼制正相符合。虽然看起来是近世实行的，但都是追随古人的脚步。所以，我们才屡次敬请陛下遵循。"

拓跋宏说："我考虑太皇太后的遗旨，所以要子孙和臣属节制悲哀，尽早除服，是担心因服丧过久会荒废朝廷政务。群公的请求，用意也在这里。我如今对上尊奉太皇太后的遗旨，对下顺从群臣的关心，并不敢严守古礼而默默不语，从而荒废政事。只想继续服用衰麻①，不举行吉礼，在每月初一、十五的时候再尽情表达我的哀思。这是情理上能够许可的，所以坚持这样做。杜预的说法，对于虽然年幼却对父母至为孝顺和恪守居丧制度的君主，实在是一种诬蔑。"

秘书丞李彪说："汉明帝的明德马皇后（东汉明帝刘庄的皇后）抚养章帝长大成人，母慈子孝，没有任何隔阂。马皇后去世后，安葬不过十天，章帝就已除服。然而，章帝没有受到讥笑，马皇后的名望也未被损害。愿陛下遵照太皇太后的遗旨，克制哀思，采纳大家的意见。"

拓跋宏说："我所以对衰经如此留恋，不接受大家的建议，实在是出于亲情而不忍心按照大家的意见做，怎么会是为了避免别人的讥笑？如今送终安葬，节俭朴素，一切都遵照太皇太后的遗旨办理。可是，哀痛仰慕之情，时时

---

① 衰麻，古代用麻布制作的丧服。

记在我的内心，诚望太皇太后的在天之灵不强迫我改变我的这种愿望。"

高闾说："陛下既然不除服，我们做臣属的却单独地除去丧服，则表明我们没有尽到为臣之道。同时，陛下身服衰麻主持朝政，吉凶混杂在一起，我实在感到疑惑不解。"

拓跋宏说："先后（指冯太后）爱护她的臣下，你们悲哀思慕尚且不忍心除服，为什么单独要我对我最亲的人忍心除去丧服？如今，我为了遵照太皇太后的遗旨，只希望把丧服用到一周年。这样，虽然不完全合乎礼制，但也算勉强可以。群臣各自以自己的亲疏、贵贱、远近，确定除服的时间，这样或许能够接近古礼，在今天也比较容易推行。"

高闾说："从前，杨王孙（西汉时人）临终前嘱咐儿子把他裸体下葬，皇甫谧（西晋时人）生前反对用棺木盛殓尸体，他们的儿子都遵照父亲的遗嘱做了。如今，陛下对太皇太后的遗旨却没有遵从，所以我们才一再奏请。"

李彪接着说："古人认为，三年之内不改变父亲的遗愿，才可以称为大孝。现在，陛下不遵从太皇太后的遗旨，恐怕会有更改其遗愿的嫌疑。"

拓跋宏说："杨王孙、皇甫谧都是教诲儿子节俭，而他们的儿子遵照父亲的嘱咐节俭办理丧葬，我今天做的与他们没有什么不同。至于改变父亲的遗愿，则和我们所做的绝对不同。即使有这方面的嫌疑，我宁肯接受后代的讥笑，也不忍心同意诸公的请求。"

群臣又纷纷进言说："春秋两季的宗庙祭祀，这是大事，不应停止（按照古代礼制，三年居丧期间不能举行宗庙祭祀活动。如果拓跋宏行三年居丧，宗庙的祭祀则无法进行）。"

拓跋宏说："自先帝以来，宗庙的祭祀都由有关部门办理。我蒙受太皇太后的亲切教诲，常常亲自主持祭典。如今，苍天降罪，使人和神都丧失了依靠。我想，皇家祖庙中的列祖列宗的在天之灵也会暂时停止享受祭祀的馨香。假如我去祭祀，恐怕反而违背他们的旨意。"

群臣又说："古时候，安葬之后，立即除服，不必居三年之丧，这正是两汉用以治理国家的法度，魏晋用以处理政务的准则。"

拓跋宏说："安葬之后即行除服，大凡都是到了末世，动乱频仍，不得不暂时这样做，以便挽救衰亡的国运。两汉的鼎盛和魏晋的兴旺，怎么能是由于他们简化丧礼、丢弃仁孝的结果呢？平时你们常常称颂当今之世，四海安宁，礼仪音乐天天更新，足可以与唐尧、虞舜和夏、商媲美。可是，到了今天，却想要我改变意愿，使我不能超过魏晋。这种心意我无法理解其因何在。"

李彪说："现在虽然政治清明，天下安宁，可是长江以南有不肯归顺的吴国（指南齐），沙漠以北有不肯臣服的蛮虏（指柔然），所以我们深深忧虑发生意想不到的事情。"

拓跋宏说："鲁公身穿丧服率兵作战（周武王去世后，武庚和管叔、霍叔、蔡叔发动叛乱，鲁国国君姬伯禽跟随其父周公平定叛乱时，正在为武王服丧），晋侯穿着由白色染成黑色的丧服，击败了敌人（春秋时，晋文公姬重耳去世，其子襄公姬欢在居丧期中率兵击败秦军），他们的行为都得到圣贤的许可。如今假设发生意外情况，我即使越绋（跳过牵引灵柩的绳索）也不怕承担不孝的嫌疑，而去应付突发事变，更何况只是身穿丧服！怎么可以在安宁的日子里，因为设想有军事行动而废弃丧礼？古人中也有一种君主，他们虽然除服，却在三年居丧期间闭口不言。如果不允许穿丧服，我可以除服，改为三年不言，把军国大政委托给宰相。这两种办法，请你们选择其一。"

游明根说："深沉静默而闭口不言，那么国家政务必将荒废，我们体会到圣明的心意，请继续穿丧服。"

太尉拓跋丕说："我与尉元侍奉过五位皇帝（明元帝拓跋嗣、太武帝拓跋焘、文成帝拓跋浚、献文帝拓跋弘、孝文帝拓跋宏），按照我们魏国皇家的惯例，大讳（指君主去世）之后三个月，一定在西方祭祀善神，在北方祭祀恶神，祭祀时都要穿平常所穿衣服。自皇始（道武帝拓跋珪时的年号）以来，从没有改变过。"

拓跋宏说："假如能以至诚之心事奉神灵，用不着迎接，他自己就会来；而失去仁义，虽然迎接，神灵也不会来。你们说的那些祭祀早就不应该实行，何况在居丧期间，更不能实行，我已处于闭口不言的境地，本不该如此喋喋不休地说起没完，只是诸位执意让我改变守丧的意愿，竟然形成反复争辩的局面，这使我更加悲痛欲绝。"说完后，拓跋宏放声大哭起来，群臣也跟着一边哭，一边告退。

当初，拓跋宏做太子时，冯太后曾因忌恨他的聪明敏捷，担心以后会对自己不利，遂打算将其废黜。

在一个严寒的日子里，冯太后把拓跋宏关入一间空屋子，三天不给饮食，以使他冻饿而死。

与此同时，冯太后召咸阳王拓跋禧入宫，想把他立为太子。

太尉、东阳王拓跋丕，尚书左仆射穆泰，尚书李冲一再劝阻，冯太后才打消这个念头。

可是，拓跋宏对冯太后从来没有怨恨之意，只是对拓跋丕等人深为感恩戴德。

又有一次，一个宦官在冯太后面前诋毁拓跋宏。冯太后不辨真伪，便把他打了数十杖。拓跋宏默默忍受，而不进行辩解。直到冯太后去世后，拓跋宏也没有追究这件事。

十月二十七日，拓跋宏下诏："群臣因国家大事千端万绪，不断劝我亲自听政理事。但是，由于心情哀痛，我实在没有精力自行处理。侍从近臣中主管过机要的，都颇有智慧和谋略，暂时可以由他们执掌政务。如果遇有重大的疑难问题，我随时与他们一起议决。"

太和十五年（491）正月，拓跋宏开始在皇信堂东室处理政务。这时，冯太后已去世近四个月。在此期间，拓跋宏曾多次前往冯太后的陵前，进行祭拜。

四月一日，拓跋宏在太和殿为冯太后呈献祭品，然后开始吃些粗疏的饭食。可是，由于追思伤感，悲痛啼哭，后来又是整天不进饮食。侍中冯诞等人一再劝说，拓跋宏才吃少许饭菜。第二天，拓跋宏下诏，停止朝夕哭（即每天早晚各哭一次）。

北魏境内自正月以来，一直没有下雨，旱情十分严重。有关部门请求拓跋宏向百神祈祷，以求降雨。

拓跋宏说："商汤（商朝第一代国君）遇到旱灾，因诚心诚意地责备自己，从而感动了上苍，降下大雨，这并非由于祈祷山川神灵所致。如今，天下百姓遇到大丧（指冯太后去世），失去依赖，无论是阴间还是阳世，都同感哀痛，怎么在四季还没有过完，就急于进行祭祀祈祷之事！只有引咎自责，以待上天赐予的惩罚。"

不久，南齐派遣散骑常侍裴昭明、散骑侍郎谢竣为使臣，前往北魏吊唁冯太后之丧。他们在参加祭祀活动时，不打算换掉平时所穿的官服。

北魏主客说："吊丧有一定的礼节，怎么可以穿大红色的喜庆服装，进入祭祀场所？"

裴昭明说："我们奉命出使，穿着本国的官服，不敢自行改换。"

双方交涉多次，裴昭明仍然坚持不改换服装。

拓跋宏命尚书李冲挑选饱学之士，与裴昭明等人进行辩论。

李冲推荐著作郎成淹承担这项任务。

裴昭明等人说："魏国不准我们使臣穿本国的官服，这出于哪一部经典？"

成淹说："喜事和丧事，不能同时并举，这连儿童都知道。身穿羊羔皮袍，头戴黑色冠帽（此为举行喜庆活动时的服装），绝对不可以参加吊丧。从前，季孙行父（春秋时期鲁国的大夫）曾在出使晋国之前，向别人请教有关吊丧的礼节。现在，你们从江南前来我们魏国吊丧，不按照有关礼仪行事，竟然还问出于哪本礼书。同样是使臣，你们与季孙行父怎么相差得如此悬殊？"

裴昭明说："两国交往所用的礼仪，应当平等。我们的高皇帝（萧道成）去世时，魏国派李彪前往吊唁，并没有穿白色丧服，我们也并不认为有什么不合适。为什么今天却强迫我们改穿丧服？"

成淹说："齐国君主不能严格遵守'亮阴'（即居丧期间）的礼仪，在大丧仅仅过了一个月，就结束了丧礼。李彪出使抵达时，看到你们君臣身上佩戴的珠玉满庭作响，貂尾和黄金服饰闪闪发光，使人眼花缭乱。李彪如果不得到主人的准许，怎么可能单独换上丧服，走入大庭广众之中？我们皇上仁爱至孝，可以与虞舜相媲美，在守丧期间，居于普通住房，只吃稀饭，怎么能与你们的君主相提并论？"

裴昭明说："夏、商、周三代的制度礼仪，都不相同，怎么能断定谁是谁非，谁优谁劣？"

成淹说："这么说，虞舜、高宗（商王武丁）服三年之丧，全都不合乎礼仪？"

裴昭明和谢竣相互望了一眼，笑着说："古人认为，非议别人孝行的人心目中无亲人，我们怎么敢这样？"

接着，他们解释说："我们到这里来的时候，只携带平时穿用的服装。既然穿着吊丧不合适，只有请主人借给我们丧服。可是，这样又违反本国的使命，回去之后，一定会被定罪。"

成淹说："你们出使外国，对担负的使命完成得出色，会得到丰厚的赏赐。而你们在出使期间，灵活处理遇到的意外情况，并因此为本国增添了荣耀，即使受到处罚，又有什么关系？这件事自然会有优良的史官把它记载下来，流传下去。"

然后，成淹便把服丧穿戴的衣帽借给裴昭明等人，让他们顺利完成使命。

事情过后，裴昭明等人晋见拓跋宏，看到北魏的文武官员都在哭泣，为冯太后致哀。

拓跋宏十分赞赏成淹的学识渊博、才思敏捷，擢升他为侍郎，并赏赐一百匹绢。

后来，员外散骑常侍李彪等人奉命出使南齐。

齐武帝萧赜设宴款待他们，席间以乐舞助兴。

李彪请求撤掉乐舞，并且解释说："我们皇上极为孝顺，在为太皇太后服丧期间，把过去被曲解的守丧制度重新恢复过来。自大丧以来，直到上月最后一天（三月三十日），朝廷官员才除服，但仍穿着素色衣服办理公务，所以我们作为使臣实在不敢承受伴有乐舞的酒宴赏赐。"

萧赜尊重李彪的意见，下令撤去乐舞。

拓跋宏为冯太后守丧，力图改变拓跋鲜卑的传统习俗，恢复汉族封建礼制。为此，他在居丧期间，多次与群臣商议有关祭祀方面的各种礼仪制度。

当初，北魏朝廷常在正月的吉祥之日，于皇宫庭院支起篷帐，中间放上一些松柏树枝，设置"五帝"座位，举行祭祀仪式。另外，又有一种祈求赐给智慧的所谓"探策"之祭。拓跋宏认为这都不合古礼，下令废除。

八月十六日，拓跋宏召见群臣，询问道："禘祭（宗庙祭祀中五年举行一次的大祭）和祫祭（宗庙祭祀中三年举行一次的合诸祖神主的大合祭），郑玄与王肃的解释不同，哪一种说法正确（郑玄认为，凡大祭都称禘祭，天子在圜丘祭天和在宗庙祭祀先祖，都是禘祭。王肃认为，只有宗庙祭祀才能称为禘祭，而祭天不能称禘祭，并且禘祭和祫祭是同一种祭祀）？"

尚书游明根等人赞同郑玄的解释，而中书监高闾等人则赞同王肃的解释。

拓跋宏下诏："圜丘和宗庙的祭祀，都称禘祭，这一点依照郑玄的解释；把禘祭和祫祭合并举行，这一点则依照王肃的解释。把这一决定用法令予以公布。"

接着，拓跋宏又下诏："目前，全国祭祀的各种神祇的场所，共有一千二百余处，现在打算大大削减，以求简省节约。明堂（君主宣明政教、朝会及举行祭祀、庆赏、选士等大典的场所）、太庙（皇家祖庙）配祭和配享规则，已经完备。白祭庙（拓跋珪祭庙，在白登山）、崞山庙（拓跋焘乳母窦氏的祭庙）、鸡鸣山庙（拓跋浚乳母常氏的祭庙），只派有关部门的官员负责祭祀。冯宣王（冯太后之父冯朗）祭庙在长安，即令雍州官员按时祭祀。

"从前，祭祀的水神、火神有四十余种，还有在城北祭祀的星神。现在，即于圜丘下面祭祀风伯（风神）、雨师（雨神）、司中（文昌第五星，掌功名）、司命（文昌第四星，掌生死）。在明堂祭祀门、户、井、灶、中霤诸神。[①] 这些神以及上述的四十余神的祭祀，一律禁止。"

拓跋宏又诏令群臣说："近来，讨论朝日、夕月的祭祀（朝日，即春季祭祀日神和五帝；夕月，即秋季祭祀月神），大家都主张于春分、秋分之日，分别在都城的东郊、西郊举行。可是，由于月份有大小之别，每月的天数不同，因此无法使日期固定下来。如果完全依照春分和秋分来定，则可能正当月亮在东方时，我们却在西方祭祀。这于人情事理都说不通。以前，秘书监薛谓等人认为朝日祭应在每月初一早上举行，夕月祭应在每月初三晚上举行。不知哪种意见可行？"

尚书游明根等人请求采纳薛谓的意见，拓跋宏同意。

有关部门上疏，请求占卜"小祥"的日期（守丧满一周年时举行的祭祀）。拓跋宏下诏："用占卜的办法决定小祥的时刻，既与恭敬奉事的意愿不符，又违背永久仰慕思念的心情。现在就定在下月最后一天（九月二十九日）。"

九月十八日夜，拓跋宏住在皇家祖庙，率领群臣哀哭。哭毕，拓跋宏换上祭服，头戴素色冠帽，腰束皮带，脚穿黑鞋。官员们也都跟着换装，戴上黑帽，穿白绢单衣，束皮带，穿浅黑色鞋。君臣恸哭一夜，直到天亮。

九月二十九日，拓跋宏又一次率领群臣前往太庙。拓跋宏换上素色冠帽、

---

① 中霤：古代屋舍未设窗户时，在屋顶开个天窗以采光，屋内与天窗相应的地面叫中霤。中霤被视为家中的土地神而受到祭祀。

衣服和麻鞋，文武官员也摘下黑帽，换上白纱帽。祭祀仪式结束，退出祭庙，拓跋宏站在外面再度恸哭，很久之后才起身回宫。

十月二日，拓跋宏到冯太后的永固陵祭拜，由于哀痛过度，对身体的损害更为严重。

司空穆亮规劝说："现在已经过了小祥，陛下哀痛思念之情仍如初丧时一样。君主是天地之子，为万民的父母，从来没有儿子悲哀过度而父母不伤心，父母忧愁而儿子会独自快乐的。如今，气候无常，风旱灾害连续发生，愿陛下改穿轻便的衣服，享用正常的饮食，经常乘着御车出宫走动，依照时序祭祀百神，以使上天与人间的喜庆相交。"

拓跋宏下诏："对父母至为孝顺和对兄弟至为友爱，没有不能与上天相通的。如今，狂风和干旱严重，都是因为对太皇太后的哀痛思念之情不够浓厚，没有使上天和人间产生感应的缘故。所谓由于我过度悲哀引起天灾，这大概并不正确。"

十一月一日，拓跋宏身穿衮服，头戴冠冕，在太和庙举行除服的祭祀仪式。过后，拓跋宏又改换黑帽和白纱衣服，前往冯太后陵墓拜祭。

十一月六日，拓跋宏来到太华殿，头戴通天冠，身穿朱红袍，设宴款待群臣。席间，摆上乐器，但不演奏。

当初，冯太后宠信的宦官苻承祖，官至侍中，知都曹事，并赐给许以免死的诏书。

冯太后去世后，苻承祖贪赃枉法的罪行被揭发，依照法律规定，应当处以死刑。拓跋宏以其为冯太后的宠臣，决定免除死罪，改为撤销官职，终身禁锢在家，但仍任命为悖义将军，封佞浊子爵位。苻承祖在一个月后去世。

符承祖在深受冯太后宠爱时，其亲戚都趋炎附势，对他阿谀奉承，以谋求私利。可是，符承祖的一位嫁给姚家的姨母却不这样做，并且经常对符承祖的母亲说："姐姐虽然有一时的荣耀，却没有我这个妹妹无忧无虑的乐趣。"姐姐送给她衣服，她多半不肯接受。强使她收下，她则说："我丈夫家里世代贫穷，穿华丽的衣服使我心里不安。"她在无法拒绝而接受之后，就都埋到地下。姐姐又送给她奴仆、婢女，她说："我们家里没有多余的粮食，无法养活她们。"她常年穿着破旧的衣服，不辞辛劳地亲自操持家务。有一次，符承祖派车接她，而她坚决不肯起身上车。符承祖令人强把她拉上车，她大声哭喊，说："你们这是打算杀我！"于是，符家里里外外的人给她取个"痴呆姨妈"的绰号。

符承祖贪赃枉法的事情败露后，有关部门逮捕他的两个姨妈，押送朝廷，一个姨妈被依法处死。拓跋宏看到符承祖的姚家那位姨妈衣着褴褛的样子，便特别赦免了她。

以前，冯太后诛杀拓跋宏生母李贵人之父李惠的时候，李贵人的亲兄弟全部被处死。

李惠的堂弟李凤当时担任安乐王拓跋长乐的王府主簿。后来，拓跋长乐以谋反罪被杀，李凤也受牵连被处死，李凤的儿子李安祖等四人逃亡在外，躲藏起来，得以幸免于难。遇到大赦，他们才从躲藏的地方露面。

冯太后去世后，拓跋宏派人寻访舅父家仍活在世间的亲人，找到李安祖等人之后，全部晋封侯爵，加授将军职位。拓跋宏又召见他们，说："你们的先人当年两次犯罪。君主设立官职，用以安置贤才，只凭身为亲戚而被任用，这是衰乱的末世才会出现的。你们既然没有特别的才能，暂时可以回家。从今以后，外戚没有能力的，都一律依此为例。"

后来，拓跋宏又把他们的爵位从侯降到伯，并撤销将军的名号。当时，人们都认为拓跋宏对冯家太宽厚，而待李家太刻薄。

太常高闾曾经劝说过拓跋宏，但拓跋宏并不听从，直到拓跋宏之子拓跋恪即位后，因为尊崇外戚，才任命李安祖的弟弟李兴祖为中山太守，并追赠李惠为开府仪同三司，封中山公爵，谥号庄。

太和十六年（492）九月，拓跋宏在明堂排定先祖祭庙和神主的顺序，在北堂祭祀冯太后。

在冯太后去世两周年的时候，拓跋宏前往永固陵，在陵墓西侧恸哭，哭声整天未停，并且接连两天不进饮食。三天之后，才辞别陵墓，返回宫中。

冯太后去世之后，拓跋宏命有关部门在距永固陵东北一里远的地方，为自己营建寿宫，以备死后安葬在那里，实现永远瞻望冯太后陵墓的愿望。

后来，迁都洛阳，拓跋宏又在瀍水（在洛阳城西北）之西营建陵墓，而方山的寿宫一直保存着，号为"万年堂"。

二　改革到底

拓跋宏不仅对冯太后极为孝顺，在其死后按照古代丧礼予以服丧，而且继承了冯太后的遗志，把改革大业推进到一个新阶段。

拓跋宏自出生之后，生母李夫人即被赐死，由冯太后亲自抚育。

冯太后极为用心地教诲这位长孙，决意要把拓跋宏培育成为有作为的君主，以继承祖宗创下的大业。

为此，冯太后要求拓跋宏认真读书，学习儒家经典，吸取历代帝王的统治思想与经验。她还亲自撰写《劝诫歌》三百多章，又作《皇诰》十八篇，教育拓跋宏。

拓跋宏勤奋好学，常常手不释卷。他不仅刻苦读书，学习各种文化知识，而且注重理解和掌握其中蕴含的精深道理。

中国古代的儒家学说，不仅是汉族地主阶级实行统治的重要思想工具，同时也是汉族传统文化的精髓。

拓跋宏在大量吸收儒家学说的过程中，进一步对汉族的先进文化产生仰慕之情，使他愈益感到拓跋鲜卑从典章制度、统治方式到民族素质，以及古朴习俗等各个方面，都与入主中原的征服者身份不相协调。

拓跋宏已不再满足于只做少数民族的君主，而是要争取华夏正统地位，因而产生了强烈的革新思想和要求。

拓跋宏在参与冯太后的改革实践中，也经受了锻炼，学到了经验。因此，他在冯太后去世之后，继续推行改革措施，其中包括迁都、改穿汉服、改说汉话、改姓氏以及兴复礼乐等内容。

北魏自拓跋珪建国时起，就定都平城（今山西省大同市），到拓跋宏在位时，已近百年。拓跋宏把都城由平城南迁到洛阳，这是北魏发展史上的一件大事，也是他改革事业的一个重要组成部分。

都城历来被认为是一个国家的神经中枢，是政治、经济、文化中心和主权的象征。它与社会政治、经济、文化的发展有着十分密切的关系，具有不可忽视的重要作用。拓跋宏正是出于国家经济、政治诸方面发展的需要，才决定迁都洛阳的。

从经济方面看，平城地处西北边塞，气候寒冷而干燥，土质瘠薄，农业生产条件较差，难以满足北魏朝廷和京城居民对农产品的需求。

拓跋焘时，曾因生产歉收，京城附近地区许多人被饿死，只好让一些贫民到外地谋生。拓跋嗣时，又想把都城迁到邺城（今河北省临漳县），后来由于崔浩的劝阻而未能付诸实施。

到了拓跋宏时期，平城一带的农业生产虽然有所发展，但一遇灾荒，仍无法克服粮食供应不足的问题。即或非灾荒之年，平城一带所需粮食也主要靠内地供给。而当时的陆路交通很不方便，中原农业生产发达，粮食充足，又难以大量运往平城。因此，从经济条件的客观要求考虑，政治中心的转移势在必行。

从政治方面看，北魏统一北方之后，仍将权力中心放在西北一隅的平城，不便于控制中原广大地区。

平城又是拓跋鲜卑的崛起之地，顽固的守旧势力与浓厚的民族传统习俗，不利于加强拓跋贵族和汉族地主的联系与合作，从而直接影响北魏政权的巩固及北方各少数民族的汉化和封建化进程。因此，将都城迁往中原腹地的洛阳，更显得十分必要。

此外，自拓跋焘统一北方以来，北魏统治者就有统一南北的强烈愿望。只有建都中原，才符合中国古代的传统观念，从而得到承认。拓跋宏对此有着较清醒的认识，他决定迁都洛阳正是为了适应北魏在统一北方之后，进一步加强对中原地区的控制，也是为了摆脱平城守旧势力和传统习俗的束缚，并为北魏政权争取华夏正统地位创造有利条件。

拓跋宏出于上述各方面的深谋远虑，决意迁都洛阳。但是，他深知这并非一件容易办得到的事情，担心遭到文武官员的反对而难以实施。于是，拓跋宏声称南伐齐国，召集群臣进行讨论，以迫使大家接受，再借南伐之机实现迁都大计。

太和十七年（493）六月，拓跋宏在明堂南侧东面大厅举行御前会议。

按照古代的传统习惯，每当出征作战时，都要事先进行占卜，以吉凶预测胜负。所以，拓跋宏命人予以占卜。

太常卿王谌主持占卜，结果遇到"革卦"[①]。

拓跋宏说："商汤和周武王的革命，上应天命，下顺民意。这是特别吉祥的预兆！"

任城王拓跋澄说："陛下继承几代传承下来的大业，拥有中原大地。现在，出动大军讨伐尚未臣服的敌寇，却得到商汤和周武王革命的卦象，这不能算是大吉大利。"

拓跋宏大声说：《彖辞》上说：'大人虎变，未占有孚（此为《易经》中爻辞，意即变革的主持者犹如虎身之纹，显而易见，不须占卜，就可相信）。'怎么能说不是吉兆！"

拓跋澄继续争辩说："陛下即位已经很久，怎么今天才得到'大人虎变'的爻辞？"

拓跋宏脸色大变，反驳说："国家是我的国家，任城王（拓跋澄）想要涣散民心士气吗？"

拓跋澄仍坚持己见，说："国家虽然为陛下所有，但我是国家的大臣，怎

---

① 革卦：《易经》中的六十四卦之一。革即变革、革命、去旧迎新之意。

么可以明明知道有危险的事情要发生，而不说话呢？"

过了很长时间，拓跋宏消气之后安慰拓跋澄说："每个人都可以表白自己的态度，有什么关系？"

拓跋宏回宫之后，单独召见拓跋澄，对他说："刚才关于'革卦'的事，我们发生争执，现在再与你继续讨论。在明堂上，我大发脾气，是怕大家争相发表反对意见，阻挠我的决策，所以疾言厉色，以使他们不敢说话。我想，你会理解我的用意。"然后，拓跋宏命左右侍从退去，两个人秘密交谈。

拓跋宏说："我现在想做的事，明知并不容易。我们国家在东北兴起，后来迁都平城，但平城只是运用武力开疆拓土的地方，不适应文治的需要。如今需要变革风俗习惯，在这里实在难以推行。我是想利用大军南征的形式，达到迁都中原的目的，你以为如何？"

拓跋澄说："陛下打算把都城迁到中原，以便经略四海，扩大疆域，这正是周王朝和汉王朝那样兴盛的原因。"

拓跋宏说："北方人习惯于传统风俗，留恋旧有的生活环境，一旦听到迁都的消息，一定会惊恐骚乱，我们怎么办？"

拓跋澄表示支持，说："非同寻常的事情，本来就不是寻常的人能够做到的。陛下的决定出自圣贤智慧，别人又能怎么样！"

拓跋宏高兴地说："你就是我的子房①。"

接着，拓跋宏又召集侍从官员，征求迁都意见。黄门侍郎李韶回答说："洛阳是九个朝代历经七百余年的都城，地理位置又适中，有作为的君主建立都

---

① 子房：西汉大臣张良，字子房。他在汉初支持刘邦迁都长安。

城，没有比这更合适的了。"拓跋宏极为赞赏。

不久，拓跋宏即下达命令，在黄河上修筑大桥，为大军南征做准备。

这时，秘书监卢渊上疏，认为："从前，太平时代的守成君主，从不亲自统率大军出征，到战场上与敌寇决定胜负。原因是胜利了不足以称为勇武，不胜则有损于威望。过去，魏武帝（曹操）指挥疲惫的士卒一万人，大败袁绍（指200年的官渡之战）；谢玄用步兵三千人，击败前秦的苻坚（指383年的淝水之战）。可见，胜负的结局，决定于片刻之间，不在于人数多少。"

拓跋宏下诏回答，说："守成的君主之所以不亲自领兵作战，有的是天下统一，没有需要征伐的敌寇；有的是因为懦弱无能，苟且偷安。现在，不能说天下已经统一，让我像懦弱无能的君主那样，则觉得非常可耻。如果守成君主一定不可以亲统大军，那么从前的君主制造革辂（一种用皮革包裹的车辆，供帝王指挥作战时乘坐）做什么用？曹操所以取得胜利，是因为他依靠名正言顺；苻坚的失败，是因为他内政处理失误。这哪里是少一定能够胜多，弱一定能够胜强呢？"

七月，拓跋宏下令，全国进入战争状态。然后公开发布文告，宣布出兵南下，征伐南齐。

八月，拓跋宏到永固陵（冯太后的陵寝）辞行。然后率领步骑兵三十余万，从平城出发南征。命太尉拓跋丕与广陵王拓跋羽留守平城，任命河南王拓跋干为车骑大将军、都督关右诸军事，司空穆亮、安南将军卢渊、平南将军薛胤为拓跋干的副手，率领各路兵马共七万人，从子午谷（今陕西省子长县境内）南下。

拓跋宏在行军途中，大司马、安定王拓跋休逮捕三个抢劫百姓财物的士卒，来到大军前面示众，并打算当场予以处死。

拓跋宏下令赦免三个罪犯。拓跋休不同意，说："陛下亲自统率大军远征江南，肃清盗贼，今天刚走到这里，而这几个人已成为强盗，不把他们处死，怎么能禁止犯罪！"

拓跋宏说："你说的话完全正确。可是，君主治理国家和人民，常常有出乎常规的特别恩典。这三个人虽然应该处以死刑，但因为他们有幸遇到我，即使违犯军令，也可以特别赦免。"

接着，拓跋宏对司徒冯诞说："大司马（拓跋休）执法严厉，诸位不可以不小心谨慎。"于是，军中风纪大为好转。

拓跋宏自从平城出发直到抵达洛阳，历时四十五天。在此期间，一直阴雨连绵，没有停止。

在洛阳休整十几天后，拓跋宏下令，大军继续南下。他自己全副武装，手执马鞭，乘马即将出发。这时，文武官员前来挡住马头，在前面叩拜。

拓跋宏说："南征的计划早已确定，大军将继续进发，你们还有什么话要说？"

尚书李冲等人说："这次南征的军事行动，是全国所有的人都不愿意的，只有陛下愿望强烈，我们不知道陛下坚持按照自己的意志行事，究竟走到哪里去。我们一心为了报效国家，都无法用语言表达，只好冒死请求停止南下。"

拓跋宏勃然大怒，说："我正要征服天下，以求统一，而你们这些书生竟一再怀疑和阻挠军国大计。杀人的斧钺有使用的常规，不要再多说了，以免触犯军令！"

拓跋宏正要策马出营，安定王拓跋休等人围上来，流着泪进行劝阻。

拓跋宏向大家解释说："这次兴师动众，声势浩大，既然出动了大军，没有取得成就，拿什么向后人做交代！我们的先辈世世代代住在幽朔（幽州和朔方），而我一直想南迁中原。如果停止南伐，就应当把都城迁到这里，你们以为怎么样？同意的站在左边，不同意的站在右边。"

南安王拓跋桢说："古人说过：'建立宏大功业的人，不与众人谋划。'现在陛下如果停止南伐，决定迁都洛阳，这正符合我们的愿望，也是百姓的幸事。"文武百官，一齐高呼万岁。

当时，拓跋鲜卑人虽然不愿意南迁，但由于畏惧南伐，所以没有人敢于提出反对意见。就这样，拓跋宏最后确定了迁都大计。

李冲向拓跋宏提出建议，说："陛下即将迁都洛阳，可是皇家祖庙和宫殿，都需新建，总不能骑在马背上到处流动，以等待建成。请陛下暂时返回代都（指平城），等我们把这里修建完毕，再从代都驾临新都。"

拓跋宏说："我可以借此机会巡查各州郡，先到邺城稍作停留。明年春季再回洛阳，用不着回北方。"

然后，拓跋宏派任城王拓跋澄回平城，向留守官员宣布迁都决定，加以宣传解释，做好安抚。并勉励他说："今天可谓'革卦'上真正的'革'，你要把事情尽力办好！"

拓跋宏因群臣的意见不一致，并且多数不大同意迁都，于是对卫尉卿、镇南将军于烈说："你的意见如何？"

于烈回答说："陛下圣明的谋略，是为了长远利益，这是愚昧和浅陋的人所难以考虑到的。如果让我说心里话，拥护迁都和依恋旧土，各占一半。"

拓跋宏高兴地说："你既然不公开唱反调，就是肯于认同，深深感谢你不发表反对的意见。"然后，拓跋宏派于烈前去镇守平城，并对他说："留守政府的一切事务，全部托付给你。"

任城王拓跋澄抵达平城后，留守官员一听到迁都的消息，莫不感到惊讶震恐。拓跋澄援引古代迁都的事例和当今的形势需要，耐心进行说服和开导，大家才逐渐安定下来。

第二年正月，拓跋宏前往洛阳西宫。

中书侍郎韩显宗上书，认为："去年冬季，陛下车驾停留邺城。当时，正当农闲，每个农户都派出差役，劳苦花费，不堪负担。何况现在正逢春季，无论养蚕和耕种，都是当务之急，他们怎么能够完成使命！而且大军在炎热的气候中行进，恐怕发生瘟疫。我建议陛下先回北都（平城），以减省各州供应临时所需的沉重负担，也使洛阳的营建工程早日得以完成。

"洛阳原有的宫殿虽然被毁，但基础仍在，那都是魏明帝（曹叡）所建。前世的人已经讥讽他过于奢侈豪华。现在正在修复，应当减少建筑工程，缩小规模。

"另外，近来北部的富豪之家，竞相修建豪华的住宅，应当利用迁都的机会，加以限制。"

拓跋宏对韩显宗颇为赞许，并采纳了他的意见。

三月，拓跋宏到北方巡视，抵达平城。他召集留守群臣，再次讨论迁都的利弊得失，并要求大家发表自己的真实想法。

燕州刺史穆罴说："现在，北方有柔然经常侵扰，南方也没有臣服，西方的吐谷浑和东方的高句丽对我们都有威胁。四方尚未完全平定，不应当迁都。而且，出兵征伐，没有战马，用什么攻击敌人？"

拓跋宏说:"牧场和马厩都在代北,何用担心没有马匹?现在的代都在恒山之北、九州疆域以外,不是帝王的都城。"

穆罢又说:"我听说黄帝曾经建都涿鹿(今河北省涿鹿县东南)。由此而言,古代圣王并不是都定都中原。"

拓跋宏说:"黄帝在天下尚未平定的时候,居住在涿鹿;已经平定天下之后,也迁都于黄河以南。"

尚书于果接着发表意见,说:"我实在不了解古代的事情,但正如听到百姓说的那样,先皇既然建都于此,为什么要迁移?所以认为不可以。我们国家自建都平城以来,与天地一样稳固,同日月一样光明。我虽然孤陋寡闻,见识肤浅,但并不认为代北地区要比伊水、洛水更为美好。可是,安于故土,不愿轻易迁徙,是人之常情。一旦南移,百姓都畏惧而不高兴。"

拓跋丕说:"陛下去年亲自统率大军征伐萧氏(指南齐),抵达洛阳后,派任城王(拓跋澄)前来宣旨,命我们讨论迁都洛阳之事。开始奉诏时,心情惶恐不安,不知如何是好。既然打算迁都,就应当进行卜卦,预测一下吉凶,然后再做决定。"

拓跋宏说:"先前在邺城,司徒公冯诞、咸阳王(拓跋)禧、尚书李冲等人都请求以占卜预测迁都洛阳,是吉是凶。我当时对冯诞等人说:'从前的周公、召公都是圣贤,他们曾用卜卦决定在伊水、洛水一带修筑都城。现在没有这样的圣贤,卜卦有什么用?'而且,古人说过:'卜卦的目的在于解决疑难问题,没有疑惑,何必卜卦。'从前,黄帝卜卦,龟甲全都烧焦,而仍无裂纹显现。负责卜卦的官员请求访问聪明的人,黄帝于是询问天老,天老认为大吉大利。黄帝同意他的意见,最终走向昌盛。既然聪明人能预知未来,又何必非通过龟甲决定吉凶呢？

"我把四海当作自己的家，有时在南方，有时在北方，怎么会固定不变？我们的祖先，世代居于遥远的北方。平文皇帝（拓跋郁律）最初建都于东木根山（今内蒙古自治区兴和县西北），昭成皇帝（拓跋什翼犍）则定都于盛乐（今内蒙古自治区和林格尔县），道武皇帝（拓跋珪）又迁都于平城。我虽然不能与先帝相比，但有幸承继大统，所以迁都中原，以成大业。你们应当尊奉先帝的美德，并使之发扬光大。"

原怀州刺史青龙、秦州刺史吕受恩等人仍然坚持自己的守旧观念。拓跋宏对他们予以安抚和劝说。最后，凡是反对迁都的官员都理屈词穷，不再发表意见。

后来，拓跋宏对尚书令陆叡说："北人（指拓跋鲜卑）常说：'北方的风俗质朴，人们性情粗鲁，哪里知道什么是书？'我听到以后，深感失望。现在，知道读书的人越来越多，难道都是圣人？关键是肯不肯于学习而已。我整治文武百官，兴复礼乐，目的在于移风易俗。我身为天子，何必非居住中原不可，只是期望你们的子孙后代逐渐熏染美好的习尚，开阔视野，增加见闻，如果永远居住在恒山以北，再遇上一个不好文治的君主，恐怕难免像一个人一直面对墙壁，一无所知。"

陆叡回答说："确实如此，陛下的见解英明。金日磾如果不到汉朝做官，怎么能七代都享有盛名！"拓跋宏听后，心里十分高兴。

十月，拓跋宏亲自到皇家祖庙禀告开始迁都一事，命高阳王拓跋雍、镇南将军于烈，把皇家祖庙的神主（祭祀用的牌位）护送到洛阳。然后，从平城出发，正式迁都洛阳。

拓跋宏的长子拓跋恂自幼失去生母，由冯太后抚养。太和十七年（493），拓跋恂被立为皇太子。拓跋宏殷切希望他能够成为一个有文化教养、深明大义，并能继承改革事业的皇位接替者。

然而，拓跋恂一向不愿意读书学习，性情粗疏傲慢。迁居洛阳之后，由于他身体肥胖，对当地炎热气候深感痛苦难耐，时刻都想返回北方。拓跋宏赐给他汉人的衣裳冠帽，他却常常私下改穿鲜卑服装。

中庶子高道悦多次劝阻，拓跋恂对他恨之入骨。

太和二十年（496）八月，元宏（本年内改汉姓，拓跋宏改为元姓）前往嵩山巡视。元恂乘机与左右侍从秘密谋划，打算征调牧马，乘轻骑奔回平城。出发前，他在宫中亲手杀死高道悦。中领军元俨得到消息后，立即下令关闭城门，防止发生变乱。这样，元恂没有能够出城。尚书陆琇乘马飞速前往嵩山，向元宏禀告太子的情况，元宏大为震惊。但他暂时保守秘密，没有告知其他人，仍按照原定计划，到达汴口（汴水流入黄河处）之后，才急速回京。

元宏进宫之后，召见太子元恂，数说他的罪状，并亲自与咸阳王元禧轮流把他打了一百余杖，才命人扶拖出宫，囚禁于洛阳西郊。元恂伤势很重，一月有余，才能起来行走。

不久，元宏在清徽堂召见群臣，商议废黜太子元恂事宜。

太子太傅穆亮、少保李冲脱掉冠帽，叩头请求处罚。

元宏说："你们认罪并请求处罚，是为了个人，而我与大家所要讨论的事情是为了国家。大义灭亲，古人赞美最为可贵。如今，太子元恂竟然企图背离父亲，逃亡叛乱，盘踞恒州、朔州，与朝廷对抗。天下的罪恶，有什么比这个更为严重！如果不把他废黜，必将给国家带来极大灾难。一旦我离开人世，恐怕会重蹈'永嘉之乱'（指晋武帝死后，发生八王之乱，导致西晋灭亡）的覆辙。"

于是，元宏下诏，把元恂贬为平民，软禁在河阳无鼻城（今河南省孟州市西北），并派兵守卫监视。供给的衣服和饮食十分简略，仅能使他免于挨饿受冻。

后来，御史中尉李彪秘密奏报，元恂仍与左右侍从阴谋发动叛乱。

元宏派中书侍郎邢峦与咸阳王元禧，奉命携带椒酒前往河阳，令元恂饮而自杀。然后，把他的尸体装入粗糙的棺材，穿上平时所用的衣服，葬在河阳。

在元恂因反对迁都谋划逃回平城的事件发生之后不久，拓跋部元老大臣穆泰等人又起兵叛乱。

当初，冯太后打算废黜元宏时，时任尚书右仆射的穆泰极力劝阻，使冯太后打消了这个念头。因此，元宏对穆泰非常宠信。

在迁都洛阳之后，元宏经常接近中原的汉族士大夫。对此，皇族和拓跋部大多数人都有反感。穆泰从尚书右仆射改任定州刺史，他以身患疾病，长期不愈，南方气候潮湿会加重病情为由，上疏请求担任恒州刺史。

元宏为照顾穆泰，把恒州刺史陆叡调任定州刺史，而任命穆泰接替陆叡的职位。

穆泰抵达平城赴任时，陆叡尚未离去。于是，他俩便谋划发动兵变，并秘密勾结镇北大将军、乐陵王元思誉，安乐侯元隆，抚冥镇将、鲁郡侯元业，骁骑将军元超等人，共同推举朔州刺史、阳平王元颐为盟主。

陆叡认为洛阳朝政清明，劝穆泰暂缓行动，以等待时机，穆泰遂没有立即发动叛乱。

元颐假意接受穆泰等人的拥戴，以使他们安心，然后秘密上表奏报。元宏得到密报，立即在凝闲堂召见正在家中养病的元澄，对他说："穆泰图谋不轨，煽动和诱骗皇族叛乱。一旦发生兵变，由于刚刚迁都，北人（指拓跋鲜卑）依恋故土，必定纷扰不安，如此则洛阳可能无法立足。这是关系到国家命运的一件大事，除你之外，没有人能够处理好。你现在虽然有病，希望能勉强为我去北方一趟，观察形势，相机而行。如果他们的力量薄弱，可以直接擒获；假如势力强盛，则可代表朝廷下令，征调并州、肆州的军队，进行征讨。"

元澄回答说："穆泰等人愚昧无知，只不过是为了依恋故土，才有此举，一定没有深谋远虑和重大的企图。我虽然笨拙懦弱，但也足可以制服他们，请陛下不必忧虑。我有点小病，怎么敢推辞呢？"

元宏高兴地说："任城王肯于前往平叛，我还有什么忧虑！"遂加授元澄为持节，授予铜质虎符、竹制令箭，并派皇帝身边的侍从充当他的警卫。

元澄行抵雁门（今山西省代县）。雁门太守深夜前来报告，说："穆泰欲率军西投阳平王（元颐）。"元澄下令，立即进发追击。

右丞孟斌建议说："事情如何进展，尚不可预料。应当按照皇上的旨意，调发并州、肆州的军队，然后缓慢推进。"

元澄说："穆泰既然阴谋叛乱，在正常情况下，应当据守城池，可是他却率兵迎接阳平王。我推测其所以这样做，一定是兵力薄弱。穆泰既没有以兵相拒，我们无缘无故而发兵征讨，不是适宜的办法。现在，只要迅速前往平城，以武力震慑，人心自然会安定下来。"遂驱兵加速前进。

元澄派遣治书侍御史李焕单枪匹马先行前往，出人意料地进入平城，向穆泰的党羽晓谕利害，指明祸福。于是，不再有人听从穆泰的命令。

穆泰无计可施，遂率领数百名士卒从西门逃走，李焕派人追击，把他擒获。

这时，元澄也已赶到。元澄彻底追查穆泰的党羽，逮捕陆叡等一百余人，全部投进监狱，囚禁起来，城内居民没有发生骚动。

元澄上疏禀告平叛情况，元宏十分高兴，召集文武官员，把元澄的奏章交给大家传阅，然后说："任城王（元澄）真可谓国家栋梁。看他审问罪犯的供词记录，就是皋陶①也无法超过他！"又回头对咸阳王元禧等人说："你们如果办理这件事情，恐怕办不到如此完满程度。"

穆泰等人的叛乱事件，是拓跋贵族内部守旧势力与革新势力一次公开较量。改革的反对派被挫败，守旧势力受到沉重打击，为继续深入改革扫清了障碍。

后来，元宏前往平城，审问穆泰、陆叡的党羽，他们对参与叛乱的罪行，全都供认不讳，没有人说自己冤枉。·人们都敬佩任城王元澄的精明。

元宏下诏，将穆泰和他的亲信党羽全部诛杀，令陆叡在狱中自尽，赦免他的妻子、儿女死罪，放逐到辽西（今河北省卢龙县北）为平民。

在太子元恂最初从平城前往洛阳时，新兴公元丕之子元隆与穆泰等人曾密谋留住元恂，调兵切断雁门郡（今山西省代县）的东陉和西陉这两座关隘的交通，占据陉岭以北地区。元丕当时正在并州刺史任上，元隆把这一打算告知元丕，元丕担心此举不能成功，所以口头上表示反对，但心里极为赞成。

穆泰的阴谋败露后，元丕随同元宏一起来到平城。元宏每当审问穆泰等人

---

① 皋陶：传说为远古时东夷部族首领，在虞舜时曾任主管刑法的官职，以正直著称。

时，常命元丕在一旁观看。

有关部门奏称，元隆的弟弟元业、元超罪行严重，应当诛杀他们的家族，元丕也应受连坐处分。

元宏以元丕曾受不死之诏，只把他贬为平民，并赦免他的妻子及其所生二子，与他一起居于太原，而诛杀元隆、元超及其同母弟弟元乙升，其余诸人放逐敦煌（今甘肃省敦煌市）。

以前，元丕、陆叡与尚书仆射李冲、领军将军于烈一起接受不死之诏。陆叡被杀之后，元宏下诏给李冲和于烈说："陆叡有反叛之心，违背誓言，与我无关。谋反叛变，不同于其他犯罪，我虽然想怜悯宽恕，又怎么能够那样做？可是，我仍不忘从前的许诺，命他换一个地方自己去死，而赦免他的妻子、儿女，元丕的一个弟弟和两个儿子首先发难，应予处死，但也特别宽恕，把他们贬为平民。我本来期望他们痛改前非，不再作恶。可是他们却自己走上绝路，实在可悲！我所以告知二位，是想让你们不要感到奇怪。"李冲、于烈上表称谢。

在穆泰发动叛乱时，平城地区的许多鲜卑元老贵族参与了阴谋活动，只有于烈和他们毫无联系，元宏因此对他更加敬重。

元宏考虑到鲜卑各部落首领与他们送入朝廷担任侍卫的子弟，不能适应洛阳夏季炎热的气候，于是准许他们秋季前来洛阳朝见，春季再返回所属部落，时人称为"雁臣"。

在穆泰发动叛乱时，中书监、魏郡公穆罴曾参与谋划。但在此案处理之后，事情才被发觉，元宏免除穆罴的官职，削夺其爵位，贬作平民。

穆罴的弟弟、司空穆亮把司空府的事务交给司马穆容契，上疏弹劾自己。

元宏未予准许，穆亮一再请求处罚，遂准其辞去职务。不久，元宏又任命穆亮为征北大将军、开府仪同三司、冀州刺史。

元宏在迁都洛阳之后，大力推进改革事业，全面推行汉化措施，并把服装革新作为第一项汉化措施加以实施。

在中国古代，各个民族的服装不尽相同，甚至有很大的差异。这种差异产生于生活环境、生产方式等的客观要求，以及本民族的文化传统和审美观念等各种原因。

拓跋鲜卑由于长期在广漠的草原上过着游牧生活，当地的气候又比较寒冷，与此相适应的民族服装是男子左衽紧衣，妇女穿小袖短衣，以便于骑射和御寒。

随着统治中心的不断南移，拓跋鲜卑人逐渐转向定居的农耕生活。特别是迁都洛阳之后，他们中的大部分迁往中原过上了男耕女织的经济生活。这样，过去的服饰就与新的生活环境和生产方式不相协调。同时，入居中原后，鲜卑官员仍身着裤褶（胡服），作为朝服，这与中原传统礼仪也不相符合。所以革新服装势在必行。

为此，元宏在迁都当年（494）十二月下诏，禁止胡服，而改穿汉族服装。

从历史上看，一个民族一旦产生了具有鲜明特色的民族服装，就会世代相传，彻底改变是十分困难的。因此，元宏下达禁胡服的诏令之后，鲜卑人多半都不高兴。

但是，元宏态度十分坚决。他在一次外出巡视回京后，责备留守洛阳的官员，说："昨天，我在大街上看到仍有妇女穿夹领小袖的衣服，你们为什么不执行我下达的诏令？"大家都请求处罚。

元宏说："如果我说的不对，你们应当据理相争。怎么能当面表示服从，背后又不照办？"

元澄辩解说："穿夹领小袖服装的比不穿的少得多。"

元宏说："这种说法简直是奇谈怪论！难道任城王想让全部妇女都穿原来的服装？古人说过，一句话可以使一个国家灭亡，这正是指你这样的人。应当命史官把这件事记录下来。"

于此可见，元宏是把衣着的变革与民族和国家的盛衰兴亡联系在一起，其孜孜以求改变拓跋鲜卑的习俗是何等深谋远虑！

接着，元宏推行断母语，改说汉语的措施。

拓跋鲜卑在长期的历史发展过程中，与汉族及其他一些少数民族一样，也形成了自己的民族语言。进入中原以后，尽管社会生活不断发生变化，北魏统治下的各民族语言又各不相同，但拓跋部的统治者仍将鲜卑语作为官方语言，在官府、民间以至于军队中通用。

语言是人类最重要的交际工具，也是促进人类文明发展的重要手段。交往双方语言相通，则有利于互相交流思想感情和传递信息；而交往双方语言不通，就会使交流发生困难，甚至无法进行。因此，一个落后民族要吸收异民族的先进文化，促进本民族的文明进步，必须消除语言上的障碍。

拓跋鲜卑语的特点是多音，与汉语的单音完全不同。这样，语言上的差异，极大地限制了拓跋鲜卑与汉族的交往，也给社会生活带来许多困难。由于北魏任用大量的汉族士大夫和其他少数民族贵族在各级机构中做官，因此，不得不在朝廷设立翻译人员，以互相转译话语。鲜卑人不通汉语，也无法学习汉族文化典籍。迁都洛阳后，元宏曾命人用鲜卑语翻译《孝经》，以供"国人"

学习。

元宏为了消除语言上的障碍，打算改变鲜卑人的习俗，便在迁都后的第二年五月，召集文武官员，问道："你们希望我远与商、周王朝相媲美，还是连汉、晋王朝都不如？"

咸阳王元禧回答说："我们都希望陛下能超过前代所有圣明君主。"

元宏说："既然如此，那我们应当移风易俗，还是继续因循守旧？"

元禧说："但愿圣明君主的政治日新月异。"

元宏又问："我们的大业是只到自身为止，还是想传给子孙后代？"

元禧说："当然愿意传至百世。"

元宏说："既然是这样，就必须进行改革，你们都不能阻挠。"

元禧表示态度，说："上令下行，有谁敢于违背？"

元宏说："古时圣贤曾说：'名不正，言不顺，则礼乐不可兴。'现在，我决定禁止北语（鲜卑语），完全改用正音（纯正的语言，指汉话）。凡是年龄在三十岁以上的人，因为长期习惯用北语，不容易很快改过来，可以不要求马上改变语言；三十岁以下并正在朝廷任职的人，语言不可以仍旧不变。如果有人故意用北语，而不肯改用正音，一定贬降或罢黜他的官职。有关人员都应当深以为戒！各位王公卿士，以为是不是应该这样？"

大家回答说："确实应当按照陛下的旨意办。"

元宏又说："我曾经与李冲议论过这个问题，他说：'四面八方的人，语言各不相同，究竟谁的语言是正音？帝王用什么语言，什么语言就是正音。'李冲的这种说法，罪过严重，应当处死！"遂注视着李冲说："你辜负了国家，应当由御史拉下去！"李冲赶紧脱掉冠帽，承认有罪并叩头请求宽恕。

六月，元宏下诏："在朝廷中禁止使用北语，违犯者免除所任官职。"

民族间的差异，可以说语言隔阂最为严重。让一个民族彻底改变长期习用的语言，这是极其困难的事情。但是，元宏出于改革的需要和长远的考虑，严令推行，而且收到显著成效。由于禁断北语，迁到洛阳的鲜卑人后来多半都不再会说鲜卑话。朝廷又命人把鲜卑人的语言记录保存下来，称为"国语"。这说明他们不仅学会了汉语，甚而忘记了本民族的语言。

元宏在变革服饰、语言的同时，又把鲜卑人的姓氏改为汉族姓氏。

拓跋鲜卑早在原始社会阶段，随着氏族的形成，也就产生了姓氏。由于鲜卑语多缀语，所以鲜卑人多复姓。这在本民族来说，长期使用，习以为常，似乎没有什么关系。然而，随着语言上的汉化，将鲜卑复姓译成汉字却十分不便。

因此，元宏于太和二十年（496）正月下诏，变改姓氏。诏令说："北人把土称为'拓'，把君王称为'跋'。我们的祖先是黄帝的后裔，以土德为王，所以姓拓跋。土的颜色，是各种颜色中最纯正的黄色，也是万物的元始。皇家应当改姓元，从代都南迁的元老功臣，凡是多音节的复姓，一律都予以改变。"

于是，把北魏初期所统部落的一百一十八姓全部改为单姓。其中的达奚氏改为奚氏，丘穆陵氏改为穆氏，步六孤氏改为陆氏，贺赖氏改为贺氏，独孤氏改为刘氏，贺楼氏改为楼氏，勿忸于氏改为于氏，尉迟氏改为尉氏，等等。

尊孔崇儒，兴复礼乐，是元宏汉化改革中深层次、高品位的一项措施。

我国古代自汉武帝"罢黜百家，独尊儒术"以来，孔子创立的儒家学派的思想便一直作为封建统治的正统思想，并且成为中国传统文化的主体思想。因此，历代封建帝王，无不尊孔崇儒。

由于拓跋部文化落后，长时期对儒学几乎一无所知。但是，出于政治上的需要，他们在汉族士大夫的影响下，逐渐认识到儒家思想对其自身发展进步和加强统治的重要性，因此，也开始尊崇孔子，提倡儒学。

元宏在位时期，更是大力尊孔崇儒，在京城立孔子庙，改称孔子为文圣尼公。元宏还亲自到鲁城（今山东省曲阜市）祭祀孔庙，又下诏任命孔氏四人、颜氏（孔子有名的弟子颜回的后裔）二人为官，选择孔氏宗族子弟一人，封为崇圣侯，赐其采邑一百户，以奉孔子祀。

与此同时，元宏大力兴复汉族传统的礼乐制度。

自西晋末年以来，北方陷入战乱，礼乐制度遭到严重破坏。这种礼崩乐坏的状况直到元宏改革以前，仍没有彻底改观。随着经济上的恢复发展，政治上的安定，以及从"武功"创业转向以"文德"治国的需要，元宏在实行改革过程中，把制礼作乐列为一项内容。

为恢复汉族传统礼乐制度，按照中原封建王朝的模式，设立皇帝宣明政教和举行祭祀、庆典、选士等重大活动的场所——明堂，又改建皇家的祖庙。以"礼"作为指导思想，制约各种社会关系，要求各级官僚贵族包括皇族在诸如住宅、车马、婚嫁、丧葬等方面，必须严格按照礼仪规定去做，不得僭越违礼。

在音乐方面，北方由于长期战乱，乐官流亡，乐器散失，音乐的发展受到严重影响。北魏建国后一直没有得到恢复。元宏在政务繁忙之中，多次召集中秘群官论议，并访求吏民中通晓音律的人，修复乐器，制作乐曲，元宏还亲自撰写乐章，配上乐曲，令乐工演唱。

元宏关于思想文化和社会习俗的改革内容，除上述各项之外，还有一些为巩固迁都和汉化成果而采取的措施。

为了割断迁到洛阳的拓跋鲜卑与平城之间民族感情上的依恋，排除旧的传统观念和落后习俗的干扰和影响，元宏下诏，规定凡是迁到洛阳的鲜卑人，其籍贯一律改为河南郡洛阳县，死后不准归葬平城。于是，南迁的拓跋鲜卑生为洛阳人，死葬北邙山（在洛阳城北）。

拓跋鲜卑与汉人及其他各少数民族一样，都有着一种根深蒂固的乡土观念，并以祖宗的居住地或本人的出生地为故乡。对于一个安土重迁并十分崇拜祖先的民族来说，籍贯和祖坟具有很大的向心力与凝聚力。因此，元宏上述规定可以使迁到洛阳的鲜卑人更好地安居中土，世代相传，成为地地道道的洛阳人，与汉族彻底融合在一起。

元宏还提倡鲜卑贵族与汉族地主通婚联姻。他认为婚姻不仅是个人的一件终身大事，而且也关系到上承先祖下传子孙，能够使国家和民族大业世世代代继承下去。同时，他认为婚姻是推行儒家伦理道德和克服鲜卑人落后习俗的重要渠道。而鲜卑贵族与汉族世族地主联姻，又能使拓跋贵族获得与中原世家大族的血亲联系，从而使双方结成更加巩固的联盟。

元宏本人率先垂范，把洛阳卢敏、清河崔宗伯、荥阳郑羲、太原王谅四姓的女儿纳入后宫。他又令诸弟将已娶的鲜卑正妃降为侧室，分别为他们聘娶中原汉族世族的女儿为妻。其中，咸阳王元禧娶陇西李辅的女儿，河南王元干娶代郡穆明乐的女儿，广阳王元羽娶荥阳郑平城的女儿，颍川王元雍娶范阳卢神宝的女儿，始平王元勰娶陇西李冲的女儿，北海王元祥娶荥阳郑懿的女儿。与此同时，也把北魏的皇族之女嫁给汉族世族地主，乐浪公主嫁卢道裕，济南公主嫁卢道虔，义阳公主嫁卢元，范阳卢氏"一门三主"，深受当时汉族世族地主的称羡。

上述这类婚姻关系，非同一般的两性结合，而是有着深刻的政治含义。恩格斯说过："对于王公本身，结婚是一种政治的行为，是一种借新的联姻来扩大自己势力的机会；起决定作用的是家族的利益，而决不是个人的意愿。"

元宏正是通过提倡鲜卑贵族与汉族地主的联姻，把他们的利益和命运进一步联结起来，借以加强合作，巩固北魏政权的统治。

孝文帝元宏继承冯太后的遗志，把北魏的改革大业完成了。

冯太后和元宏祖孙二人主持的社会改革，把北魏政权和拓跋鲜卑的历史发展推进到一个新阶段，从而使她（他）们成为中国历史上著名的社会改革家。

《魏书·皇后传》

文成文明皇后冯氏，长乐信都人也。父朗，秦、雍二州刺史、西城郡公，母乐浪王氏。后生于长安，有神光之异。朗坐事诛，后遂入宫。世祖左昭仪，后之姑也，雅有母德，抚养教训。年十四，高宗践极，以选为贵人，后立为皇后。高宗崩，故事：国有大丧，三日之后，御服器物一以烧焚，百官及中宫皆号泣而临之。后悲叫自投火中，左右救之，良久乃苏。

显祖即位，尊为皇太后。丞相乙浑谋逆，显祖年十二，居于谅闇，太后密定大策，诛浑，遂临朝听政。及高祖生，太后躬亲抚养。是后罢令，不听政事。太后行不正，内宠李奕，显祖因事诛之，太后不得意。显祖暴崩，时言太后为之也。

承明元年，尊曰太皇太后，复临朝听政。太后性聪达，自入宫掖，粗学书计。及登尊极，省决万机。高祖诏曰："朕以虚寡，幼纂宝历，仰恃慈明，缉宁四海，欲报之德，正觉是凭，诸鸷鸟伤生之类，宜放之山林。其以此地为太皇太后经始灵塔。"于是罢鹰师曹，以其地为报德佛寺。太后与高祖游于方山，顾瞻川阜，有终焉之志，因谓群臣曰："舜葬苍梧，二妃不从。岂必远祔山陵，然后为贵哉！吾百年之后，神其安此。"高祖乃诏有司营建寿陵于方山，又起

325

永固石室，将终为清庙焉。太和五年起作，八年而成，刊石立碑，颂太后功德。太后以高祖富于春秋，乃作《劝戒歌》三百余章，又作《皇诰》十八篇，文多不载。太后立文宣王庙于长安，又立思燕佛图于龙城，皆刊石立碑。太后又制，内属五庙之孙，外戚六亲缌麻，皆受复除。性俭素，不好华饰，躬御缦缯而已。宰人上膳，案才径尺，羞膳滋味减于故事十分之八。太后尝以体不安，服菴䕡子。宰人昏而进粥，有蝘蜓在焉，后举匕得之。高祖侍侧，大怒，将加极罚，太后笑而释之。

自太后临朝专政，高祖雅性孝谨，不欲参决，事无巨细，一禀于太后。太后多智略，猜忍，能行大事，生杀赏罚，决之俄顷，多有不关高祖者。是以威福兼作，震动内外。故杞道德、王遇、张祐、符承祖等拔自微阉，岁中而至王公；王叡出入卧内，数年便为宰辅，赏赉财帛以千万亿计，金书铁券，许以不死之诏。李冲虽以器能受任，亦由见宠帷幄，密加锡赉，不可胜数。后性严明，假有宠待，亦无所纵。左右纤介之愆，动加捶楚，多至百余，少亦数十。然性不宿憾，寻亦待之如初，或因此更加富贵。是以人人怀于利欲，至死而不思退。

太后曾与高祖幸灵泉池，燕群臣及藩国使人、诸方渠帅，各令为其方舞。高祖帅群臣上寿，太后忻然作歌，帝亦和歌，遂命群臣各言其志，于是和歌者九十人。

太后外礼民望元丕、游明根等，颁赐金帛舆马，每至褒美叡等，皆引丕等参之，以示无私。又自以过失，惧人议己，小有疑忌，便见诛戮。迨后之崩，高祖不知所生。至如李欣、李惠之徒，猜嫌覆灭者十余家，死者数百人，率多枉滥，天下冤之。

十四年，崩于太和殿，时年四十九。其日，有雄雉集于太华殿。高祖酌饮不入口五日，毁慕过礼。谥曰文明太皇太后。葬于永固陵，日中而反，虞于鉴玄殿。诏曰："尊旨从俭，不申罔极之痛；称情允礼，仰损俭训之德。进退思惟，倍用崩感。又山陵之节，亦有成命，内则方丈，外裁掎坎，脱于孝子之心有所不尽者，室中可二丈，坟不得过三十余步。今以山陵万世所仰，复广为六十步。辜负遗旨，益以痛绝。其幽房大小，棺椁质约，不设明器。至于素帐、缦茵、瓷瓦之物，亦皆不置。此则遵先志，从册令，俱奉遗事。而有从有违，未达者或以致怪。梓宫之里，玄堂之内，圣灵所凭，是以一一奉遵，仰昭俭德。其余外事，有所不从，以尽痛慕之情。其宣示远近，著告群司，上明俭诲之善，下彰违命之失。"及卒哭，孝文服衰，近臣从服，三司已下外臣衰服者，变服就练，七品已下尽除即吉。设袝祭于太和殿，公卿已下始亲公事。高祖毁瘠，绝酒肉，不内御者三年。

初，高祖孝子太后，乃于永固陵东北里余，豫营寿宫，有终焉瞻望之志。及迁洛阳，乃自表瀍西以为山园之所，而方山虚宫至今犹存，号曰"万年堂"云。

冯太后生平大事年表

公元442年（太平真君三年）

冯氏生于长安。其父冯朗任秦、雍二州刺史。

公元452年（兴安元年）

文成帝拓跋濬继承皇位。此前，冯氏之父冯朗因罪被杀。冯氏没入宫廷，后来，被选为文成帝的贵人。

公元456年（太安二年）

冯氏被立为皇后。拓跋弘被立为皇太子，其母李贵人即受赐自尽，冯皇后抚育拓跋弘。

公元465年（和平六年）

文成帝拓跋濬去世。冯皇后悲痛欲绝，投火自焚，被群臣救出。拓跋弘继承皇位，尊冯皇后为皇太后。

公元466年（天安元年）

冯太后定策诛杀丞相乙浑，然后临朝称制。

公元467年（皇兴元年）

拓跋宏生于平城。冯太后归政于献文帝拓跋弘，亲自抚养拓跋宏。

公元 469 年（皇兴三年）

拓跋宏被立为皇太子，其生母李夫人被赐自尽。

公元 471 年（皇兴五年）

拓跋宏即位，献文帝拓跋弘为太上皇。

公元 476 年（延兴六年）

冯太后毒杀太上皇拓跋弘。冯太后被尊为太皇太后，再次执掌北魏朝政。

公元 484 年（太和八年）

冯太后开始进行社会改革，实行俸禄制。

公元 485 年（太和九年）

冯太后作《皇诰》十八篇。颁布均田令，推行均田制。

公元 486 年（太和十年）

初立党、里、邻三长，实行三长制。实行新的租调制。

公元 490 年（太和十四年）

冯太后病逝于平城，安葬在方山永固陵。

后 记

本书主要依据《魏书》《北史》和《资治通鉴》相关部分的资料撰写而成。在撰写过程中，参考了学术界的大量研究成果，其中主要有杜士铎主编的《北魏史》和柏杨的《现代语文版资治通鉴》等。

辽宁人民出版社编辑对于本书的撰写和出版给予了极大关注和支持，谨此一并深致谢忱。

由于成书时间仓促，内中难免有疏漏舛误之处，望识者指正。

编者